別冊NBL / No.190

AI事業者ガイドライン(第1.0版)

[監修]
経済産業省商務情報政策局情報産業課情報処理基盤産業室
総務省情報流通行政局参事官室

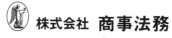
株式会社 商事法務

はしがき

　人工知能（AI）を取り巻く環境の変化は著しく、AIガバナンスに関しても、国内外において様々な議論がなされている。

　我が国では、令和5年5月、AI戦略会議が、最新の技術の急激な変化や広島サミットを踏まえ、AIに関する論点を整理した「AIに関する暫定的な論点整理」を公表し、AIの開発・提供・利用を促進していくためにも、適切な規律（ガードレール）が必要であることが言及された。

　そこで、総務省および経済産業省は、マルチステークホルダーとも議論を重ね、広島AIプロセスの成果を含む国際的な動向を取り込むとともに、事業者が自主的に具体的な取組を推進できるよう、既存のAIに関するガイドラインを統合・アップデートし、令和6年4月、「AI事業者ガイドライン（第1.0版）」を公表した。開発者・提供者・利用者など様々な立場の事業者向けに統一的で分かりやすい、我が国におけるAIガバナンスの統一的な指針である。

　本書は、事業者が自主的な取組を検討する際に本ガイドラインを参照しやすいよう、商事法務の依頼により、別冊NBLの形でまとめたものである。事業者が本ガイドラインを参考としつつ、自主的に対策を講じることで、AIの安全安心な利活用がより一層促進されることを期待したい。

　最後に、本ガイドラインの策定に関与いただいた全ての皆様に深く御礼申し上げたい。

2024年8月

総務省情報流通行政局参事官室
経済産業省商務情報政策局情報産業課情報処理基盤産業室

目　次

第Ⅰ部

AI事業者ガイドライン（第1.0版）の概要
飯野悠介／末吉直樹 ……………………………………………………………………………… 1

Ⅰ　はじめに　1
Ⅱ　AI事業者ガイドライン（第1.0版）策定の経緯　1
Ⅲ　AI事業者ガイドライン（第1.0版）の概要　2
Ⅳ　今後の見通し　12

（初出：NBL1269（2024.7.1）号4頁）

第Ⅱ部

AI事業者ガイドライン（第1.0版）本編 …………………………………………………… 15

AI事業者ガイドライン（第1.0版）別添（付属資料）………………………… 53

別添　　はじめに　54
別添1.　第1部関連　57
別添2.　「第2部E.AI ガバナンスの構築」関連　70

別添 3．AI 開発者向け　123
別添 4．AI 提供者向け　163
別添 5．AI 利用者向け　191
別添 6．「AI・データの利用に関する契約ガイドライン」を参照する際の主な留意事項について　206
別添 7A．チェックリスト［全主体向け］　210
別添 7B．チェックリスト［高度な AI システムに関係する事業者向け］　211

＊別添 7C 以下を含む AI 事業者ガイドライン（第 1.0 版）は、下記の web サイトに掲載されている。

総務省

経産省

別　添

パネルディスカッション▶AI 事業者ガイドライン　213

第 1 部　AI 事業者ガイドラインの解説　213
第 2 部　各社の取組　219
第 3 部　パネルディスカッション　224

（初出：NBL1270（2024.7.15）号 14 頁）

第Ⅰ部

AI事業者ガイドライン（第1.0版）の概要

I　はじめに
Ⅱ　AI事業者ガイドライン（第1.0版）策定の経緯
Ⅲ　AI事業者ガイドライン（第1.0版）の概要
Ⅳ　今後の見通し

経済産業省商務情報政策局情報経済課
ガバナンス戦略国際調整官・弁護士[*]

飯野悠介 IINO Yusuke

総務省情報流通行政局参事官付主査[*]

末吉直樹 SUEYOSHI Naoki

Ⅰ　はじめに

　総務省および経済産業省は、令和6年4月19日、「AI事業者ガイドライン（第1.0版）」（以下「本ガイドライン」という）を策定・公表した。本ガイドラインはAI活用に取り組むすべての事業者が、AIのリスクを正しく認識し、必要となる対策を自主的に実行できるよう、AIの開発・提供・利用の観点から基本的な考え方を示したものである。

　本稿では、AI事業者ガイドライン（第1.0版）の策定に至る検討の経緯を紹介した上で、本ガイドラインの概要について解説することとしたい。なお、本稿中意見にわたる部分は筆者らの個人的見解であり、所属する組織を代表するものではないことを予めお断りしておきたい。

Ⅱ　AI事業者ガイドライン（第1.0版）策定の経緯

　昨今、AIに関する報道・記事をみない日がないほど、AIの技術開発と普及が目まぐるしく進展している。今後、AIにより人間および社会や経済に多大な便益が広範にもたらされることが期待されている一方、偽情報・誤情報の氾濫や事故等のリスクも懸念されている。令和4年11月に提供を開始したOpenAI社のChatGPTを端緒に、そのリスクを含めて、世界で生成AIの可能性に対する注目が急速に高まったことは記憶に新しい。

　こうした状況の中で、令和5年4月に日本で開催されたG7群馬高崎デジタル・技術大臣会合においては、議長国である日本主導のもと「責任あるAIとAIガバナンスの推進」を含む6つのテーマについて議論が行われ、その成果としてG7デジタル・技術閣僚宣言の採択がなされた。同年5月には、G7広島サミットの結果を踏まえ、急速な発展と普

---

[*]　所属等は執筆当時。なお、経済産業省については、2024年7月1日をもって、「AI事業者ガイドライン」の所管が情報経済課から情報産業課情報処理基盤産業室に移管している。

第Ⅰ部　AI事業者ガイドライン（第1.0版）の概要

及が国際社会全体の重要な課題となっている生成AIについて議論するために「広島AIプロセス」を立ち上げる運びとなった。

　他方、国内では生成AIの普及・技術の深化や広島AIプロセス等の国際的な議論を踏まえ、政府の司令塔としてAI戦略会議（座長：松尾豊　東京大学大学院工学系研究科教授）が同年5月に設置され、AI戦略会議の構成員が有識者として、生成AIを中心にAIに関する論点を整理した「AIに関する暫定的な論点整理」（令和5年5月26日）の公表を行った。この論点整理において、リスクへの対応のうち主な論点の一つとして、生成AIの普及を踏まえた既存のガイドライン[1]に関する必要な改訂の検討が提言されている。

　この状況を踏まえ、総務省および経済産業省では、AIに関する懸念やリスクに適切に対応するための方針として、AI事業者向けの統一的でわかりやすいガイドラインの検討に着手した。検討にあたっては、両省において学術界・産業界等の有識者で構成されるAIネットワーク社会推進会議[2]（議長：須藤修　中央大学国際情報学部教授）、AI事業者ガイドライン検討会[3]（座長：渡部俊也　東京大学未来ビジョン研究センター教授）をそれぞれ開催し、ガイドラインに係る関係主体の整理ならびに基本理念、原則、共通の指針、および各主体が取り組む事項について社会的・経済的・倫理的・法的課題等の様々な観点から検討を行った。そして、令和5年12月の会合においてガイドライン案を提示した後、意見募集（パブリックコメント）を経て、AI戦略会議（第8回）にとりまとめ結果を報告の上、「AI事業者ガイドライン（第1.0版）」として令和6年4月に策定・公表を行ったところである。

Ⅲ　AI事業者ガイドライン（第1.0版）の概要

1.　基本的な考え方

　本ガイドラインは、事業者がAIの社会実装およびガバナンスを共に実践するための非拘束なソフトローとして策定されている。本ガイドラインの「はじめに」においても述べられているが、日本のAIガバナンスの在り方に関して早くから説かれてきたように、AIがもたらす社会的リスクの低減と、イノベーションやAIの利活用等による便益の最大化を両立させるためには、関係者による自主的な取組を促すことを通じてゴールの達成を目指すことが肝要であるとの考え方に基づくものである[4]。また、【図1】のとおり、その基本的な考え方として、①事業者の自主的な取組の支援、②国際的な議論との協調、および③読み手にとっての分かりやすさという点を重視している。そして、そのプロセスとして、マルチステークホルダーによる検討がなされたものであること、およびAIガバナンスの継続的改善に向けて、Living Documentとして更新等が予定されていることに特徴がある。

　①事業者の自主的な取組の支援に関して、リスクベースアプローチに基づいている。リスクベースアプローチは、リスクに対する対策の程度をリスクの大きさに対応させるという一般的な考え方であるが、本ガイドラインではそのような考え方に基づき、事業者による対策の考え方を記載している。

　また、AIガバナンスの在り方等については国内外において一定の議論の蓄積があり、さらに、生成AIの普及拡大以降、国内外の議論も加速している。このような中、事業者としては、国際的な議論の動向も考慮する必要がある。したがって、②国際的な議論との協調を図るべく、本ガイドラインにおいても、国際的な議論の動向等も踏まえて検討がなされている。具体的には、本ガイドラインに定める「原

1　総務省「国際的な議論のためのAI開発ガイドライン案」（2017年7月）、総務省「AI利活用ガイドライン～AI利活用のためのプラクティカルリファレンス～」（2019年8月）、経済産業省「AI原則実践のためのガバナンス・ガイドラインVer1.1」（2022年1月）。

2　構成員等については総務省ウェブサイト〈https://www.soumu.go.jp/main_sosiki/kenkyu/ai_network/02ryutsu20_04000025.html〉参照。

3　構成員等については経済産業省ウェブサイト〈https://www.meti.go.jp/shingikai/mono_info_service/ai_shakai_jisso/2023_003.html〉参照。

4　AI原則の実践の在り方に関する検討会「我が国のAIガバナンスの在り方 ver. 1.1」（令和3年7月9日）においても、特定の分野を除き、AI原則の尊重とイノベーション促進の両立の観点から、AI原則を尊重しようとする企業を支援するソフトローを中心としたガバナンスが望ましいと考えられる旨が指摘されている。

III AI事業者ガイドライン(第1.0版)の概要

【図1】

考え方

1 事業者の自主的な取組の支援
対策の程度をリスクの大きさ及び蓋然性に対応させる「リスクベースアプローチ」にもとづいて、企業における対策の方向性を記載

2 国際的な議論との協調
国内外の関連する諸原則の動向や内容との整合性を確保

3 読み手にとっての分かりやすさ
「AI開発者」・「AI提供者」・「AI利用者」ごとに、AIに関わる考慮すべきリスクや対応方針を確認可能

プロセス

マルチステークホルダー
教育・研究機関、一般消費者を含む市民社会、民間企業等で構成されるマルチステークホルダーで検討を重ねることで、実効性・正当性を重視したものとして策定

Living Document
AIガバナンスの継続的な改善に向け、アジャイル・ガバナンスの思想を参考にしながら適宜、更新

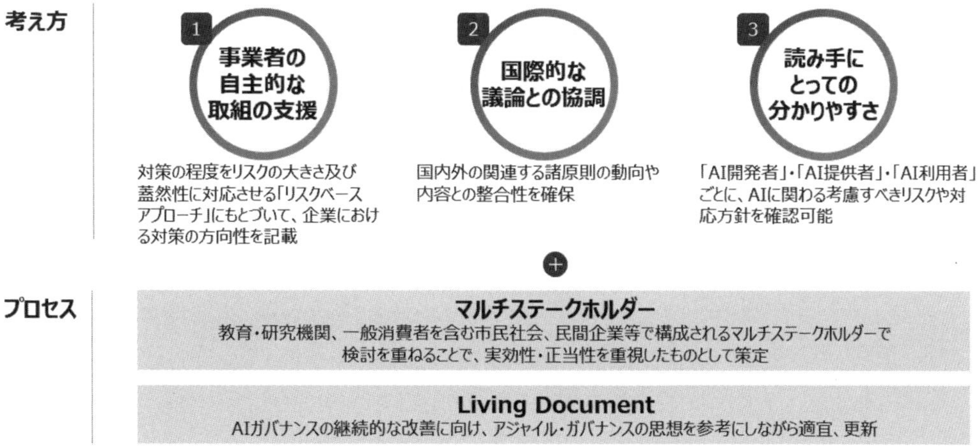

則」の内容は、OECDのAI原則等の海外の諸原則も踏まえた上で再構成されているほか、別添9では、他の海外のガイドライン等と本ガイドラインとの対応関係を明確化するための材料とすることが可能となるよう、本ガイドラインにおいて他のガイドラインのどの部分を参照したかを整理している。

さらに、内容および形式の双方において、③読み手にとっての分かりやすさについても重視している。内容については、AIに関与する主体が、「開発者」「提供者」「利用者」という属性に応じて、自らに関連する考慮事項等を確認できるよう、主体に共通して問題となる事項を「共通の指針」としてくくりだした上で、主体ごとに整理を行っている。また、形式についても、下記 2 (2)記載のとおり、本編の記載分量を合理的な範囲に抑えつつ、詳細にわたる実践(= how)については別添において整理するなど、可読性を高めるよう工夫がなされている。

本ガイドラインは、政府が一方的にその内容を定めたものではなく、教育・研究機関、一般消費者を含む市民社会、民間企業等で構成されるマルチステークホルダーで検討を重ねた結果として策定されたものである。また、AIのように技術の進展等が早い分野においては、ガイドライン等のルールそのものも、技術の進展や外部環境の変化等を踏まえながら継続的に更新されていくことが重要であり、本ガイドラインはそのような継続的な更新を前提としたLiving Documentとして策定されている。

2. 構成

(1) AIの事業活動を担う主体

前述のとおり、本ガイドラインは、AIの安全安心な活用が促進されるよう、わが国におけるAIガバナンスの統一的な指針を示す観点から、AI開発・提供・利用にあたって必要な取組について基本的な考え方を示すものである。本ガイドラインにおいては、AIの事業活動を担う一般的な主体として「AI開発者」、「AI提供者」、「AI利用者」の3つの大別を【表1】のとおり整理している。

なお、事業活動以外でAIを利用する者またはAIを直接事業で利用せずAIシステム・サービスの便益を享受し、場合によっては損失を被る者(以下「業務外利用者」という)、AI活用に伴い学習および利用に用いるデータを提供する特定の法人および個人(以下「データ提供者」という)については、本ガイドラインの対象としていない。ただし、事業活動でAIの開発・提供・利用を担う者においては、業務外利用者へ必要となる対応を記載するとともに、データ収集にあたってデータを取り扱う際の責任を負う形で記載している。

【図2】に示すとおり、AIの開発から利用までの一般的なバリューチェーンにおいては、AI開発者が収集データを用いてAIモデルの作成を行い、AI提供者はそのAIモデルをシステムに組み込むことでAIシステムを構築する。構築されたAIシステムまたはそのシステムによるAIサービスがAI利用者に提供され、利用に至る。これらの主体は事業者

3

第Ⅰ部 AI事業者ガイドライン(第1.0版)の概要

【表1】

AI開発者（AI Developer）
AIシステムを開発する事業者（AIを研究開発する事業者を含む）
AIモデル・アルゴリズムの開発、データ収集（購入を含む）、前処理、AIモデル学習及び検証を通して AIモデル、AIモデルのシステム基盤、入出力機能等を含むAIシステムを構築する役割を担う。

AI提供者（AI Provider）
AIシステムをアプリケーション、製品、既存のシステム、ビジネスプロセス等に組み込んだサービスとして AI利用者（AI Business User）、場合によっては業務外利用者に提供する事業者
AIシステム検証、AIシステムの他システムとの連携の実装、AIシステム・サービスの提供、正常稼働のための AIシステムにおけるAI利用者（AI Business User）側の運用サポート又はAIサービスの運用自体を担う。
AIサービスの提供に伴い、様々なステークホルダーとのコミュニケーションが求められることもある。

AI利用者（AI Business User）
事業活動において、AIシステム又はAIサービスを利用する事業者
AI提供者が意図している適正な利用を行い、環境変化等の情報をAI提供者と共有し正常稼働を継続すること 又は必要に応じて提供されたAIシステムを運用する役割を担う。また、AIの活用において業務外利用者に何らかの影響が考えられる場合は、当該者に対するAIによる意図しない不利益の回避、AIによる便益最大化の実現に努める役割を担う。

【図2】

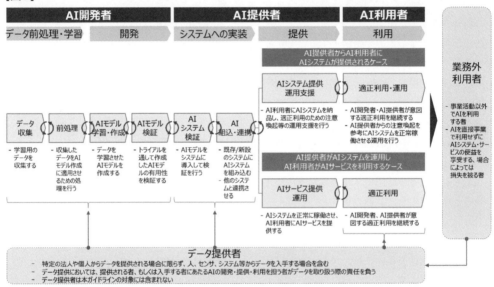

（または各者内の部門）を想定しており、AIの活用方法によっては同一の事業者がAI開発者、AI提供者またはAI利用者の複数を兼ねる場合も想定される。

別添1では、本ガイドラインにて前提としているAIシステム・サービスや業種・業務ごとのAIによる便益の例などを記載している。AIシステム・サービスの例では、東京大学未来ビジョン研究センター「リスクチェーンモデル掲載ケース事例」よりケース事例を抜粋引用した上で、本ガイドラインの主体整理に合わせて、AI開発者・AI提供者・AI利用者・業務外利用者について記載しており、本編での各主体・定義、活用場面および各主体の役割の理解や検討の一助として役立てていただきたい（【表2】）。

(2) 本編および別添の位置づけ

安全安心なAIの社会実装にあたっては、AIに取り組む事業者自らが該当する「AI開発者」、「AI提供者」、「AI利用者」の立場から、「ステークホルダーからの期待を鑑みつつどのような社会を目指すのか（基本理念 = why）」を踏まえ、「AIに関しどのような取組を行うべきか（指針 = what）」を把握し、「具体的にどのようなアプローチで取り組むか（実践 =

Ⅲ　AI事業者ガイドライン（第 1.0 版）の概要

【表 2】

ケース名	活用 AI	概要	AI 開発者	AI 提供者	AI 利用者	業務外利用者
採用 AI	テキスト解析	A 社グループのグローバル各社における人材採用部門が、**エントリーシートの書類選考を判断する際の参考情報として使用される AI サービス**である。A 社 AI 開発部門は、AI 利用者である A 社人材採用部門（海外グループ企業を含む）より過去のエントリーシートデータおよび合否判定（内定の判定）結果を受領し、機械学習（分類モデル）で合否判定を支援する AI モデルを作成している。	A 社（開発部門）	A 社（システム部門／人材採用部門）	A 社グループ（人材採用部門）	採用申込者
無人コンビニ	画像解析	全国のコンビニエンスストアチェーンを経営する J 社が提供する画像認識 AI を活用した**無人コンビニ（店内の客が商品を取るだけで AI が代金を計算し、店外に出る際に電子マネー等で一括決済ができるコンビニ）**である。当 AI サービスには X 社で開発された無人コンビニ向けの AI システムを搭載している。	X 社	J 社（AI システム開発部／コンビニ事業部）	コンビニ店舗	コンビニ利用客
スマート家電の最適化 AI	センサデータ解析	**AI モデルが環境情報、ユーザーの行動等を解析し、スマート家電を最適化する。A 社の AI サービ**スは、ユーザー搭載したセンサ情報（ユーザーの位置・状態、温度、湿度、照度および CO2 濃度）、オープンデータ（気象情報）およびユーザーからのフィードバック（ストレス、快適度の意見等）を取得して AI モデルが分析を行い、スマート家電機器（スマート冷蔵庫（食材管理、レシピ提案等）、空調、床暖房、空気清浄機、ロボット掃除機、換気システム等）を自動制御する。	A 社（AI 開発部）	A 社（アプライアンス事業部）	·	消費者

how）」を検討・決定、実践することが重要である。

　本ガイドラインにおいては、本編にて「AI 開発者」、「AI 提供者」、「AI 利用者」が念頭に置くべき基本理念（＝ why）、AI に関し行うべき取組の指針（＝ what）を示している。実践（＝ how）については、別添において、具体的な取組についてのリファレンスという位置づけで取り扱っている（【図 3】）。

　本編の構成として、第 1 部では、本ガイドラインの内容に関する理解を助けるために「用語の定義」を中心に記載した上で、第 2 部にて、AI の活用により目指すべき社会およびそれを実現するための基本理念（＝ why）、原則・各主体に共通する指針（＝ what）および共通する指針を実践するために必要となるガバナンスの構築について触れている。第 3 部以降は、AI を活用した事業活動を担う 3 つの主体に関し、第 2 部では立ち入っていない主体ごとの留意点の提示を行っている。

　別添は、本編と対応する形で構成されており、本編の読解およびそれに基づく検討や行動をサポートする解説書としての役割を果たしている。関係する主体においては、第 1 部、第 2 部に加えて、第 3 部以降の該当部および別添を確認することで、AI

5

【図3】

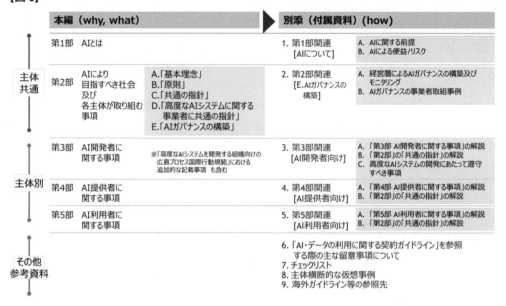

を活用する際のリスクやその対応方針の基本的な考え方を把握することが可能となる。

なお、経営者を含む事業執行責任者は、その職務を全うするために、本ガイドラインにおける基本理念（＝why）および指針（＝what）を踏まえて、事業戦略と一体でAIを活用する際のリスク対策を検討・実践し、AIの安全安心な活用を推進することが重要である。

3. ガイドラインにおける定義等

(1) 関連用語の定義

「AI」と言っても、その種類は多岐にわたり、今後のAI技術の在り方については有識者であっても予測することは困難である。このような状況を踏まえつつ、本ガイドラインにおける「AI」の概念については、「「AIシステム」自体または機械学習をするソフトウェア若しくはプログラムを含む抽象的な概念」と定義している。また、「AIシステム」については、「自律性をもって動作し学習する機能を有するソフトウェアを要素として含むシステム」と定義し、その例として、機械、ロボット、クラウドシステム等を挙げている。

本ガイドラインにおける関連する用語の定義は次頁のとおりである（【表3】）。

(2) 対象範囲

本ガイドラインの対象とするAIシステムの範囲は、高度なAIシステムから一般的なAIを含む（想定され得るすべての）AIシステム・サービスを広範に対象としている。なお、高度なAIシステムついては、安全、安心で信頼できる高度なAIシステムの普及を目的とした指針と行動規範からなる初の国際的政策枠組みとして、広島AIプロセスでとりまとめられた「広島AIプロセス包括的政策枠組み」（令和5年12月）を踏まえている（【図4】）。

一方で、AIをめぐる考え方および法令は国・地域で異なることから、特に国境を越えた活動を行う事業者は、現地の法令に対応すべきであり、ステークホルダーの要望に応じた対応が期待される。特に高度なAIシステムについては市場に導入される前の安全性評価の枠組みを検討する等、国・地域によってはガバナンスの実効性を担保するための措置を講じている場合もあり、注意を払うことが重要である。

4. 基本理念、原則および共通の指針

本ガイドライン本編の第2部では、AIにより目指す社会としての「基本理念」を示した上で、その実現に向けた各主体が取り組む「原則」とともに、そこから導き出される「共通の指針」を記載している。

(1) 基本理念

わが国では、政府において、「AI-Readyな社会」

【表3】

用語	定義
AI	現時点で確立された定義はなく（統合イノベーション戦略推進会議決定「人間中心のAI社会原則」（2019年3月29日））、広義の人工知能の外延を厳密に定義することは困難である。本ガイドラインにおけるAIは「AIシステム」自体または機械学習をするソフトウェア若しくはプログラムを含む抽象的な概念とする。
AIシステム	活用の過程を通じて様々なレベルの自律性をもって動作し学習する機能を有するソフトウェアを要素として含むシステムとする（機械、ロボット、クラウドシステム等）。
高度なAIシステム	最先端の基盤モデルおよび生成AIシステムを含む、最も高度なAIシステムを指す。（広島AIプロセスでの定義を引用）
AIモデル（MLモデル）	AIシステムに含まれ、学習データを用いた機械学習によって得られるモデルで、入力データに応じた予測結果を生成する。
AIサービス	AIシステムを用いた役務を指す。AI利用者への価値提供の全般を指しており、AIサービスの提供・運営は、AIシステムの構成技術に限らず、人間によるモニタリング、ステークホルダーとの適切なコミュニケーション等の非技術的アプローチも連携した形で実施される。
生成AI	文章、画像、プログラム等を生成できるAIモデルにもとづくAIの総称を指す。
AIガバナンス	AIの利活用によって生じるリスクをステークホルダーにとって受容可能な水準で管理しつつ、そこからもたらされる正のインパクト（便益）を最大化することを目的とする、ステークホルダーによる技術的、組織的、および社会的システムの設計ならびに運用。

【図4】

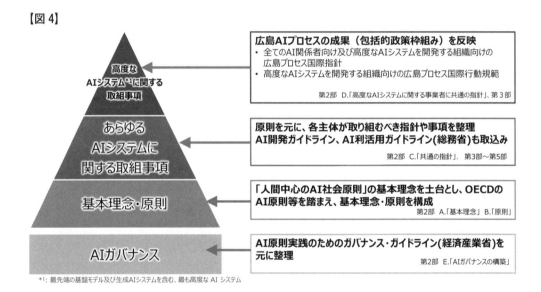

*1: 最先端の基盤モデル及び生成AIシステムを含む、最も高度な AI システム

への変革を推進する観点から、平成31年3月に「人間中心のAI社会原則」を策定した。この「人間中心のAI社会原則」で記述されている基本理念の考え方は、国内外における倫理的な検討の成果を踏まえた上で、より上位の理念として定めているものであり、著しい技術の発展によっても不変かつ目指すべき理念であり続けていることから、本ガイドラインにおいても「人間中心のAI社会原則」に基づき、「人間の尊厳が尊重される社会（Dignity）」、「多様な背景を持つ人々が多様な幸せを追求できる社会（Diversity and Inclusion）」、「持続可能な社会（Sustainability）」の3つの価値を基本理念として掲げている（【図5】）。

(2) 原則および共通の指針

「基本理念」を実現するためには、各主体がこれに沿う形で取組を進めることが重要であり、そのために各主体が念頭におく「原則」を、各主体が取り組む事項および社会と連携した取組が期待される事項に整理を行った。また、この原則に紐付けられる共通の指針として、次の10項目を掲げている（【図

第Ⅰ部　AI事業者ガイドライン（第1.0版）の概要

【図5】

人間の尊厳が尊重される社会
（Dignity）

基本理念

多様な背景を持つ人々が
多様な幸せを追求できる社会
（Diversity & Inclusion）

持続可能な社会
（Sustainability）

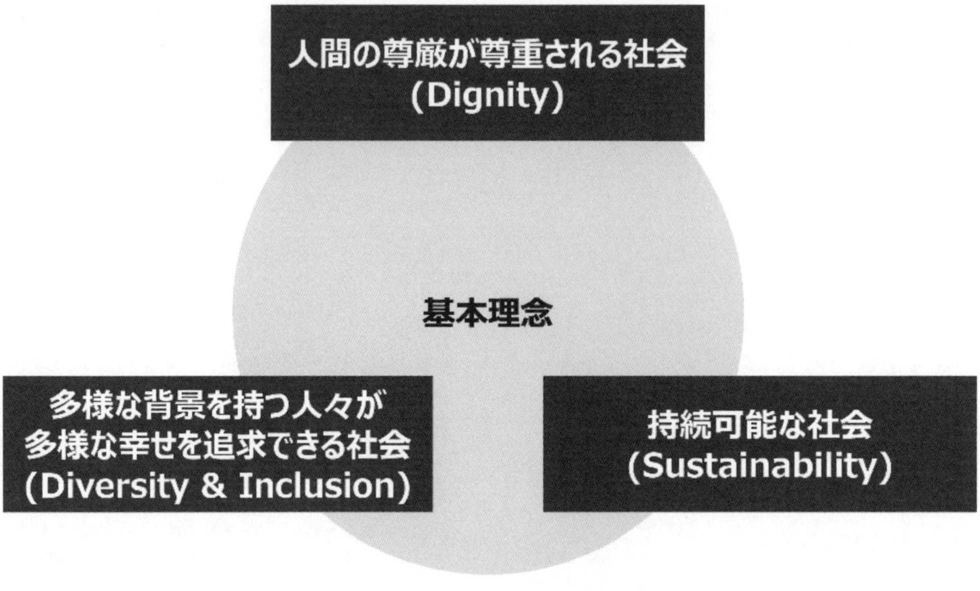

【図6】

		共 通 の 指 針
各主体が取り組む事項	1) 人間中心	✓ AI が人々の能力を拡張し、多様な人々の多様な幸せ（well-being）の追求が可能となるように行動する ✓ AI が生成した**偽情報・誤情報・偏向情報**が社会を不安定化・混乱させるリスクが高まっていることを認識した上で必要な対策を講じる ✓ より多くの人々がAIの恩恵を享受できるよう**社会的弱者によるAIの活用**を容易にするよう注意を払う
	2) 安全性	✓ 適切なリスク分析を実施し、**リスクへの対策**を講じる ✓ 主体のコントロールが及ぶ範囲で本来の利用目的を逸脱した提供・利用により危害が発生することを避ける ✓ AIシステム・サービスの特性及び用途を踏まえ、学習等に用いるデータの正確性等を検討するとともに、**データの透明性の支援、法的枠組みの遵守**、AIモデルの更新等を合理的な範囲で適切に実施する
	3) 公平性	✓ 特定の個人ないし集団へのその人種、性別、国籍、年齢、政治的信念、宗教等の多様な背景を理由とした**不当で有害な偏見・差別をなくす**よう努める ✓ AIの出力結果が公平性を欠くことがないよう、AIに単独で判断させるだけでなく、適切なタイミングで人間の判断を介在させる利用を検討した上で、無意識や潜在的な**バイアスに留意**し、AIの開発・提供・利用を行う
	4) プライバシー保護	✓ 個人情報保護法等の**関連法令の遵守、各主体のプライバシーポリシーの策定・公表**により、社会的文脈及び人々の合理的な期待を踏まえ、ステークホルダーのプライバシーが尊重され、保護されるよう、その重要性に応じた対応を取る
	5) セキュリティ確保	✓ AI システム・サービスの**機密性・完全性・可用性を維持**し、常時、AIの安全な活用を確保するため、その時点での技術水準に照らして合理的な対策を講じる ✓ AI システム・サービスに対する外部からの攻撃は日々新たな手法が生まれており、これらの**リスクに対応するための留意事項を確認**する
	6) 透明性	✓ AIを活用する際の社会的文脈を踏まえ、AIシステム・サービスの検証可能性を確保しながら、必要かつ技術的に可能な範囲で、**ステークホルダーに対し合理的な範囲で適切な情報を提供**する（AIを利用しているという事実、活用している範囲、データ収集及びアノテーションの手法、AIシステム・サービスの能力、限界、提供先における　適切/不適切な利用方法、等）
	7) アカウンタビリティ	✓ トレーサビリティの確保や共通の指針の対応状況等について、ステークホルダーに対して情報の提供と説明を行う ✓ 各主体の**AIガバナンスに関するポリシー、プライバシーポリシー等の方針を策定**し、公表する ✓ 関係する情報を文書化して一定期間保管し、必要なときに、必要なところで、入手可能かつ利用に適した形で参照可能な状態とする
社会と連携した取組が期待される事項	8) 教育・リテラシー	✓ AIに関わる者が、その関わりにおいて**十分なレベルのAIリテラシーを確保**するために必要な措置を講じる ✓ AIの複雑さ、誤情報といった特性及び意図的な悪用の可能性もあることを勘案して、**ステークホルダーに対しても教育を行う**ことが期待される。
	9) 公正競争確保	✓ AIを活用した新たなビジネス・サービスが創出され、持続的な経済成長の維持及び社会課題の解決策の提示がなされるよう、**AIをめぐる公正な競争環境が維持**に努めることが期待される
	10) イノベーション	✓ 国際化・多様化、**産学官連携**及びオープンイノベーションを推進する ✓ 自らのAIシステム・サービスと他のAIシステム・サービスとの相互接続性及び相互運用性を確保する ✓ 標準仕様がある場合には、それに準拠する

6]）。なお、この「原則」および「共通の指針」は、「人間中心のAI社会原則」を土台としつつ、諸外国における議論状況や新技術の台頭に伴い生じるリスクへの対応を踏まえ、再構成を行ったものである。

各主体は、原則・共通の指針に掲げる取組にあたり、「1) 人間中心」に照らし、法の支配、人権、民主主義、多様性、公平公正な社会を尊重するようAIシステム・サービスを開発・提供・利用すべき

【図7】

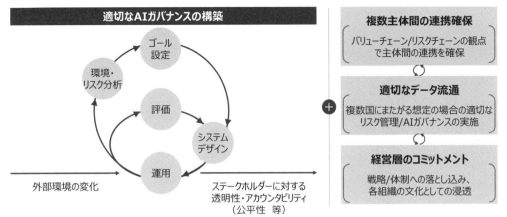

である。また、憲法、知的財産関連法令および個人情報保護法をはじめとする関連法令、AIに係る個別分野の既存法令等を遵守するとともに、国際的な指針等の検討状況についても留意することが重要である。なお、これらの取組は、各主体が開発・提供・利用するAIシステム・サービスの特性、用途、目的および社会的文脈を踏まえ、各主体の資源制約を考慮しながら自主的に進めることが期待される。

5. AIガバナンスの構築

AIガバナンスは、本ガイドラインにおいて、「AIの利活用によって生じるリスクをステークホルダーにとって受容可能な水準で管理しつつ、そこからもたらされる正のインパクト（便益）を最大化することを目的とする、ステークホルダーによる技術的、組織的、及び社会的システムの設計並びに運用」と定義される。AIを安全安心に活用していくために、事業者としては、経営層のリーダーシップのもと、AIガバナンスを適切に構築することで、リスクをマネジメントしていくことが重要となる。AIガバナンスの構築にあたっては、【図7】のとおり、事前にルールまたは手続が固定されたAIガバナンスではなく、「環境・リスク分析」「ゴール設定」「システムデザイン」「運用」「評価」といったサイクルを、継続的かつ高速に回転させていく、「アジャイル・ガバナンス」の実践が重要となる。そして、具体的な検討にあたっては、上記のとおり、開発・提供・利用予定のAIのもたらすリスクの程度および蓋然性、ならびに各主体の資源制約に配慮することが重要となる。

さらに、AIガバナンスの構築にあたっては、複数主体に跨る論点について、バリューチェーン上における主体間の連携を確保すること、バリューチェーンが複数国にわたる場合、データの自由な越境移転の確保のための適切なAIガバナンスを検討すること、経営層のコミットメントの下、各組織の戦略や企業体制への落とし込みや文化としての浸透を図ることなどにも留意することが求められる。

別添2では、AIガバナンスの構築のための「行動目標」、「実践のポイント」およびそれに対応する仮想的な「実践例」を記載している。「行動目標」は、事業者が取り組むことが重要となる一般的かつ客観的な目標を提示するものであり、各事業者が方針を検討する際の材料となることが想定されている。「実践のポイント」は、行動目標の実行のために重要となる事項や留意点を要約したものであり、各事業者が具体的な取組内容を検討する際の材料となることが想定されている。また、具体的な取組イメージを持つことで、各事業者が具体的な行動につなげやすくすることを目的として、仮想的な「実践例」を記載している。

さらに、AIの技術開発や普及等の早さを踏まえると、AIガバナンスの構築にあたっては、仮想的な例だけでなく、実際の企業の取組事例から学ぶところも大きい。そこで、別添2では、AIガバナンスを推進するにあたり、多くの企業がつまずきやすい観点を示し、事業者において、自身のAIガバナンスの構築のための検討を、具体例を交えつつ行うことが可能となるよう、実際の取組事例についてもコラムとして記載している。

第Ⅰ部　AI事業者ガイドライン（第1.0版）の概要

【図8】

データ前処理学習時	D-2) i. 適切なデータの学習	- プライバシー・バイ・デザイン等を通じて、個人情報、知的財産権に留意が必要なもの等が含まれている場合には、法令に則って適切に扱う - データ管理・制限機能の導入検討を行う等、**適切な保護措置を実施する**
	D-3) i. データに含まれるバイアス等への配慮	- 学習データ、モデルの学習過程でバイアスが含まれうることに留意し、**データの質を管理するための相当の措置**を講じる - バイアスを完全に排除できないことを踏まえ、**AIモデルが代表的なデータセットで学習**され、**AIシステムに不公正なバイアスがないか点検**されることを確保する
AI開発時	D-2) ii. 人間の生命・身体・財産、精神及び環境に配慮した開発	- 予期しない環境を含む様々な状況下での利用に耐えうる性能の要求 - **リスクを最小限に抑える**方法の要求
	D-2) iii. 適正利用に資する開発	- **AIを安全に利用可能な使い方について明確な方針・ガイダンスを設定する** - AIモデルに対する事後学習を行う場合に、**学習済AIモデルを適切に選択**する
	D-3) ii. AIモデルのアルゴリズム等に含まれるバイアスへの配慮	- AIモデルを構成する**各技術要素によってバイアスが含まれうる**ことまで検討する - AIモデルが代表的なデータセットで学習され、AIシステムに不公正なバイアスがないか点検する
	D-5) i. セキュリティ対策のための仕組みの導入	- 採用する技術の特性に照らし適切に**セキュリティ対策を講ずる**（セキュリティ・バイ・デザイン）
	D-6) i. 検証可能性の確保	- AIの予測性能及び出力の品質が、活用開始後に大きく変動する可能性又は想定する精度に達しないこともある特性を踏まえ、**事後検証のための作業記録を保存**しつつ、その品質の維持・向上を行う
開発後	D-5) ii. 最新動向への留意	- AIシステムに対する攻撃手法は日々新たなものが生まれており、これらのリスクに対応するため、**開発の各工程で留意すべき点を確認**する
	D-6) ii. 関連するステークホルダーへの情報提供	- AIシステムの技術的特性、安全性確保の仕組み、予見可能なリスク及びその緩和策、不具合の原因及び対応状況等に関する**情報提供**を行う
	D-7) i. AI提供者への共通の指針の対応状況の説明	- AI提供者に対して、AIに活用開始後に品質が変動する可能性及び、その結果として**生じるリスク等の情報提供及び説明**を行う
	D-7) ii. 開発関連情報の文書化	- AIシステムの開発過程、意思決定に影響を与えるデータ収集及びラベリング、使用されたアルゴリズム等について**文書化**する
	D-10) i. イノベーションの機会創造への貢献	- AIの**品質・信頼性、開発の方法論等の研究開発**を行う - **持続的な経済成長の維持及び社会課題解決**につながるよう貢献する - DFFT等の国際議論の動向の参照、AI開発者コミュニティ又は学会への参加等の取組を行う等、国際化・多様化及び産学官連携を行う - **社会全体への情報提供**を行う

6.　主体ごとに重要となる事項

　本ガイドラインでは、「共通の指針」に加えて、主体ごとに重要となる事項が整理されている。以下、主体ごとの中身の詳細には立ち入らないが、主体ごとにポイントとなる点について説明する。

　AI開発者としては、AIモデルを直接的に設計・変更ができるため、AIが提供・利用された際にどのような影響を与えるか、事前に可能な限り検討し、対応策を講じておくことが特に重要となる。本ガイドラインでは、【図8】のとおり、データ前処理学習時、AI開発時、開発後という段階に応じて、重要となる事項を整理している。

　AI提供者としては、AIの稼働と適正な利用を前提としたAIシステム・サービスの提供を実現することが重要となる。本ガイドラインでは、【図9】のとおり、AIシステム実装時、AIシステム・サービス提供後という段階に応じて、重要となる事項を整理している。

　AI利用者としては、AI提供者が意図した範囲内で継続的に適正利用をすること、必要に応じたAIシステムの運用を行うことが重要であり、より効果的なAI利用のために必要な知見を習得することが期待される。AI利用者がAIシステム・サービス利

III　AI事業者ガイドライン（第1.0版）の概要

【図9】

AIシステム実装時

P-2) i.	人間の生命・身体・財産、精神及び環境に配慮したリスク対策	- 様々な状況下でAIシステムがパフォーマンスレベルを維持できるようにし、**リスクを最小限に抑える**方法を検討する
P-2) ii.	適正利用に資する提供	- AI開発者が設定した範囲でAIを活用する - AIシステム・サービスの正確性等を担保すると同時に、**AI開発者の想定利用環境とAI利用者の利用環境に違い等がないか検討**する
P-3) i.	AIシステム・サービスの構成及びデータに含まれるバイアスへの配慮	- データの公平性を担保し、参照する情報、外部サービス等の**バイアスを検討**する - AIモデルの入出力及び**判断根拠を定期的に評価**し、バイアスの発生をモニタリングする - AIモデルの出力結果を受け取るAIシステム等において、利用者の判断を恣意的に制限するようなバイアスが含まれる可能性を検討する
P-4) i.	プライバシー保護のための仕組み及び対策の導入	- 採用する技術の特性に照らし適切に個人情報へのアクセスを管理・制限する仕組みの導入等の**プライバシー保護対策を講ずる**（プライバシー・バイ・デザイン）
P-5) i.	セキュリティ対策のための仕組みの導入	- 採用する技術の特性に照らし適切に**セキュリティ対策を講ずる**（セキュリティ・バイ・デザイン）
P-6) i.	システムアーキテクチャ等の文書化	- AIシステムの意思決定に影響を与えるシステムアーキテクチャ、データの処理プロセス等について**文書化**する

AIシステム・サービス提供後

P-2) ii.	適正利用に資する提供	- **適切な目的**でAIシステム・サービスが利用されているかを定期的に検証する
P-4) ii.	プライバシー侵害への対策	- AIシステム・サービスにおけるプライバシー侵害に関して**適宜情報収集し、侵害を認識した場合等は適切に対処するとともに、再発の防止**を検討する
P-5) ii.	脆弱性への対応	- 最新のリスクに対応するために提供の各工程で気を付けるべき点の動向を確認し、**脆弱性に対応することを検討する**
P-6) ii.	関連するステークホルダーへの情報提供	- AIシステムの・サービスの技術的特性、予見可能なリスク、緩和策、出力又はプログラムの変化の可能性、不具合の原因と対応状況、インシデント事例、学習データの収集ポリシー、その学習方法等に関する情報を説明できるようにする - AIの性質及び利用目的等に照らして、**AIを利用しているという事実や適切／不適切な使用方法、更新内容とその理由等の情報提供や説明の実施**
P-7) i.	AI利用者への共通の指針の対応状況の説明	- AI利用者に**適正利用を促し**、正確性・必要に応じて最新性等が担保されたデータの利用やコンテキスト内学習による不適切なモデルの学習に対する注意喚起、**個人情報を入力する際の留意点についての情報を提供する** - AIシステム・サービスへの個人情報の不適切入力について注意喚起する
P-7) ii.	サービス規約等の文書化	- AI利用者に向けた**サービス規約を作成するとともにプライバシーポリシーを明示**する

用時に重要となる事項は【図10】のとおり整理されている。

　そして、本ガイドラインでは、別添7として、AIによるリスクを抑えつつ便益を享受する取組の立案、実践を確実に推進するための「チェックリスト」および「具体的なアプローチのためのワークシート」を用意している。各事業者は、この「チェックリスト」を活用することで、自社の取組状況の概観を確認することができる。また、「ワークシート」においては、本ガイドラインの記載内容に関して、具体的なアプローチを検討する際に重要となる事項を記載している。なお、「ワークシート」については、事業者の事業内容および置かれた状況等に応じ、各自でカスタマイズして活用することを

前提としている。したがって、事業者としては、各項目を埋めること自体を目的とするのではなく、創意工夫の下、「ワークシート」等を活用し、自社の取組を進めていくことが期待されている。

　さらに、別添8においては、各主体が本ガイドラインの内容を実際に落とし込む際の具体的なイメージの想起や、各主体間での連携が重要になるポイントの明確化が可能となるよう、本ガイドラインに沿って、AI開発者、AI提供者、AI利用者が重要事項の検討を行った場合の「主体横断的な仮想事例」を掲載している。現在は、一例として、「採用AI」を扱う事業者を例として取り上げているが、今後、他の事例も追加していくことが予定されている。

11

第Ⅰ部　AI事業者ガイドライン（第1.0版）の概要

【図10】

AIシステム・サービス利用時	U-2) i.	安全を考慮した適正利用	- AI提供者が定めた利用上の留意点を遵守して、**AI提供者が設計において想定した範囲内で利用**する - AIの出力について精度及びリスクの程度を理解し、**様々なリスク要因を確認した上で利用**する
	U-3) i.	入力データ又はプロンプトに含まれるバイアスへの配慮	- 公平性が担保されたデータの入力を行い、プロンプトに含まれるバイアスに留意して、**責任をもってAI出力結果の事業利用判断を行う**
	U-4) i.	個人情報の不適切な入力及びプライバシー侵害への対策	- AIシステム・サービスへ個人情報を不適切に入力しないよう注意を払う - AIシステム・サービスにおける**プライバシー侵害に関して適宜情報収集**し、防止を検討する
	U-5) i.	セキュリティ対策の実施	- AI提供者による**セキュリティ上の留意点を遵守**する - AIシステム・サービスに機密情報等を不適切に入力しないよう注意を払う
	U-6) i.	関連するステークホルダーへの情報提供	- 公平性が担保されたデータの入力を行い、プロンプトに含まれるバイアスに留意して、**出力結果を取得し、結果を事業判断に活用した際は、その結果を関連するステークホルダーに合理的な範囲で情報提供**
	U-7) i.	関連するステークホルダーへの説明	- AIの特性や用途、データの提供元となる関連するステークホルダーとの接点、プライバシーポリシー等を踏まえ、データ提供の手段、形式等について、あらかじめ**当該ステークホルダーに平易かつアクセスしやすい方法で情報提供**する - AIの出力結果を特定の個人又は集団に対する評価の参考とする場合は、人間による合理的な判断のもと、説明責任を果たす - **関連するステークホルダーからの問合せに対応する窓口を合理的な範囲で設置**し、AI提供者とも連携の上説明及び要望の受付を行う
	U-7) ii.	提供された文書の活用と規約の遵守	- AI提供者から提供されたAIシステム・サービスについての**文書を保管・活用**する - AI提供者が定めた**サービス規約を遵守**する

Ⅳ　今後の見通し

　AIをめぐる制度の在り方等については、引き続き様々な議論が継続しているところであるが、最後に、本ガイドラインに関する今後の見通しとして、①ガイドラインの普及促進、②国際的議論との協調、③Living Documentとしての更新について述べることとしたい。

1.　ガイドラインの普及促進

　本稿は、AI事業者ガイドライン（第1.0版）の策定に至る検討の経緯を紹介した上で、その概要について解説を行った。AI 活用に取り組む事業者が、AIのリスクを正しく認識し、必要となる対策を自主的に実行できるよう、AIの開発・提供・利用の観点から基本的な考え方を本ガイドラインで示したところであるが、今後は、これらを幅広く普及させるとともに、社会実装に向けたアウトリーチをいかに推進していくのかについて議論のステージが移行すると見込まれている[5]。実際に、令和6年1月20日から同年2月19日にかけて実施した「AI事業者

ガイドライン案」に対する意見募集（パブリックコメント）においても、「わが国の統一的で一貫したAI政策を実現するためにも、本ガイドラインについて、幅広く普及・啓発していくべき」等の意見が寄せられた。本ガイドラインを社会に普及させることにより、イノベーションの促進と規律の調和が適切に図られ、AIの活用が進展されるとともに、これらを国際的な議論の場においても積極的に発信し、国際的なコンセンサスを醸成することが期待されている。

2.　国際的議論との協調

　上記のとおり、AIガバナンスの検討に当たっては、国際的議論との協調も重要である。合同会議においても、海外で事業を展開する事業者にとって関連の外国法と本ガイドラインの詳細な比較は重要であるとの指摘がなされている[6]。

　この点に関連して、海外機関と連携しつつ、AIの開発・提供・利用の安全性向上に資する基準・ガイダンス等の検討、AIの安全性評価方法等の調査、AIの安全性に関する技術・事例の調査等を目的とし、「AIセーフティ・インスティテュート」（以下

5　AIネットワーク社会推進会議（第27回）・AIガバナンス検討会（第23回）・AI事業者ガイドライン検討会（第3回）合同会議（以下「合同会議」という）においても、リリースされたガイドラインをどう広げていくのかということが重要であり、膨大な情報が散らばっているものを、実践するためにどうするのかという視点も重要であることが指摘されている。

6　合同会議　議事要旨参照。

「AISI」という）が、令和6年2月に独立行政法人情報処理推進機構（IPA）の下に設置され、AISIと米国NIST間において、本ガイドラインと米国NISTのAIリスクマネジメントフレームワークとのクロスウォーク[7]が行われている。このような取組は、国際的なAIガバナンスに係る枠組みの相互運用性の向上に資するほか、本ガイドラインの普及促進にも効果があるものと思われる。

今後は、このような取組も通じて、本ガイドラインの相互運用性や利便性等を更に高めていくことが期待される。

3. Living Documentとしての更新

AIは人の予想を超えるスピードで目覚ましい進化を遂げており、今後も社会にもたらすインパクトはより拡大することが予想される。本ガイドラインの内容は、令和5年度時点において検討・議論した結果を反映しているものであり、AIの高度化や国際的な議論等も踏まえ、Living Documentとして見直しを行うことが必要である。合同会議等においても、Living Documentとしての継続的見直しに対する強い期待が見られた。

今後、AIをめぐる課題はより一層多岐にわたり、継続的かつ多面的な検討が必要であることは間違いない。引き続き、産学民官の幅広い多様なステークホルダーの参画を得て、国内外において継続的に本ガイドラインに関する検討を進めていくことが重要となる。本ガイドラインの更新に際して、産学官民の幅広い多様なマルチステークホルダーの視点は欠かせない。AIガバナンスに関与する一人ひとりが、マルチステークホルダーの一員として、好事例や失敗事例等の共有や議論などを通じて、本ガイドラインの更新に主体的に関与していくことが重要となる。

結びに、AI事業者ガイドラインの策定にあたり、専門的な知見を提供いただいた有識者および関係団体等の皆様をはじめ、意見募集（パブリックコメント）を通じて貴重なご意見をお寄せいただいた方々に、この場を借りて厚く御礼申し上げたい。 ⚖

【AI事業者ガイドライン担当者】

総務省	
山野哲也	総務省情報流通行政局参事官
小倉知洋	総務省情報流通行政局参事官付参事官補佐
末吉直樹	同付主査
手塚智大	同付係員
経済産業省	
須賀千鶴	経済産業省商務情報政策局情報経済課課長
船越 亮	同課情報政策企画調整官
橘 均憲	同課情報政策企画調整官（前）
飯野悠介	同課ガバナンス戦略国際調整官
酒匂隆幸	同課係長
近藤 圭	同課係長

---

7 組織が活動や成果の優先順位をつけて遵守を容易にするのに役立たせることを目的として、法令、基準およびフレームワークなどの条項をサブカテゴリーにマッピングすることをいう。AISIウェブサイト〈https://aisi.go.jp/2024/04/30/ai_rmf_crosswalk1_news/〉参照。

第Ⅱ部

AI 事業者ガイドライン

（第 1.0 版）

令和 6 年 4 月 19 日

総務省　　　経済産業省

目次

はじめに 2

第1部 AI とは 8

第2部 AI により目指すべき社会及び各主体が取り組む事項 10

    A. 基本理念 10

    B. 原則 11

    C. 共通の指針 12

    D. 高度な AI システムに関係する事業者に共通の指針 22

    E. AI ガバナンスの構築 24

第3部 AI 開発者に関する事項 26

第4部 AI 提供者に関する事項 31

第5部 AI 利用者に関する事項 34

1

はじめに

　AI 関連技術は日々発展をみせ、AI の利用機会及び様々な可能性は拡大の一途をたどり、産業におけるイノベーション創出及び社会課題の解決に向けても活用されている。また近年台頭してきた対話型の生成 AI によって「AI の民主化」が起こり、多くの人が「対話」によって AI を様々な用途へ容易に活用できるようになった。これにより、企業では、ビジネスプロセスに AI を組み込むだけではなく、AI が創出する価値を踏まえてビジネスモデル自体を再構築することにも取り組んでいる。また、個人においても自らの知識を AI に反映させ、自身の生産性を拡大させる取組が加速している。我が国では、従来から Society 5.0 として、サイバー空間とフィジカル空間を高度に融合させたシステム（CPS：サイバー・フィジカルシステム）による経済発展と社会的課題の解決を両立する人間中心の社会というコンセプトを掲げてきた。このコンセプトを実現するにあたり、AI が社会に受け入れられ適正に利用されるため、2019 年 3 月に「人間中心の AI 社会原則」が策定された。一方で、AI 技術の利用範囲及び利用者の拡大に伴い、リスクも増大している。特に生成 AI に関して、知的財産権の侵害、偽情報・誤情報の生成・発信等、これまでの AI ではなかったような新たな社会的リスクが生じており、AI がもたらす社会的　リスクの多様化・増大が進んでいる。

　そのような背景の中、本ガイドラインは、AI の安全安心な活用が促進されるよう、我が国における AI ガバナンスの統一的な指針を示す。これにより、様々な事業活動において AI を活用する者が、国際的な動向及びステークホルダーの懸念を踏まえた AI のリスクを正しく認識し、必要となる対策を AI のライフサイクル全体で自主的に実行できるように後押しし、互いに関係者と連携しながら「共通の指針」と各主体に重要となる事項及び AI ガバナンスを実践することを通して、イノベーションの促進とライフサイクルにわたるリスクの緩和を両立する枠組みを積極的に共創していくことを目指す。

　我が国は 2016 年 4 月の G7 香川・高松情報通信大臣会合における AI 開発原則に向けた提案を先駆けとし、G7・G20、OECD 等の国際機関での議論をリードし、多くの貢献をしてきた。一方、AI に関する原則の具体的な実践を進めていくにあたっては、

- 少子高齢化に伴う労働力の低下等の社会課題の解決手段として、AI の活用が期待されていること
- 法律の整備・施行が AI の技術発展及びその社会実装のスピード・複雑さとの間でタイムラグが発生すること
- 細かな行為義務を規定するルールベースの規制を行うと、イノベーションを阻害する可能性があること

等が指摘されてきた。これらを踏まえ、AI がもたらす社会的リスクの低減を図るとともに、AI のイノベーション及び活用を促進していくために、関係者による自主的な取組を促し、非拘束的なソフトローによって目的達成に導くゴールベースの考え方で、ガイドラインを作成することとした。

　このような認識のもと、これまでに総務省主導で「国際的な議論のための AI 開発ガイドライン案」、「AI 利活用ガイドライン～AI 利活用のためのプラクティカルリファレンス～」及び経済産業省主導で「AI 原則実践のためのガバナンス・ガイドライン Ver. 1.1」を策定・公表してきた。そして、このたび 3 つのガイドラインを統合・見直しして、この数年でさらに発展した AI 技術の特徴及び国内外における AI の社会実装に係る議論を反映し、事業者が AI の社会実装及びガバナンスを共に実践するためのガイドライン（非拘束的なソフトロー）として新たに策

定した（「図1. 本ガイドラインの位置づけ」参照）。従来のガイドラインに代わり、本ガイドラインを参照することで、AIを活用する事業者（政府・自治体等の公的機関を含む）が安全安心なAIの活用のための望ましい行動につながる指針（Guiding Principles）を確認できるものとしている。また、本ガイドラインは、政府が単独で主導するのではなく、教育・研究機関、一般消費者を含む市民社会、民間企業等で構成されるマルチステークホルダーで検討を重ねることで、実効性・正当性を重視したものとして策定されている。

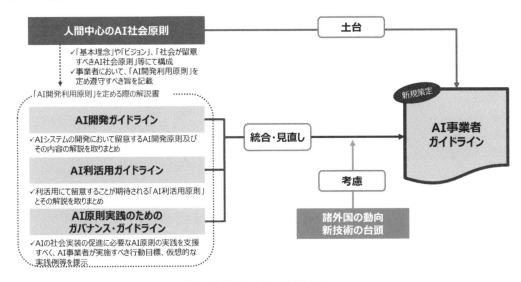

図1. 本ガイドラインの位置づけ

AIの利用は、その分野とその利用形態によっては、社会に対して大きなリスクを生じさせ、そのリスクに伴う社会的な軋轢により、AIの利活用自体が阻害される可能性がある。一方で、過度な対策を講じることは、同様にAI活用自体又はAI活用によって得られる便益を阻害してしまう可能性がある。このような中、予め事前に当該利用分野における利用形態に伴って生じうるリスクの大きさ（危害の大きさ及びその蓋然性）を把握したうえで、その対策の程度をリスクの大きさに対応させる「リスクベースアプローチ」が重要となる。本ガイドラインでは、この「リスクベースアプローチ」にもとづく企業における対策の方向を記載している。なお、この「リスクベースアプローチ」の考え方は、AI先進国間で広く共有されているものである。

また、AIをめぐる動向が目まぐるしく変化する中、国際的な議論等も踏まえ、本ガイドラインに関しては、AIガバナンスの継続的な改善に向け、アジャイル・ガバナンスの思想を参考にしながら、マルチステークホルダーの関与の下で、Living Documentとして適宜更新を行うことを予定している[1]。その中で、社会におけるAIの成熟度に応じたリスク及びリスクへの対策となる指針並びに実践の内容の更新を検討する（「図2. 本ガイドラインの基本的な考え方」参照）。

---

[1] 総務省のAIネットワーク社会推進会議と経済産業省のAI事業者ガイドライン検討会にて取りまとめを行う。検討体制は、今後の状況に合わせて適宜見直しを行う。
・AIネットワーク社会推進会議 https://www.soumu.go.jp/main_sosiki/kenkyu/ai_network/index.html
・AI事業者ガイドライン検討会 https://www.meti.go.jp/shingikai/mono_info_service/ai_shakai_jisso/index.html

3

図 2. 本ガイドラインの基本的な考え方

　本ガイドラインは、AI 開発・提供・利用にあたって必要な取組についての基本的な考え方を示すものである。よって、実際の AI 開発・提供・利用において、本ガイドラインを参考の一つとしながら、AI 活用に取り組む全ての事業者が自主的に具体的な取組を推進することが重要となる。同時に、AI 活用に取り組む全ての事業者は、AI が社会にもたらす影響の大きさを認識し、人間社会をよりよいものへと発展させるために活用することを意識すべきである。当該取組に対して、社会から不適切又は不十分と評価される場合は、自らの事業活動における機会損失が生じ、事業価値の維持が困難となる事態を招く恐れがあることに留意することが重要となる。このような点に留意することにより、AI による便益の最大化、競争力の強化、事業価値の維持・向上等が可能となる。なお、AI に関係する事業者以外の者、例えば、教育・研究機関に属する者及び一般消費者（未成年を含む）にとっても、AI の活用にあたって参考となる情報及びリスクに関する情報が盛り込まれているため、有用といえる。

　本ガイドラインは、様々な事業活動において AI の開発・提供・利用を担う全ての者（政府・自治体等の公的機関を含む）を対象としている。他方で、事業活動以外で AI を利用する者又は AI を直接事業で利用せずに AI システム・サービスの便益を享受する、場合によっては損失を被る者（以下、あわせて「業務外利用者」という）については、本ガイドラインの対象には含まない。ただし、事業活動において AI の開発・提供・利用を担う者から業務外利用者への必要な対応は記載する。また、AI 活用に伴い学習及び利用に用いるデータが不可欠となる。それらのデータを提供する特定の法人及び個人（以下、「データ提供者」という）も同様に本ガイドラインの対象には含まない。データ収集は色々な方法が考えられる中で、本ガイドラインではデータの提供を受ける者・データを入手する者にあたる AI の開発・提供・利用を担う者がデータを取り扱う際の責任を負う形で記載する。以上より、本ガイドラインの対象者は、AI の事業活動を担う主体として、「AI 開発者」、「AI 提供者」及び「AI 利用者」の 3 つに大別され、それぞれ以下のとおり定義される。これらの主体は事業者（又は各者内の部門）を想定しており、AI の活用方法によっては同一の事業者が AI 開発者、AI 提供者又は AI 利用者の複数を兼ねる場合もある（「図 3. 一般的な AI 活用の流れにおける主体の対応」参照）[2]。

---

[2] 開発・提供・利用の対象に生成 AI も含まれる。AI 提供者又は AI 利用者が政府・自治体等、公的機関になる場合は、民間事業者の場合とは別の考えが必要になる可能性がある。

- **AI 開発者（AI Developer）**
  AI システムを開発する事業者（AI を研究開発する事業者を含む）
  AI モデル・アルゴリズムの開発、データ収集（購入を含む）、前処理、AI モデル学習及び検証を通して AI モデル、AI モデルのシステム基盤、入出力機能等を含む AI システムを構築する役割を担う。

- **AI 提供者（AI Provider）**
  AI システムをアプリケーション、製品、既存のシステム、ビジネスプロセス等に組み込んだサービスとして AI 利用者（AI Business User）、場合によっては業務外利用者に提供する事業者
  AI システム検証、AI システムの他システムとの連携の実装、AI システム・サービスの提供、正常稼働のための AI システムにおける AI 利用者（AI Business User）側の運用サポート又は AI サービスの運用自体を担う。AI サービスの提供に伴い、様々なステークホルダーとのコミュニケーションが求められることもある。

- **AI 利用者（AI Business User）**
  事業活動において、AI システム又は AI サービスを利用する事業者
  AI 提供者が意図している適正な利用を行い、環境変化等の情報を AI 提供者と共有し正常稼働を継続すること又は必要に応じて提供された AI システムを運用する役割を担う。また、AI の活用において業務外利用者に何らかの影響が考えられる場合 [3]は、当該者に対する AI による意図しない不利益の回避、AI による便益最大化の実現に努める役割を担う。

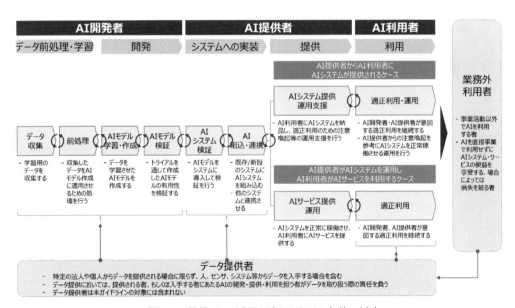

図 3. 一般的な AI 活用の流れにおける主体の対応

---

[3] 業務外利用者は、AI 利用者の指示及び注意に従わない場合、何らかの被害を受ける可能性があることを留意する必要がある。

自らが該当する「AI 開発者」、「AI 提供者」又は「AI 利用者」の立場から、「ステークホルダーからの期待を鑑みつつどのような社会を目指すのか（「基本理念」＝ why）」を踏まえ、「AI に関しどのような取組を行うべきか（指針 = what）」を明らかにすることが重要であり、また指針を実現するために、「具体的にどのようなアプローチで取り組むか（実践 = how）」を検討・決定し、実践することが AI の安全安心な活用に有用と考えられる。実際の AI システム・サービスは目的・活用技術・データ・利用環境等によって多様なユースケースとなり、技術の発展等、外部環境の変化も踏まえつつ、AI 開発者、AI 提供者及び AI 利用者が連携して最適なアプローチを検討することが重要である。本ガイドラインは読みやすさを考慮し、本編で「基本理念」及び「指針」を扱い、別添（付属資料）で「実践」を扱うこととする。

「基本理念」及び「指針」を扱う本ガイドラインの本編の構成を以下に記載する。

- **第 1 部**
  本ガイドラインの内容に関する理解を助けるために、「用語の定義」を中心に記載する。

- **第 2 部**
  AI の活用により目指すべき社会及びそれを実現するための「基本理念」（why）、並びに原則及び各主体に共通する指針（what）を記載する。AI の活用による便益を求める中で、AI が社会にリスクをもたらす可能性を鑑み、「共通の指針」を実践するために必要となるガバナンスの構築についても触れる。第 2 部では第 3 部以降のもととなる内容を解説しているため、AI を活用する全ての事業者が内容を確認し、理解することが重要である。

- **第 3 部~第 5 部**
  AI を活用した事業活動を担う 3 つの主体に関し、第 2 部では触れられない主体毎の留意点を記載する。AI を活用する事業者は自らに関する事項を理解することが重要であり、それと同時に、隣接する主体と関係する事項が多く存在するため、当該主体以外に関する事項も理解することが重要である（「図 4. 本ガイドラインの構成」参照）。

「AI 開発者」、「AI 提供者」及び「AI 利用者」においては、第 1 部、第 2 部に加えて、第 3 部以降の当該部及び別添（付属資料）を確認することで、AI を活用する際のリスク及びその対応方針の基本的な考え方を把握することが可能となる。特に具体的な取組が決まっていない事業者にとっては、別添の記載例が参考となるため、別添の関連箇所を中心とした確認が重要となる。なお、経営者を含む事業執行責任者 [4]は、その職務を全うするために、本ガイドラインにおける「基本理念」（why）及び指針（what）を踏まえて、事業戦略と一体で AI を活用する際のリスク対策を検討・実践し、AI の安全安心な活用を推進することが重要である。

---

[4] 事業執行責任者は、政府・自治体等の公的機関の事業執行責任者も含む。

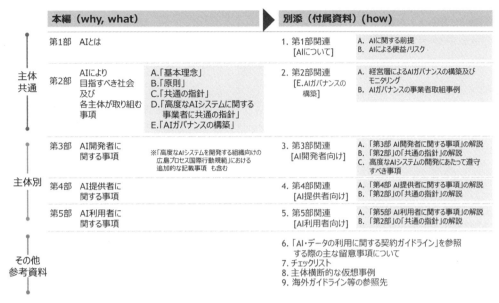

図 4. 本ガイドラインの構成

　AIをめぐる環境はグローバル規模で日進月歩の進化を続けていることから、AIを活用する事業者は、国際的な動向にも注意を払うことが重要である。我が国においても、こうした現状を踏まえ、広島AIプロセス[5]を通じて、AIに関する国際的な共通理解及び指針の策定を主導しており、2023年12月には広島AIプロセス包括的政策枠組み等を取りまとめた。本ガイドラインも同プロセスへの貢献を意図するとともに、同プロセスを含む国際的な議論を踏まえながら検討したものである。一方で、AIをめぐる考え方及び法令は国・地域で異なることから、特に、国境を越えた活動を行う事業者は、現地の法令に対応すべきであり、ステークホルダーの要望に応じた対応が期待される。特に高度なAIシステムについては市場に導入される前の安全性評価[6]の枠組みを検討する等、国・地域によってはガバナンスの実効性を担保するための措置を講じている場合もあり、注意を払うことが重要である。

---

[5] 2023年5月のG7広島サミットの結果を受けて、生成AIに関する国際的なルールの検討を行うため、「広島AIプロセス」を立ち上げた。その後、同年9月の「広島AIプロセス閣僚級会合」、10月の京都IGFでの「マルチステークホルダーハイレベル会合」等を経て発出された「AIに関するG7首脳声明」を踏まえ、同年12月に「G7デジタル・技術大臣会合」を開催し、同年の成果として、「広島AIプロセス包括的政策枠組み」及び「広島AIプロセス推進作業計画」を取りまとめた。https://www.soumu.go.jp/hiroshimaaiprocess/

[6] 2023年11月、英国では、高度なAIシステムの評価の開発、実施等を行う「AI安全性機関（AI Safety Institute）」の設置計画を発表し、米国では、米国標準技術研究所（NIST）にAIリスクマネジメントフレームワークの実装、レッドチーミングの評価等を行う「米国AI安全性機関（US AI Safety Institute）」を設立することを発表した。日本においても、これらの海外機関と連携しつつ、AIの開発・提供・利用の安全性向上に資する基準・ガイダンス等の検討、AIの安全性評価方法等の調査、AIの安全性に関する技術・事例の調査等を目的とし、2024年2月14日に、関係府省庁及び関係機関の協力の下、「AIセーフティ・インスティテュート」を独立行政法人情報処理推進機構(IPA)に設置。https://aisi.go.jp/

7

第1部 AIとは

AIはArtificial Intelligence（人工知能）を意味し、1956年にダートマス会議で初めて使用された言葉であるとされている。AIは未だ確立された定義は存在しないが、「人工」・「知能」とあるように、人間の思考プロセスと同じような形で動作するコンピュータープログラム、コンピューター上で知的判断を下せるシステム等を指す。機械学習（Machine Learning、略してML）を行わない、専門家の知識を大量にインプットすることで知識にもとづく推論を行うエキスパートシステムと呼ばれるものも、AIとみなす考えもある。しかし、2000年代以降、ディープラーニング等による「画像認識」、「自然言語処理（翻訳等）」、「音声認識」が活用されるようになり、特定の分野に特化し、予測、提案又は決定を行うことができるシステムをAIと指すようになってきた。また、2021年以降、基盤モデル[7]の台頭により、特定の分野のみに特化したAIではない、汎用的なAIの開発が進んでいる。その結果、「予測」、「提案」、「決定」にとどまらず、画像、文章等を生成する「生成AI」が普及するようになり、注目を集めている。このように、ひとくくりに「AI」と言っても、その種類は多岐にわたり、今後のAI技術の在り方については専門家であっても予測することは困難である。

このような状況を踏まえつつ、本ガイドラインにおける関連する用語を以下のとおり定義する。

関連する用語

- **AI**
  現時点で確立された定義はなく（統合イノベーション戦略推進会議決定「人間中心のAI社会原則」（2019年3月29日））、広義の人工知能の外延を厳密に定義することは困難である。本ガイドラインにおけるAIは「AIシステム（以下に定義）」自体又は機械学習をするソフトウェア若しくはプログラムを含む抽象的な概念とする。
  （参考としてJIS X 22989:2023ではISO/IEC 22989:2022にもとづき、以下のように定義されている）
  ＜学問分野＞AIシステムのメカニズム及び適用の研究開発
  注釈1. 研究開発は、コンピュータサイエンス、データサイエンス、自然科学、人文科学、数学等、幾つもの分野にわたって行うことが可能である

- **AIシステム**
  活用の過程を通じて様々なレベルの自律性をもって動作し学習する機能を有するソフトウェアを要素として含むシステムとする（機械、ロボット、クラウドシステム等）。
  （参考としてJIS X 22989:2023ではISO/IEC 22989:2022にもとづき、以下のように定義されている）
  人間が定義した所与の目標の集合に対して、コンテンツ、予測、推奨、意思決定等の出力を生成する工学的システム
  注釈1. 工学的システムは、人工知能に関連する様々な技法及びアプローチを使用して、作業の実施

---

[7] 大規模言語モデルに代表される基盤モデルは、様々なサービスを支える個別モデルを生み出すコアの技術基盤である。基盤モデルから派生する下流の幅広いタスクに適応させたモデルの開発、開発過程そのものから得られる知見等の観点から、一般的なAIとは異なる性質を持つ。

8

に使用可能であるデータ、知識、プロセス等を表すモデルを開発することが可能である

注釈 2. AI システムは、様々な自動化のレベルで動作するように設計されている

（参考として OECD AI Principles overview では以下のように定義されている）

AI システムは、明示的又は暗黙的な目的のために推測するマシンベースのシステムである。受け取った入力から、物理環境又は仮想環境に影響を与える可能性のある予測、コンテンツ、推奨、意思決定等の出力を生成する。AI システムが異なれば、導入後の自律性及び適応性のレベルも異なる

- **高度な AI システム**

  最先端の基盤モデル及び生成 AI システムを含む、最も高度な AI システムを指す。

  （広島 AI プロセスでの定義を引用）

- **AI モデル（ML モデル）**

  AI システムに含まれ、学習データを用いた機械学習によって得られるモデルで、入力データに応じた予測結果を生成する。

  （参考として JIS X 22989:2023 では ISO/IEC 22989:2022 にもとづき、以下のように定義されている）

  入力データ又は情報にもとづいて推論（inference）又は予測を生成する数学的構造

  例：単変量線形関数 $y=\theta_0+\theta_1 x$ が、線形回帰を使用して訓練されている場合、結果のモデルは、$y=3+7x$ のようになる

  注釈 1. 機械学習モデルは、機械学習アルゴリズムにもとづく訓練の結果として得られる

- **AI サービス**

  AI システムを用いた役務を指す。AI 利用者への価値提供の全般を指しており、AI サービスの提供・運営は、AI システムの構成技術に限らず、人間によるモニタリング、ステークホルダーとの適切なコミュニケーション等の非技術的アプローチも連携した形で実施される。

- **生成 AI**

  文章、画像、プログラム等を生成できる AI モデルにもとづく AI の総称を指す。

- **AI ガバナンス**

  AI の利活用によって生じるリスクをステークホルダーにとって受容可能な水準で管理しつつ、そこからもたらされる正のインパクト（便益）を最大化することを目的とする、ステークホルダーによる技術的、組織的、及び社会的システムの設計並びに運用。

第2部 AIにより目指すべき社会及び各主体が取り組む事項

第2部では、まず、AIにより目指す社会としての「A. 基本理念」を記載する。更に、その実現に向け、各主体が取り組む「B. 原則」とともに、そこから導き出される「C. 共通の指針」を記載する。また、高度なAIシステムに関係する事業者が遵守すべき「D. 高度なAIシステムに関係する事業者に共通の指針」を記載する。加えて、この「C. 共通の指針」を実践しAIを安全安心に活用していくために重要な「E. AIガバナンスの構築」についても記載する。

A. 基本理念

「はじめに」で述べたとおり、我が国が2019年3月に策定した「人間中心のAI社会原則」においては、AIがSociety 5.0の実現に貢献することが期待されている。また、AIを人類の公共財として活用し、社会の在り方の質的変化及び真のイノベーションを通じて地球規模の持続可能性へとつなげることが重要であることが述べられている。そして、以下の3つの価値を「基本理念」として尊重し、「その実現を追求する社会を構築していくべき」としている。

① **人間の尊厳が尊重される社会（Dignity）**

AIを利活用して効率性や利便性を追求するあまり、人間がAIに過度に依存したり、人間の行動をコントロールすることにAIが利用される社会を構築するのではなく、人間がAIを道具として使いこなすことによって、人間の様々な能力をさらに発揮することを可能とし、より大きな創造性を発揮したり、やりがいのある仕事に従事したりすることで、物質的にも精神的にも豊かな生活を送ることができるような、人間の尊厳が尊重される社会を構築する必要がある

② **多様な背景を持つ人々が多様な幸せを追求できる社会**
（Diversity and Inclusion）

多様な背景、価値観又は考え方を持つ人々が多様な幸せを追求し、それらを柔軟に包摂した上で新たな価値を創造できる社会は、現代における一つの理想であり、大きなチャレンジである。AIという強力な技術は、この理想に我々を近づける一つの有力な道具となりうる。我々はAIの適正な開発と展開によって、このように社会の在り方を変革していく必要がある

③ **持続可能な社会（Sustainability）**

我々は、AIの活用によりビジネスやソリューションを次々と生み、社会の格差を解消し、地球規模の環境問題や気候変動等にも対応が可能な持続性のある社会を構築する方向へ展開させる必要がある。科学・技術立国としての我が国は、その科学的・技術的蓄積をAIによって強化し、そのような社会を作ることに貢献する責務がある

10

図 5. 基本理念

　この基本的な考え方自体は、著しい技術の発展によっても変わるものではなく、目指すべき理念であり続けている。したがって、AI の発展に伴い、日本及び多国間の枠組みで目指すべき方向性として、これらの「基本理念」が尊重されるべきである。

B. 原則

　「基本理念」を実現するためには、各主体がこれに沿う形で取組を進めることが重要であり、そのために各主体が念頭におく「原則」を、各主体が取り組む事項及び社会と連携した取組が期待される事項に整理した。この「原則」は、「人間中心の AI 社会原則」を土台としつつ、OECD の AI 原則等の海外の諸原則を踏まえ、再構成したものである。

各主体が取り組む事項

　各主体は、「基本理念」より導き出される人間中心の考え方をもとに [8]、AI システム・サービスの開発・提供・利用を促進し、人間の尊厳を守りながら、事業における価値の創出、社会課題の解決等、AI の目的を実現していくことが重要である。このため、各主体は、AI 活用に伴う社会的リスクの低減を図るべく、安全性・公平性といった価値を確保することが重要である。また、個人情報の不適正な利用等の防止を始めとするプライバシー保護、並びに AI システムの脆弱性等による可用性の低下及び外部からの攻撃等のリスクに対応するセキュリティ確保を行うことが重要である。これらを実現するために、各主体は、システムの検証可能性を確保しながらステークホルダー[9]に対する適切な情報を提供することにより透明性を向上させ、アカウンタビリティを果たすことが重要となる。

---

[8] 下線部は、後段の「C.共通の指針」として整理されるものである。
[9] ステークホルダー：AI 開発者、AI 提供者、AI 利用者及び業務外利用者以外の第三者を含む AI の活用によって直接・間接の影響を受ける可能性がある全ての主体（以降同様）

第Ⅱ部　AI事業者ガイドライン（第 1.0 版）

　加えて、今後、AI アーキテクチャの多様化に伴うバリューチェーン変動等により、各主体の役割が変動する可能性を踏まえた上で、各主体間で連携し、バリューチェーン全体での AI の品質の向上に努めること及びマルチステークホルダーで継続して議論していくことが重要である。

　このような対応を行うことで、各主体が、AI のリスクを最低限に抑制しつつ、AI システム・サービスの開発・提供・利用を通じて最大限の便益を享受することが期待される。

社会と連携した取組が期待される事項

　AI による社会への便益を一層増大させ、我々が目指すべき「基本理念」を実現していくためには、各主体それぞれの取組に加え、社会（政府・自治体及びコミュニティも含む）と積極的に連携することが期待される。このため、各主体は、社会と連携して、社会の分断を回避し、全ての人々に AI の恩恵が行き渡るための<u>教育・リテラシー</u>確保の機会を提供することが期待される。加えて、新たなビジネス・サービスが創出され、持続的な経済成長の維持及び社会課題の解決策が提示されるよう、<u>公正競争の確保</u>及び<u>イノベーションの促進</u>に貢献していくことが期待される。

C. 共通の指針

　取組にあたり、各主体は、以下に述べる「1）人間中心」に照らし、法の支配、人権、民主主義、多様性及び公平公正な社会を尊重するよう AI システム・サービスを開発・提供・利用すべきである。また、憲法、知的財産関連法令及び個人情報保護法をはじめとする関連法令、AI に係る個別分野の既存法令等を遵守すべきであり、国際的な指針等の検討状況についても留意することが重要である [10,16]。

　なお、これらの取組は、各主体が開発・提供・利用する AI システム・サービスの特性、用途、目的及び社会的文脈を踏まえ、各主体の資源制約を考慮しながら自主的に進めることが重要である。

　各主体が連携して、バリューチェーン全体で取り組むべきことは、具体的には、以下のとおり整理される。

1）　人間中心

　各主体は、AI システム・サービスの開発・提供・利用において、後述する各事項を含む全ての取り組むべき事項が導出される土台として、少なくとも憲法が保障する又は国際的に認められた人権を侵すことがないようにすべきである。また、AI が人々の能力を拡張し、多様な人々の多様な幸せ（well-being）の追求が可能となるように行動することが重要である。

① 　<u>人間の尊厳及び個人の自律</u>
　　✧　AI が活用される際の社会的文脈を踏まえ、人間の尊厳及び個人の自律を尊重する
　　✧　特に、AI を人間の脳・身体と連携させる場合には、その周辺技術に関する情報を踏まえつつ、諸外国及び研究機関における生命倫理の議論等を参照する

---

[10] 事業の地理的な展開状況、開発された AI モデルを用いる AI 提供者・AI 利用者の所在地、学習を行うサーバの所在地等に応じ、各準拠法に従う必要がある。我が国の国内法に準拠する場合は、データの類型に応じ、個人情報、知的財産権等にそれぞれ適用される法令に適合した取扱を行う。また、データの取扱においては、法令で定められていなくともステークホルダー間の契約関係において、利用が禁止される場合が存在することにも留意すべきである。

12

✧　個人の権利・利益に重要な影響を及ぼす可能性のある分野において AI を利用したプロファイリングを行う場合、個人の尊厳を尊重し、アウトプットの正確性を可能な限り維持させつつ、AI の予測、推奨、判断等の限界を理解して利用し、かつ生じうる不利益等を慎重に検討した上で、不適切な目的に利用しない

②　AI による意思決定・感情の操作等への留意
　　　✧　人間の意思決定、認知等、感情を不当に操作することを目的とした、又は意識的に知覚できないレベルでの操作を前提とした AI システム・サービスの開発・提供・利用は行わない
　　　✧　AI システム・サービスの開発・提供・利用において、自動化バイアス[11]等の AI に過度に依存するリスクに注意を払い、必要な対策を講じる
　　　✧　フィルターバブル[12]に代表されるような情報又は価値観の傾斜を助長し、AI 利用者を含む人間が本来得られるべき選択肢が不本意に制限されるような AI の活用にも注意を払う
　　　✧　特に、選挙、コミュニティでの意思決定等をはじめとする社会に重大な影響を与える手続きに関連しうる場合においては、AI の出力について慎重に取り扱う

③　偽情報等への対策
　　　✧　生成 AI によって、内容が真実・公平であるかのように装った情報を誰でも作ることができるようになり、AI が生成した偽情報・誤情報・偏向情報が社会を不安定化・混乱させるリスクが高まっていることを認識した上で、必要な対策を講じる[13]

④　多様性・包摂性の確保
　　　✧　公平性の確保に加え、いわゆる「情報弱者」及び「技術弱者」を生じさせず、より多くの人々が AI の恩恵を享受できるよう社会的弱者による AI の活用を容易にするよう注意を払う
　　　　●　ユニバーサルデザイン、アクセシビリティの確保、関連するステークホルダー[14]への教育・フォローアップ　等

⑤　利用者支援
　　　✧　合理的な範囲で、AI システム・サービスの機能及びその周辺技術に関する情報を提供し、選択の機会の判断のための情報を適時かつ適切に提供する機能が利用可能である状態とする

---

[11] 人間の判断や意思決定において、自動化されたシステムや技術への過度の信頼や依存が生じる現象を指す。

[12]「フィルターバブル」とは、アルゴリズムがネット利用者個人の検索履歴やクリック履歴を分析し学習することで、個々にとっては望むと望まざるとにかかわらず見たい情報が優先的に表示され、利用者の観点に合わない情報からは隔離され、自身の考え方や価値観の「バブル（泡）」の中に孤立するという情報環境を指す。このようなもともとある人間の傾向とネットメディアの特性の相互作用による現象と言われているものとして、「フィルターバブル」の他、「エコーチェンバー」も挙げられる。そういったリスクがある一方で、AI はパーソナライズされた的を絞った返答を AI 利用者や業務外利用者に提供し、有益な形で提案を行うことを可能とするという便益もある。

[13]インターネット上の偽情報・誤情報への対応を含む、デジタル空間における情報流通の健全性確保の在り方については、総務省にて、制度面も含め、表現の自由をはじめとする様々な権利利益に配慮した総合的な検討が行われ、2024 年夏頃にとりまとめが予定されているところ、これらの検討状況等について留意すべきである。
https://www.soumu.go.jp/main_sosiki/kenkyu/digital_space/index.html

[14] 関連するステークホルダー：AI 開発者、AI 提供者、AI 利用者及び業務外利用者を含む直接・間接問わず AI の活用に関与する主体（以降同様）

第Ⅱ部　AI事業者ガイドライン（第 1.0 版）

- デフォルトの設定、理解しやすい選択肢の提示、フィードバックの提供、緊急時の警告、エラーへの対処　等

⑥　持続可能性の確保
- ✧　AI システム・サービスの開発・提供・利用において、ライフサイクル全体で、地球環境への影響も検討する

　これら全てを前提とした上で、各主体は、AI のパフォーマンス（有用性）を可能な範囲で高め、人々に便益及び豊かさを与え、幸福を実現することが期待される。

2)　安全性

　各主体は、AI システム・サービスの開発・提供・利用を通じ、ステークホルダーの生命・身体・財産に危害を及ぼすことがないようにすべきである。加えて、精神及び環境に危害を及ぼすことがないようにすることが重要である。

①　人間の生命・身体・財産、精神及び環境への配慮
- ✧　AI システム・サービスの出力の正確性を含め、要求に対して十分に動作している（信頼性）
- ✧　様々な状況下でパフォーマンスレベルを維持し、無関係な事象に対して著しく誤った判断を発生させないようにする（堅牢性（robustness））
- ✧　AI の活用又は意図しない AI の動作によって生じうる権利侵害の重大性、侵害発生の可能性等、当該 AI の性質・用途等に照らし、必要に応じて客観的なモニタリング及び対処も含めて人間がコントロールできる制御可能性を確保する
- ✧　適切なリスク分析を実施し、リスクへの対策（回避、低減、移転又は容認）を講じる
- ✧　人間の生命・身体・財産、精神及び環境へ危害を及ぼす可能性がある場合は、講ずべき措置について事前に整理し、ステークホルダーに関連する情報を提供する
  - 関連するステークホルダーが講ずべき措置及び利用規則を明記する
- ✧　AI システム・サービスの安全性を損なう事態が生じた場合の対処方法を検討し、当該事態が生じた場合に速やかに実施できるよう整える

②　適正利用
- ✧　主体のコントロールが及ぶ範囲で本来の目的を逸脱した提供・利用により危害が発生することを避けるべく、AI システム・サービスの開発・提供・利用を行う

③　適正学習 [15]
- ✧　AI システム・サービスの特性及び用途を踏まえ、学習等に用いるデータの正確性・必要な場合には最新性（データが適切であること）等を確保する

---

[15] AI 提供者・AI 利用者においてもファインチューニング、再学習を行う場合は AI 開発者と同様に安全性の担保に努めることが重要となる。

14

✧　学習等に用いるデータの透明性の確保、法的枠組みの遵守 [16]、AI モデルの更新等を合理的な範囲で適切に実施する

3)　公平性

　　各主体は、AI システム・サービスの開発・提供・利用において、特定の個人ないし集団への人種、性別、国籍、年齢、政治的信念、宗教等の多様な背景を理由とした不当で有害な偏見及び差別をなくすよう努めることが重要である。また、各主体は、それでも回避できないバイアスがあることを認識しつつ、この回避できないバイアスが人権及び多様な文化を尊重する観点から許容可能か評価した上で、AI システム・サービスの開発・提供・利用を行うことが重要である。

①　AI モデルの各構成技術に含まれるバイアスへの配慮

✧　不適切なバイアスを生み出す要因は多岐に渡るため、各技術要素（学習データ、AI モデルの学習過程、AI 利用者又は業務外利用者が入力するプロンプト [17]、AI モデルの推論時に参照する情報、連携する外部サービス等）及び AI 利用者の振る舞いを含めて、公平性の問題となりうるバイアスの要因となるポイントを特定する

✧　AI システム・サービスの特性又は用途によっては、潜在的なバイアスが生じる可能性についても検討する

②　人間の判断の介在

✧　AI の出力結果が公平性を欠くことがないよう、AI に単独で判断させるだけでなく、適切なタイミングで人間の判断を介在させる利用を検討する

✧　バイアスが生じていないか、AI システム・サービスの目的、制約、要件及び決定を明確かつ透明性のある方法により分析し、対処するためのプロセスを導入する

✧　無意識のバイアス及び潜在的なバイアスに留意し、多様な背景、文化又は分野のステークホルダーと対話した上で、方針を決定する

4)　プライバシー保護

　　各主体は、AI システム・サービスの開発・提供・利用において、その重要性に応じ、プライバシーを尊重し、保護することが重要である。その際、関係法令を遵守すべきである。

①　AI システム・サービス全般におけるプライバシーの保護

---

[16] 知的財産関連法令との関係については内閣府知的財産戦略推進事務局、文化庁等での議論が進められており、今後の検討状況について留意すべきである。特に AI と著作権に関する考え方については、文化審議会著作権分科会法制度小委員会にて取りまとめており、各主体においては、その趣旨を踏まえることが重要である。

・内閣府知的財産戦略本部　https://www.kantei.go.jp/jp/singi/titeki2/index.html

・文化庁著作権分科会法制度小委員会 https://www.bunka.go.jp/seisaku/bunkashingikai/chosakuken/hoseido/

[17] 大規模言語モデルを始めとする生成 AI では、AI 利用者は、コンテキスト内学習と呼ばれる学習方法により、学習済パラメータを更新することなく、AI 利用者の入力（プロンプトと呼ばれる）に応じて、特定のタスクに対する学習を行わせることが可能である。

15

第Ⅱ部　AI事業者ガイドライン（第 1.0 版）

      ✧   個人情報保護法等の関連法令の遵守、各主体のプライバシーポリシーの策定・公表等により、社会的文脈及び人々の合理的な期待を踏まえ、ステークホルダーのプライバシーが尊重され、保護されるよう、その重要性に応じた対応を取る

      ✧   以下の事項を考慮しつつ、プライバシー保護のための対応策を検討する

         ●   個人情報保護法にもとづいた対応の確保

         ●   国際的な個人データ保護の原則及び基準の参照 [18]

5)　セキュリティ確保

   各主体は、AI システム・サービスの開発・提供・利用において、不正操作によって AI の振る舞いに意図せぬ変更又は停止が生じることのないように、セキュリティを確保することが重要である。

   ①　AI システム・サービスに影響するセキュリティ対策 [19]

      ✧   AI システム・サービスの機密性・完全性・可用性を維持し、常時、AI の安全安心な活用を確保するため、その時点での技術水準に照らして合理的な対策を講じる

      ✧   AI システム・サービスの特性を理解し、正常な稼働に必要なシステム間の接続が適切に行われているかを検討する

      ✧   推論対象データに微細な情報を混入させることで関連するステークホルダーの意図しない判断が行われる可能性を踏まえて、AI システム・サービスの脆弱性を完全に排除することはできないことを認識する

   ②　最新動向への留意

      ✧   AI システム・サービスに対する外部からの攻撃は日々新たな手法が生まれており、これらのリスクに対応するための留意事項を確認する

6)　透明性 [20]

   各主体は、AI システム・サービスの開発・提供・利用において、AI システム・サービスを活用する際の社会的文脈を踏まえ、AI システム・サービスの検証可能性を確保しながら、必要かつ技術的に可能な範囲

---

[18] OECD, Recommendation of the Council concerning Guidelines Governing the Protection of Privacy and Transborder Flows of Personal Data, OECD/LEGAL/0188, ISO/IEC 29100:2011 Information technology Security techniques Privacy framework 等プライバシーに関する国際的な指針を踏まえることが期待される。また、より広範囲での個人データの円滑な越境移転及び各国における規律の相互運用性を促進させる等の目的で Global Cross-Border Privacy Rules （CBPR） Forum が立ち上がっており、日本も 2022 年 4 月に参加し、Global CBPR Framework を公表している。また、生成 AI に関しては、G7 データ保護プライバシー機関ラウンドテーブル会合による「生成 AI に関する声明」（2023 年 6 月）及び GPA（Global Privacy Assembly）による「生成 AI システムに関する決議」（2023 年 10 月）も参照。

[19] 詳細な手法については、英国サイバーセキュリティセンター （NCSC）「セキュアな AI システム開発のためのガイドライン （Guidelines for secure AI system development）」（2023 年 11 月） も参照。
https://www8.cao.go.jp/cstp/stmain/20231128ai.html

[20] 透明性については、諸外国でも様々な定義がある。例えば、NIST, Artificial Intelligence Risk Management Framework （January 2023）では、透明性（システムで何が起きたかについて答えられること）、説明可能性（システムでどのように決定がなされたかについて答えられること）及び解釈可能性（なぜその決定がされたかについてその意味又は文脈について答えられること）に分類されており、European Commission, ETHICS GUIDELINES FOR TRUSTWORTHY AI （April 2019）では、トレーサビリティ、説明可能性及びコミュニケーションが取り上げられている。また、国際標準(ISO/IEC JTC1/SC42)では、透明性（適切な情報が関係者に提供されること）と定義されている。本文書では、情報開示に関する事項を広く「透明性」とする。

16

で、ステークホルダーに対し合理的な範囲で情報を提供することが重要である。

① 検証可能性の確保
　　✧ AIの判断にかかわる検証可能性を確保するため、データ量又はデータ内容に照らし合理的な範囲で、AIシステム・サービスの開発過程、利用時の入出力等、AIの学習プロセス、推論過程、判断根拠等のログを記録・保存する
　　✧ ログの記録・保存にあたっては、利用する技術の特性及び用途に照らして、事故の原因究明、再発防止策の検討、損害賠償責任要件の立証上の重要性等を踏まえて、記録方法、頻度、保存期間等について検討する

② 関連するステークホルダーへの情報提供
　　✧ AIとの関係の仕方、AIの性質、目的等に照らして、それぞれが有する知識及び能力に応じ、例えば、以下について取りまとめた情報の提供及び説明を行う
　　　● AIシステム・サービス全般
　　　　➢ AIを利用しているという事実及び活用している範囲
　　　　➢ データ収集及びアノテーションの手法
　　　　➢ 学習及び評価の手法
　　　　➢ 基盤としているAIモデルに関する情報
　　　　➢ AIシステム・サービスの能力、限界及び提供先における適正/不適正な利用方法
　　　　➢ AIシステム・サービスの提供先、AI利用者が所在する国・地域等において適用される関連法令等
　　✧ 多様なステークホルダーとの対話を通じて積極的な関与を促し、社会的な影響及び安全性に関する様々な意見を収集する
　　✧ 加えて、実態に即して、AIシステム・サービスを提供・利用することの優位性、それに伴うリスク等を関連するステークホルダーに示す

③ 合理的かつ誠実な対応
　　✧ 上記の「②関連するステークホルダーへの情報提供」は、アルゴリズム又はソースコードの開示を想定するものではなく、プライバシー及び営業秘密を尊重して、採用する技術の特性及び用途に照らし、社会的合理性が認められる範囲で実施する
　　✧ 公開されている技術を用いる際には、それぞれ定められている規程に準拠する
　　✧ 開発したAIシステムのオープンソース化にあたっても、社会的な影響を検討する

④ 関連するステークホルダーへの説明可能性・解釈可能性の向上
　　✧ 関連するステークホルダーの納得感及び安心感の獲得、また、そのためのAIの動作に対する証拠の提示等を目的として、説明する主体がどのような説明が求められるかを分析・把握できるよう、説明を受ける主体がどのような説明が必要かを共有し、必要な対応を講じる
　　　● AI提供者：AI開発者に、どのような説明が必要となるかを共有する
　　　● AI利用者：AI開発者・AI提供者に、どのような説明が必要となるかを共有する

17

第Ⅱ部　AI事業者ガイドライン（第1.0版）

7)　**アカウンタビリティ** [21]

　　各主体は、AIシステム・サービスの開発・提供・利用において、トレーサビリティの確保、「共通の指針」の対応状況等について、ステークホルダーに対して、各主体の役割及び開発・提供・利用するAIシステム・サービスのもたらすリスクの程度を踏まえ、合理的な範囲でアカウンタビリティを果たすことが重要である。

①　トレーサビリティの向上
　　✧　データの出所、AIシステム・サービスの開発・提供・利用中に行われた意思決定等について、技術的に可能かつ合理的な範囲で追跡・遡求が可能な状態を確保する

②　「共通の指針」の対応状況の説明
　　✧　「共通の指針」の対応状況について、ステークホルダー（サプライヤーを含む）に対してそれぞれが有する知識及び能力に応じ、例えば以下の事項を取りまとめた情報の提供及び説明を定期的に行う
　　　●　全般
　　　　➤　「共通の指針」の実践を妨げるリスクの有無及び程度に関する評価
　　　　➤　「共通の指針」の実践の進捗状況
　　　●　「人間中心」関連
　　　　➤　偽情報等への留意、多様性・包摂性、利用者支援及び持続可能性の確保の対応状況
　　　●　「安全性」関連
　　　　➤　AIシステム・サービスに関する既知のリスク及び対応策、並びに安全性確保の仕組み
　　　●　「公平性」関連
　　　　➤　AIモデルを構成する各技術要素（学習データ、AIモデルの学習過程、AI利用者又は業務外利用者が入力すると想定するプロンプト、AIモデルの推論時に参照する情報、連携する外部サービス等）によってバイアスが含まれうること
　　　●　「プライバシー保護」関連
　　　　➤　AIシステム・サービスにより自己又はステークホルダーのプライバシーが侵害されるリスク及び対応策、並びにプライバシー侵害が発生した場合に講ずることが期待される措置
　　　●　「セキュリティ確保」関連
　　　　➤　AIシステム・サービスの相互間連携又は他システムとの連携が発生する場合、その促進のために必要な標準準拠等
　　　　➤　AIシステム・サービスがインターネットを通じて他のAIシステム・サービス等と連携する場合に発生しうるリスク及びその対応策

③　責任者の明示

---

[21] アカウンタビリティを説明可能性と定義することもあるが、本ガイドラインでは情報開示は透明性で対応することとし、アカウンタビリティとはAIに関する事実上・法律上の責任を負うこと及びその責任を負うための前提条件の整備に関する概念とする。

18

✧ 各主体においてアカウンタビリティを果たす責任者を設定する

④ 関係者間の責任の分配
- ✧ 関係者間の責任について、業務外利用者も含めた主体間の契約、社会的な約束（ボランタリーコミットメント）等により、責任の所在を明確化する

⑤ ステークホルダーへの具体的な対応
- ✧ 必要に応じ、AI システム・サービスの利用に伴うリスク管理、安全性確保のための各主体の AI ガバナンスに関するポリシー、プライバシーポリシー等の方針を策定し、公表する（社会及び一般市民に対するビジョンの共有、並びに情報発信・提供を行うといった社会的責任を含む）
- ✧ 必要に応じ、AI の出力の誤り等について、ステークホルダーからの指摘を受け付ける機会を設けるとともに、客観的なモニタリングを実施する
- ✧ ステークホルダーの利益を損なう事態が生じた場合、どのように対応するか方針を策定してこれを着実に実施し、進捗状況については必要に応じて定期的にステークホルダーに報告する

⑥ 文書化 [22]
- ✧ 上記に関する情報を文書化して一定期間保管し、必要なときに、必要なところで、入手可能かつ利用に適した形で参照可能な状態とする

各主体が社会と連携して取り組むことが期待される事項は、具体的には、下記のとおり整理される。

8) 教育・リテラシー

各主体は、主体内の AI に関わる者が、AI の正しい理解及び社会的に正しい利用ができる知識・リテラシー・倫理感を持つために、必要な教育を行うことが期待される。また、各主体は、AI の複雑性、誤情報といった特性及び意図的な悪用の可能性もあることを勘案して、ステークホルダーに対しても教育を行うことが期待される。[23]

① AI リテラシーの確保
- ✧ 各主体内の AI に関わる者が、その関わりにおいて十分なレベルの AI リテラシーを確保するために必要な措置を講じる

② 教育・リスキリング
- ✧ 生成 AI の活用拡大によって、AI と人間の作業の棲み分けが変わっていくと想定されるため、新たな働き方ができるよう教育・リスキリング等を検討する

---

[22] 「文書化」については、後から容易に確認可能となるよう適切なツールで記録が残されていれば差し支えなく、必ずしも紙媒体や特定の文書の形式による必要はない。

[23] 経済産業省・IPA は、個人の学習及び企業の人材確保・育成の指針として DX 時代の人材像を「デジタルスキル標準」として整理（2022 年 12 月）。生成 AI の利用を通じた更なる企業 DX の推進に向けて、2023 年 8 月に「生成 AI 時代の DX 推進に必要な人材・スキルの考え方」を取りまとめ、指示（プロンプト）の習熟、「問いを立てる」「仮説検証する」等の必要性をスキル標準に反映。
・デジタルスキル標準 https://www.meti.go.jp/policy/it_policy/jinzai/skill_standard/main.html
・デジタル時代の人材政策に関する検討会 https://www.meti.go.jp/shingikai/mono_info_service/digital_jinzai/index.html

✧　様々な人が AI で得られる便益の理解を深め、リスクに対するレジリエンスを高められるよう、世代間ギャップも考慮した上での教育の機会を提供する

③　ステークホルダーへのフォローアップ
　✧　AI システム・サービス全体の安全性を高めるため、必要に応じて、ステークホルダーに対して教育及びリテラシー向上のためのフォローアップを行う

9)　公正競争確保

　各主体は、AI を活用した新たなビジネス・サービスが創出され、持続的な経済成長の維持及び社会課題の解決策の提示がなされるよう、AI をめぐる公正な競争環境の維持に努めることが期待される。

10) イノベーション

　各主体は、社会全体のイノベーションの促進に貢献するよう努めることが期待される。

①　オープンイノベーション等の推進
　✧　国際化・多様化、産学官連携及びオープンイノベーションを推進する
　✧　AI のイノベーションに必要なデータが創出される環境の維持に配慮する

②　相互接続性・相互運用性への留意
　✧　自らの AI システム・サービスと他の AI システム・サービスとの相互接続性及び相互運用性を確保する
　✧　標準仕様がある場合には、それに準拠する

③　適切な情報提供
　✧　自らのイノベーションを損なわない範囲で必要な情報提供を行う

　以上の事項に加え、AI 開発者、AI 提供者又は AI 利用者のそれぞれで重要となる事項は、「表 1. 共通の指針に加えて主体毎に重要となる事項」のとおり整理される。なお、表の「-」が記載されている箇所は、各主体による第 2 部 C.「共通の指針」記載の事項にもとづく対応が期待されており、対応不要を意味するものではない。

　以降は「表 1.「共通の指針」に加えて主体毎に重要となる事項」に記載されている内容（項目）を、[主体 - 指針番号）記載内容.]のルールにて識別・表記する。

- 主体は、AI 開発者（AI **D**eveloper）、AI 提供者（AI **P**rovider）及び AI 利用者（AI Business **U**ser）の頭文字を用い、指針番号及び記載内容の番号は同表に記載の番号にて表記する

例）D-2）i. は AI 開発者の安全性に関する適切なデータの学習についての重要事項を指す

20

ガイドライン本編

表1.「共通の指針」に加えて主体毎に重要となる事項

第2部. C.共通の指針		「共通の指針」に加えて主体毎に重要となる事項		
		第3部. AI開発者 (D)	第4部. AI提供者 (P)	第5部. AI利用者 (U)
1) 人間中心	① 人間の尊厳及び個人の自律 ② AIによる意思決定・感情の操作等への留意 ③ 偽情報等への対策 ④ 多様性・包摂性の確保 ⑤ 利用者支援 ⑥ 持続可能性の確保	-	-	-
2) 安全性	① 人間の生命・身体・財産、精神及び環境への配慮 ② 適正利用 ③ 適正学習	ⅰ.適切なデータの学習 ⅱ.人間の生命・身体・財産、精神及び環境に配慮した開発 ⅲ.適正利用に資する開発	ⅰ.人間の生命・身体・財産、精神及び環境に配慮したリスク対策 ⅱ.適正利用に資する提供	ⅰ.安全を考慮した適正利用
3) 公平性	① AIモデルの各構成技術に含まれるバイアスへの配慮 ② 人間の判断の介在	ⅰ.データに含まれるバイアスへの配慮 ⅱ.AIモデルのアルゴリズム等に含まれるバイアスへの配慮	ⅰ.AIシステム・サービスの構成及びデータに含まれるバイアスへの配慮	ⅰ.入力データ又はプロンプトに含まれるバイアスへの配慮
4) プライバシー保護	① AIシステム・サービス全般におけるプライバシーの保護	ⅰ.適切なデータの学習 （D-2）ⅰ.再掲）	ⅰ.プライバシー保護のための仕組み及び対策の導入 ⅱ.プライバシー侵害への対策	ⅰ.個人情報の不適切入力及びプライバシー侵害への対策
5) セキュリティ確保	① AIシステム・サービスに影響するセキュリティ対策 ② 最新動向への留意	ⅰ.セキュリティ対策のための仕組みの導入 ⅱ.最新動向への留意	ⅰ.セキュリティ対策のための仕組みの導入 ⅱ.脆弱性への対応	ⅰ.セキュリティ対策の実施
6) 透明性	① 検証可能性の確保 ② 関連するステークホルダーへの情報提供 ③ 合理的かつ誠実な対応 ④ 関連するステークホルダーへの説明可能性・解釈可能性の向上	ⅰ.検証可能性の確保 ⅱ.関連するステークホルダーへの情報提供	ⅰ.システムアーキテクチャ等の文書化 ⅱ.関連するステークホルダーへの情報提供	ⅰ.関連するステークホルダーへの情報提供
7) アカウンタビリティ	① トレーサビリティの向上 ② 「共通の指針」の対応状況の説明 ③ 責任者の明示 ④ 関係者間の責任の分配 ⑤ ステークホルダーへの具体的な対応 ⑥ 文書化	ⅰ.AI提供者への「共通の指針」の対応状況の説明 ⅱ.開発関連情報の文書化	ⅰ.AI利用者への「共通の指針」の対応状況の説明 ⅱ.サービス規約等の文書化	ⅰ.関連するステークホルダーへの説明 ⅱ.提供された文書の活用及び規約の遵守
8) 教育・リテラシー	① AIリテラシーの確保 ② 教育・リスキリング ③ ステークホルダーへのフォローアップ	-	-	-
9) 公正競争確保	-	-	-	-
10) イノベーション	① オープンイノベーション等の推進 ② 相互接続性・相互運用性への留意 ③ 適切な情報提供	ⅰ.イノベーションの機会創造への貢献	-	-

21

D. 高度な AI システムに関係する事業者に共通の指針

　　高度な AI システムに関係する事業者は、広島 AI プロセスを経て策定された「全ての AI 関係者向けの広島プロセス国際指針」及びその基礎となる「高度な AI システムを開発する組織向けの広島プロセス国際指針」を踏まえ、「共通の指針」に加え、以下を遵守すべきである [24]。ただし、I）～ XI）は高度な AI システムを開発する AI 開発者にのみ適用される内容もあるため、第 3 ～ 5 部に後述のとおり、AI 提供者及び AI 利用者は適切な範囲で遵守することが求められる。

I)　　AI ライフサイクル全体にわたるリスクを特定、評価、軽減するために、高度な AI システムの開発全体を通じて、その導入前及び市場投入前も含め、適切な措置を講じる（「2）安全性」、「6）透明性」「7）アカウンタビリティ」）

　　➤　具体的には、レッドチーム [25]等の様々な手法を組み合わせて、多様/独立した内外部テスト手段を採用することや、特定されたリスクや脆弱性に対処するための適切な緩和策を実施する

　　➤　上記テストを支援するために、開発中に行われた意思決定に関するトレーサビリティを確保するように努める

II)　　市場投入を含む導入後、脆弱性、及び必要に応じて悪用されたインシデントやパターンを特定し、緩和する（「5）セキュリティ確保」、「7）アカウンタビリティ」）

　　➤　リスクレベルに見合った適切なタイミングで、AI システムの活用状況のモニタリングを実施し、それらに対処するための適切な措置を講じる

　　　　✧　他の利害関係者と協力して、報告されたインシデントの適切な文書化を維持し、特定されたリスクと脆弱性を軽減することが奨励される

III)　高度な AI システムの能力、限界、適切・不適切な使用領域を公表し、十分な透明性の確保を支援することで、アカウンタビリティの向上に貢献する（「6）透明性」、「7）アカウンタビリティ」）

　　➤　データの出所に始まり、どのような意思決定を行ったかについて、合理的な説明を行い、トレーサビリティを確保するため文書化・公表する

　　➤　関連するステークホルダーが AI システムの出力を解釈し、AI 利用者や業務外利用者が適切に活用できるようにするために、明確で理解可能な形で文書化・公表する

IV)　産業界、政府、市民社会、学界を含む、高度な AI システムを開発する組織間での責任ある情報共有とインシデントの報告に向けて取り組む（「5）セキュリティ確保」、「6）透明性」、「7）アカウンタビリティ」、「10）イノベーション」）

　　➤　具体的には、モニタリング結果の報告書やセキュリティや安全性のリスクに関する関連文書等が含まれる

---

[24] 詳細は、G7 デジタル・技術大臣会合（2023 年 12 月）で採択された「広島 AI プロセス G7 デジタル・技術閣僚声明」における「広島 AI プロセス包括的政策枠組み」の「II. 全ての AI 関係者向け及び高度な AI システムを開発する組織向けの広島プロセス国際指針」を参照。
https://www.soumu.go.jp/menu_news/s-news/01tsushin06_02000283.html
[25] 攻撃者がどのように対象組織を攻撃するかの観点で、セキュリティへの対応体制及び対策の有効性を確認するチーム

22

V) 特に高度な AI システム開発者に向けた、個人情報保護方針及び緩和策を含む、リスクベースのアプローチにもとづく AI ガバナンス及びリスク管理方針を策定し、実施し、開示する（「4）プライバシー保護」、「7）アカウンタビリティ」）

> 適切な場合には、プライバシーポリシーを公表する
> AI ガバナンスに関するポリシーや実行するための組織を確立し、開示することが期待される

VI) AI のライフサイクル全体にわたり、物理的セキュリティ、サイバーセキュリティ、内部脅威に対する安全対策を含む、強固なセキュリティ管理に投資し、実施する（「5）セキュリティ確保」）

> 情報セキュリティのための運用上の対策や適切なサイバー/物理的アクセス制御等も検討する

VII) 技術的に可能な場合は、電子透かしやその他の技術等、AI 利用者及び業務外利用者が、AI が生成したコンテンツを識別できるようにするための、信頼できるコンテンツ認証及び来歴のメカニズムを開発し、導入する（「6）透明性」）

> 具体的には、適切かつ技術的に実現可能な場合、組織の高度な AI システムで作成されたコンテンツ認証及び来歴メカニズムが含まれる
> 透かし等を通じた特定のコンテンツが高度な AI システムで作成されたかどうかを AI 利用者及び業務外利用者が判断できるツールや API の開発に努める
  ✧ AI 利用者及び業務外利用者が AI システムと相互作用していることを知ることができるよう、ラベリングや免責事項の表示等、その他の仕組みを導入することが奨励される

VIII) 社会的、安全、セキュリティ上のリスクを軽減するための研究を優先し、効果的な軽減策への投資を優先する（「10）イノベーション」）

> AI の安全性、セキュリティ、信頼性の向上やリスクへの対処に関する研究が含まれる

IX) 世界の最大の課題、特に気候危機、世界保健、教育等（ただしこれらに限定されない）に対処するため、高度な AI システムの開発を優先する（「10）イノベーション」）

> 信頼性のある人間中心の AI 開発に向けた取組を実施し、同時に業務外利用者も含めたリテラシーの向上のための支援をする

X) 国際的な技術規格の開発を推進し、適切な場合にはその採用を推進する（「10）イノベーション」）

> 電子透かしを含む国際的な技術標準とベストプラクティスの開発に貢献し、適切な場合にはそれを利用し、標準開発組織（SDO）と協力する

XI) 適切なデータインプット対策を実施し、個人データ及び知的財産を保護する（「2）安全性」、「3）公平性」）

> 有害な偏見バイアスを軽減するために、訓練データやデータ収集等、データの質を管理するための適切な措置を講じることが奨励される
> 訓練用データセットの適切な透明性も支援されるべきであり、適用される法的枠組みを遵守する

XII) 高度な AI システムの信頼でき責任ある利用を促進し、貢献する（「5）セキュリティ確保」、「8）教育・リテラシー」）

23

第Ⅱ部　AI事業者ガイドライン（第 1.0 版）

> ➤ 高度な AI システムが特定のリスク（例えば偽情報の拡散に関するもの）をどのように増大させるか、新たなリスクをどのように生み出すか等の課題を含め、各主体及びステークホルダーのリテラシーや認識等の向上のための機会を提供する
> ➤ 各主体間で連携し、高度な AI システムに関する新たなリスクや脆弱性を特定し、対処するための情報共有を行うことが奨励される

E．AI ガバナンスの構築

　各主体間で連携しバリューチェーン全体で「共通の指針」を実践し AI を安全安心に活用していくためには、AI に関するリスクをステークホルダーにとって受容可能な水準で管理しつつ、そこからもたらされる便益を最大化するための、AI ガバナンスの構築が重要となる。また、「Society 5.0」を実現するためには、サイバー空間とフィジカル空間を高度に融合させたシステム（CPS）の社会実装を進めつつ、その適切な AI ガバナンスを構築することが不可欠である。CPS を基盤とする社会は、複雑で変化が速く、リスクの統制が困難であり、こうした社会の変化に応じて、AI ガバナンスが目指すゴールも常に変化していく。そのため、事前にルール又は手続が固定された AI ガバナンスではなく、企業・法規制・インフラ・市場・社会規範といった様々なガバナンスシステムにおいて、「環境・リスク分析」「ゴール設定」「システムデザイン」「運用」「評価」といったサイクルを、マルチステークホルダーで継続的かつ高速に回転させていく、「アジャイル・ガバナンス」の実践が重要となる [26]。

　なお、具体的な検討にあたっては開発・提供・利用予定の AI のもたらすリスクの程度及び蓋然性、並びに各主体の資源制約に配慮することが重要である。

> ① まず、AI システム・サービスがライフサイクル全体においてもたらしうる便益/リスク、開発・運用に関する社会的受容、「外部環境の変化」、AI 習熟度等を踏まえ、対象となる AI システム・サービスに関連する「環境・リスク分析」を実施する
> ② これを踏まえ、AI システム・サービスを開発・提供・利用するか否かを判断し、開発・提供・利用する場合には、AI ガバナンスに関するポリシーの策定等を通じて「AI ガバナンス・ゴール [27] の設定」を検討する。なお、この AI ガバナンス・ゴールは、各主体の存在意義、理念・ビジョンといった経営上のゴールと整合したものとなるように設定する
> ③ 更に、この AI ガバナンス・ゴールを達成するための「AI マネジメントシステムの設計」を行った上で、これを「運用」する。その際には、各主体が、AI ガバナンス・ゴール及びその運用状況について外部の「ステークホルダーに対する透明性、アカウンタビリティ（公平性等）」を果たすようにする
> ④ その上で、リスクアセスメント等をはじめとして、AI マネジメントシステムが有効に機能しているかを継続的にモニタリングし、「評価」及び継続的改善を実施する

---

[26] 別添（付属資料）において、経済産業省「AI 原則実践のためのガバナンス・ガイドライン Ver. 1.1」を土台とした、AI ガバナンス実践のための詳細解説に加え、各主体の具体的な取組事項としての「行動目標」及び各主体を想定した仮想的な「実践例」も記載しているため、ご参照のこと。
[27] AI ガバナンス・ゴールとして、本ガイドラインに記載の「共通の指針」への対応事項からなる自社の取組方針（「AI ポリシー」等、呼称は各主体により相違）及び「共通の指針」への対応事項を包含しつつそれ以外の要素を含む取組方針（データ活用ポリシー等）を設定すること等が考えられる。AI を活用することによって包摂性を向上させる等の便益を高めるための指針を提示してもよい。また、呼称も各主体に委ねられている。

24

⑤ AI システム・サービスの運用開始後も、規制等の社会的制度の変更等の「外部環境の変化」を踏まえ、再び「環境・リスク分析」を実施し、必要に応じてゴールを見直す

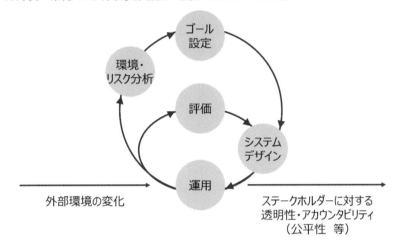

図６．アジャイル・ガバナンスの基本的なモデル

また、AI ガバナンスの検討にあたっては、バリューチェーンを念頭に置き、以下の点に留意することが重要である。

> バリューチェーン/リスクチェーンの観点で主体間の連携を確保する
  ◇ 複数主体にまたがる論点の例：AI リスク把握、品質の向上、各 AI システム・サービスが相互に繋がること（System of Systems）による新たな価値の創出、AI 利用者又は業務外利用者のリテラシー向上等
  ◇ 主体間で整理が必要になりうる点の例：学習及び利用に用いるデータ・生成された AI モデルに関する権利関係の契約等
> データの流通をはじめとしたリスクチェーンの明確化、並びに開発・提供・利用の各段階に適したリスク管理及び AI ガバナンス体制の構築を実施する
  ◇ AI 開発からサービス実施にわたるバリューチェーン/リスクチェーンが複数国にまたがることが想定される場合、データの自由な流通（Data Free Flow with Trust、以下、「DFFT」という）の確保のための適切な AI ガバナンスに係る国際社会の検討状況の把握及びそれを踏まえた相互運用性の確保（「標準」及び「枠組み間の相互運用性」の二側面）

これらを効果的な取組とするためには、経営層の責任は大きく、そのため、リーダーシップを発揮することが重要である。その際は、短期的な利益の追求の観点から AI ガバナンスの構築を単なるコストと捉えるのではなく、各主体の持続的成長及び中長期的な発展を志向した先行投資として捉えることが重要である。そのリーダーシップの下、上記のアジャイル・ガバナンスのサイクルを回しつつ、各組織の戦略及び企業体制に AI ガバナンスを落とし込んでいくことで、各組織の中で文化として根付かせることが期待される。

25

第3部 AI 開発者に関する事項

　AI 開発者は、AI モデルを直接的に設計し変更を加えることができるため、AI システム・サービス全体においても AI の出力に与える影響力が高い。また、イノベーションを牽引することが社会から期待され、社会全体に与える影響が非常に大きい。このため、自身の開発する AI が提供・利用された際にどのような影響を与えるか、事前に可能な限り検討し、対応策を講じておくことが重要となる。

　AI 開発の現場においては、時に、正確性を重視するためにプライバシー又は公平性が損なわれたり、プライバシーを過度に重視して透明性が損なわれたり等、リスク同士又は倫理観の衝突の場面がある。その場合、当該事業者における経営リスク及び社会的な影響力を踏まえ、適宜判断・修正していくことが重要である。また、AI システムにおいて予期せぬ事故が発生した際に、AI のバリューチェーンに連なる者は、何らかの説明を求められる立場に立つ可能性があることを念頭に置き、AI 開発者としても、どのような関与を行ったかについて、合理的な説明を行うことができるよう記録を残すことが重要である。

　以下に AI 開発者にとって重要な事項を挙げる。

- **データ前処理・学習時**

    - D-2）i. 適切なデータの学習
        - ✧ プライバシー・バイ・デザイン等を通じて、学習時のデータについて、適正に収集するとともに、第三者の個人情報、知的財産権に留意が必要なもの [16] 等が含まれている場合には、法令に従って適切に扱うことを、AI のライフサイクル全体を通じて確保する（「2）安全性」、「4）プライバシー保護」、「5）セキュリティ確保」）
        - ✧ 学習前・学習全体を通じて、データのアクセスを管理するデータ管理・制限機能の導入検討を行う等、適切な保護措置を実施する（「2）安全性」、「5）セキュリティ確保」）

    - D-3）i. データに含まれるバイアスへの配慮
        - ✧ 学習データ、AI モデルの学習過程によってバイアス（学習データには現れない潜在的なバイアスを含む）が含まれうることに留意し、データの質を管理するための相当の措置を講じる（「3）公平性」）
        - ✧ 学習データ、AI モデルの学習過程からバイアスを完全に排除できないことを踏まえ、AI モデルが代表的なデータセットで学習され、AI システムに不公正なバイアスがないか点検されることを確保する（「3）公平性」）

- **AI 開発時**

    - D-2）ii. 人間の生命・身体・財産、精神及び環境に配慮した開発
        - ✧ ステークホルダーの生命・身体・財産、精神及び環境に危害を及ぼすことがないよう、以下の事項を検討する（「2）安全性」）
            - ● 様々な状況下で予想される利用条件下でのパフォーマンスだけでなく、予期しない環境で

26

の利用にも耐えうる性能の要求
- ● リスク（連動するロボットの制御不能、不適切な出力等）を最小限に抑える方法の要求（ガードレール技術等）

- ➢ D-2）iii. 適正利用に資する開発
  - ✧ 開発時に想定していない AI の提供・利用により危害が発生することを避けるため、安全に利用可能な AI の使い方について明確な方針・ガイダンスを設定する（「2）安全性」）
  - ✧ 事前学習済の AI モデルに対する事後学習を行う場合に、学習済 AI モデルを適切に選択する（商用利用可能なライセンスかどうか、事前学習データ、学習・実行に必要なスペック等）（「2）安全性」）

- ➢ D-3）ii. AI モデルのアルゴリズム等に含まれるバイアスへの配慮
  - ✧ AI モデルを構成する各技術要素（AI 利用者又は業務外利用者が入力するプロンプト、AI モデルの推論時に参照する情報、連携する外部サービス等）によってバイアスが含まれうることまで検討する（「3）公平性」）
  - ✧ AI モデルからバイアスを完全に排除できないことを踏まえ、AI モデルが代表的なデータセットで学習され、AI システムに不公正なバイアスがないか点検されることを確保する（「3）公平性」）

- ➢ D-5）i. セキュリティ対策のための仕組みの導入
  - ✧ AI システムの開発の過程を通じて、採用する技術の特性に照らし適切にセキュリティ対策を講ずる（セキュリティ・バイ・デザイン）（「5）セキュリティ確保」）

- ➢ D-6）i. 検証可能性の確保
  - ✧ AI の予測性能及び出力の品質が、活用開始後に大きく変動する可能性又は想定する精度に達しないこともある特性を踏まえ、事後検証のための作業記録を保存しつつ、その品質の維持・向上を行う（「2）安全性」、「6）透明性」）

- ● **AI 開発後**

- ➢ D-5）ii. 最新動向への留意
  - ✧ AI システムに対する攻撃手法は日々新たなものが生まれており、これらのリスクに対応するため、開発の各工程で留意すべき点を確認する[28]（「5）セキュリティ確保」）

- ➢ D-6）ii. 関連するステークホルダーへの情報提供
  - ✧ 自らの開発する AI システムについて、例えば以下の事項を適時かつ適切に関連するステークホルダーに（AI 提供者を通じて行う場合を含む）情報を提供する（「6）透明性」）
    - ● AI システムの学習等による出力又はプログラムの変化の可能性（「1）人間中心」）

---

[28] IPA「AI（Artificial Intelligence）の推進」（https://www.ipa.go.jp/digital/ai/index.html）等を通じて情報を収集することができる。

27

- AI システムの技術的特性、安全性確保の仕組み、利用の結果生じる可能性のある予見可能なリスク及びその緩和策等の安全性に関する情報（「2）安全性」）
- 開発時に想定していない AI の提供・利用により危害が発生することを避けるための AI 開発者が意図する利用範囲（「2）安全性」）
- AI システムの動作状況に関する情報並びに不具合の原因及び対応状況（「2）安全性」）
- AI の更新を行った場合の内容及びその理由の情報（「2）安全性」）
- AI モデルで学習するデータの収集ポリシー、学習方法及び実施体制等（「3）公平性」、「4）プライバシー保護」、「5）セキュリティ確保」）

➢ **D-7）i. AI 提供者への「共通の指針」の対応状況の説明**
  ✧ AI 提供者に対して、AI には活用開始後に予測性能又は出力の品質が大きく変動する可能性、想定する精度に達しないこともある旨、その結果生じるリスク等の情報提供及び説明を行う。具体的には以下の事項を周知する（「7）アカウンタビリティ」）
    - AI モデルを構成する各技術要素（学習データ、AI モデルの学習過程、AI 利用者又は業務外利用者が入力すると想定するプロンプト、AI モデルの推論時に参照する情報、連携する外部サービス等）において含まれる可能性があるバイアスへの対応等（「3）公平性」）

➢ **D-7）ii. 開発関連情報の文書化**
  ✧ トレーサビリティ及び透明性の向上のため、AI システムの開発過程、意思決定に影響を与えるデータ収集及びラベリング、使用されたアルゴリズム等について、可能な限り第三者が検証できるような形で文書化する（「7）アカウンタビリティ」）
    （注）ここで文書化されたものをすべて開示するという意味ではない

以下に、AI 開発者の取組が期待される事項を挙げる。

➢ **D-10）i. イノベーションの機会創造への貢献**
  ✧ 可能な範囲で以下の事項を実施し、イノベーションの機会の創造に貢献することが期待される（「10）イノベーション」）
    - AI の品質・信頼性、開発の方法論等の研究開発を行う
    - 持続的な経済成長の維持及び社会課題の解決策が提示されるよう貢献する
    - DFFT 等の国際議論の動向の参照、AI 開発者コミュニティ又は学会への参加の取組等、国際化・多様化及び産学官連携を推進する
    - 社会全体への AI に関する情報提供を行う

ガイドライン本編

「高度な AI システムを開発する組織向けの広島プロセス国際行動規範」における追加的な記載事項

　高度な AI システムを開発する AI 開発者については、上記に加え、「第 2 部 D. 高度な AI システムに関係する事業者に共通の指針」及び「高度な AI システムを開発する組織向けの広島プロセス国際行動規範」[29]を遵守すべきである。

　以下、「第 2 部 D. 高度な AI システムに関係する事業者に共通の指針」との比較において、当該「行動規範」において追加的に記載されている事項を示す。なお、当該「行動規範」全体の内容については、「別添 3. C. 高度な AI システムの開発にあたって遵守すべき事項」を参照のこと。

I.　AI ライフサイクル全体にわたるリスクを特定、評価、軽減するために、高度な AI システムの開発全体を通じて、その導入前及び市場投入前も含め、適切な措置を講じる
　　➢　リスク軽減のための緩和策を文書化するとともに、定期的に更新すべき。また、各主体はセクターを超えた関係者と連携してこれらのリスクへの緩和策を評価し、採用すべき

II.　市場投入を含む導入後、脆弱性、及び必要に応じて悪用されたインシデントやパターンを特定し、緩和する
　　➢　報奨金制度、コンテスト、賞品等を通じて、責任を持って弱点を開示するインセンティブを与えることの検討を奨励

III.　高度な AI システムの能力、限界、適切・不適切な使用領域を公表し、十分な透明性の確保を支援することで、アカウンタビリティの向上に貢献する
　　➢　透明性報告書は、使用説明書や関連する技術的文書等とともに、最新に保たれるべき

IV.　産業界、政府、市民社会、学界を含む、高度な AI システムを開発する組織間での責任ある情報共有とインシデントの報告に向けて取り組む
　　➢　AI システムの安全性やセキュリティ等を確保するための共有の基準、メカニズムを開発、推進すべき。加えて、AI のライフサイクル全体にわたって、適切な文書化や他の主体との協力、関連情報の共有や社会への報告を実施すべき

V.　特に高度な AI システム開発者に向けた、個人情報保護方針及び緩和策を含む、リスクベースのアプローチにもとづく AI ガバナンス及びリスク管理方針を策定し、実施し、開示する
　　➢　可能であれば、AI のライフサイクル全体を通じて、AI リスクを特定・評価・予防・対処するための AI ガバナンス方針を策定・実施・開示し、定期的に更新すべき。また、事業者の職員等に対する教育方針を確立すべき

VI.　AI のライフサイクル全体にわたり、物理的セキュリティ、サイバーセキュリティ、内部脅威に対する安全対策を含む、強固なセキュリティ管理に投資し、実施する

---

[29] 広島 AI プロセスに関する G7 首脳声明「高度な AI システムを開発する組織向けの広島プロセス国際行動規範」（2023 年 10 月）
なお、同文書は高度な AI システムにおける動向に対応して、既存の OECD AI 原則にもとづいて構築される living document であることに注意が必要である。
https://www.mofa.go.jp/mofaj/files/100573472.pdf

29

> 高度な AI システムのサイバーセキュリティリスクの評価や、適切で安全な環境での作業と文書保管の義務付けをすべき。無許可で公開されるリスク等に対応するための対策、知的財産や企業秘密の保護と整合性のある強固な内部脅威検知プログラムの確立すべき

VII. 技術的に可能な場合は、電子透かしやその他の技術等、AI 利用者及び業務外利用者が、AI が生成したコンテンツを識別できるようにするための、信頼できるコンテンツ認証及び来歴のメカニズムを開発し、導入する

> 透かしや識別子を利用することに加え、各主体がこの分野の状況を前進させるために協力し、研究に投資すべき

VIII. 社会的、安全、セキュリティ上のリスクを軽減するための研究を優先し、効果的な軽減策への投資を優先する

> 民主的価値の維持や人権の尊重、子どもや社会的弱者の保護等、リスクに対処するための優先的な研究、協力等を行うべき。加えて、環境や気候への影響を含むリスクを積極的に管理し、リスクに関する研究とベストプラクティスを共有することを奨励

IX. 世界の最大の課題、特に気候危機、世界保健、教育等（ただしこれらに限定されない）に対処するため、高度な AI システムの開発を優先する

> 個人や地域社会が AI の利用から利益を得るためのデジタル・リテラシーのイニシアティブを支援し、一般市民の教育と訓練を促進すべき。また、市民社会やコミュニティ・グループとの協力により、課題の特定や解決策を開発すべき

X. 国際的な技術規格の開発を推進し、適切な場合にはその採用を推進する

> 国際的な技術標準の開発に加え、AI が生成したコンテンツと他のコンテンツを区別できる技術標準を開発すべき

XI. 適切なデータインプット対策を実施し、個人データ及び知的財産を保護する

> データの質の管理のための適切な対策として、透明性、プライバシー保護のための機械学習や、機密データ等の漏洩のテストとファインチューニングを含む対策を実施し、著作権で保護されたコンテンツを含め、プライバシーや知的財産等に関する権利を尊重するために適切なセーフガードの導入を奨励される

第4部 AI 提供者に関する事項

AI 提供者は、AI 開発者が開発する AI システムに付加価値を加えて AI システム・サービスを AI 利用者に提供する役割を担う。AI を社会に普及・発展させるとともに、社会経済の成長にも大きく寄与する一方で、社会に与える影響の大きさゆえに、AI 提供者は、AI の適正な利用を前提とした AI システム・サービスの提供を実現することが重要となる。そのため、AI システム・サービスに組み込む AI が当該システム・サービスに相応しいものか留意することに加え、ビジネス戦略又は社会環境の変化によって AI に対する期待値が変わることも考慮して、適切な変更管理、構成管理及びサービスの維持を行うことが重要である。

AI システム・サービスを AI 開発者が意図している範囲で実装し、正常稼働及び適正な運用を継続し、AI 開発者に対しては、AI システムが適正に開発されるように求めることが重要である。AI 利用者に対しては、AI システムの提供及び運用のサポート又は AI システムの運用をしつつ AI サービスを提供することが重要である。提供に際し、ステークホルダーの権利を侵害せず、かつ社会に不利益等を生じさせることがないように留意し、合理的な範囲でインシデント事例等を含む関連情報の共有を行い、より安全安心で信頼できる AI システム・サービスを提供することが期待される。

以下に AI 提供者にとって、重要な事項を挙げる。

- **AI システム実装時**

  - P-2）i. 人間の生命・身体・財産、精神及び環境に配慮したリスク対策
    - ✧ AI 利用者を含む関連するステークホルダーの生命・身体・財産、精神及び環境に危害を及ぼすことがないよう、提供時点で予想される利用条件下でのパフォーマンスだけでなく、様々な状況下で AI システムがパフォーマンスレベルを維持できるようにし、リスク（連動するロボットの制御不能、不適切な出力等）を最小限に抑える方法（ガードレール技術等）を検討する（「2）安全性」）

  - P-2）ii. 適正利用に資する提供
    - ✧ AI システム・サービスの利用上の留意点を正しく定める（「2）安全性」）
    - ✧ AI 開発者が設定した範囲で AI を活用する（「2）安全性」）
    - ✧ 提供時点で AI システム・サービスの正確性・必要な場合には学習データの最新性（データが適切であること）等を担保する（「2）安全性」）
    - ✧ AI 開発者が設定した AI の想定利用環境と AI システム・サービスの利用者の利用環境に違い等がないかを検討する（「2）安全性」）

  - P-3）i. AI システム・サービスの構成及びデータに含まれるバイアスへの配慮
    - ✧ 提供時点でデータの公平性の担保及び参照する情報、連携する外部サービス等のバイアスを検討する（「3）公平性」）
    - ✧ AI モデルの入出力及び判断根拠を定期的に評価し、バイアスの発生をモニタリングする。また、必要に応じて、AI 開発者に AI モデルを構成する各技術要素のバイアスの再評価、評価結果

31

第Ⅱ部　AI事業者ガイドライン（第1.0版）

にもとづく AI モデル改善の判断を促す（「3」公平性」）

✧ AI モデルの出力結果を受け取る AI システム・サービス、ユーザーインタフェースにおいて、ビジネスプロセス及び AI 利用者又は業務外利用者の判断を恣意的に制限するようなバイアスが含まれてしまう可能性を検討する（「3」公平性」）

➤ P-4）i. プライバシー保護のための仕組み及び対策の導入

✧ AI システムの実装の過程を通じて、採用する技術の特性に照らし適切に個人情報へのアクセスを管理・制限する仕組みの導入等のプライバシー保護のための対策を講ずる（プライバシー・バイ・デザイン）（「4」プライバシー保護」）

➤ P-5）i. セキュリティ対策のための仕組みの導入

✧ AI システム・サービスの提供の過程を通じて、採用する技術の特性に照らし適切にセキュリティ対策を講ずる（セキュリティ・バイ・デザイン）（「5」セキュリティ確保」）

➤ P-6）i. システムアーキテクチャ等の文書化

✧ トレーサビリティ及び透明性の向上のため、意思決定に影響を与える提供する AI システム・サービスのシステムアーキテクチャ、データの処理プロセス等について文書化する（「6」透明性」）

● **AI システム・サービス提供後**

➤ P-2）ii. 適正利用に資する提供

✧ 適切な目的で AI システム・サービスが利用されているかを定期的に検証する（「2」安全性」）

➤ P-4）ii. プライバシー侵害への対策

✧ AI システム・サービスにおけるプライバシー侵害に関して適宜情報収集し、侵害を認識した場合等は適切に対処するとともに、再発の防止を検討する（「4」プライバシー保護」）

➤ P-5）ii. 脆弱性への対応

✧ AI システム・サービスに対する攻撃手法も数多く生まれているため、最新のリスク及びそれに対応するために提供の各工程で気を付けるべき点の動向を確認する。また、脆弱性に対応することを検討する（「5」セキュリティ確保」）

➤ P-6）ii. 関連するステークホルダーへの情報提供

✧ 提供する AI システム・サービスについて、例えば以下の事項を平易かつアクセスしやすい形で、適時かつ適切に情報を提供する（「6」透明性」）

● AI を利用しているという事実、活用している範囲、適切/不適切な使用方法等（「6」透明性」）

● 提供する AI システム・サービスの技術的特性、利用によりもたらす結果より生じる可能性のある予見可能なリスク及びその緩和策等の安全性に関する情報（「2」安全性」）

32

- AI システム・サービスの学習等による出力又はプログラムの変化の可能性（「1）人間中心」）
- AI システム・サービスの動作状況に関する情報、不具合の原因及び対応状況、インシデント事例等（「2）安全性」）
- AI システムの更新を行った場合の更新内容及びその理由の情報（「2）安全性」）
- AI モデルにて学習するデータの収集ポリシー、学習方法、実施体制等（「3）公平性」、「4）プライバシー保護」、「5）セキュリティ確保」）

➢ P-7）i. AI 利用者への「共通の指針」の対応状況の説明
　✧ AI 利用者に適正利用を促し、以下の情報を AI 利用者に提供する（「7）アカウンタビリティ」）
- 正確性・必要な場合には最新性（データが適切であること）等が担保されたデータの利用についての注意喚起（「2）安全性」）
- コンテキスト内学習による不適切な AI モデルの学習に対する注意喚起（「2）安全性」）
- 個人情報を入力する際の留意点（「4）プライバシー保護」）
　✧ 提供する AI システム・サービスへの個人情報の不適切入力について注意喚起する（「4）プライバシー保護」）

P-7）ii. サービス規約等の文書化
　✧ AI 利用者又は業務外利用者に向けたサービス規約を作成する（「7）アカウンタビリティ」）
　✧ プライバシーポリシーを明示する（「7）アカウンタビリティ」）

　なお、高度な AI システムを取り扱う AI 提供者は、「第 2 部 D. 高度な AI システムに関係する事業者に共通の指針」について以下のように対応する。

- I）〜XI）　　適切な範囲で遵守すべきである
- XII）　　　　遵守すべきである

33

第5部 AI 利用者に関する事項

　　AI 利用者は、AI 提供者から安全安心で信頼できる AI システム・サービスの提供を受け、AI 提供者が意図した範囲内で継続的に適正利用及び必要に応じて AI システムの運用を行うことが重要である。これにより業務効率化、生産性・創造性の向上等 AI によるイノベーションの最大の恩恵を受けることが可能となる。また、人間の判断を介在させることにより、人間の尊厳及び自律を守りながら予期せぬ事故を防ぐことも可能となる。

　　AI 利用者は、社会又はステークホルダーから AI の能力又は出力結果に関して説明を求められた場合、AI 提供者等のサポートを得てその要望に応え理解を得ることが期待され、より効果的な AI 利用のために必要な知見習得も期待される。

　　以下に AI 利用者にとって、重要な事項を挙げる。

● **AI システム・サービス利用時**

　➢ <u>U-2）i. 安全を考慮した適正利用</u>
　　✧ AI 提供者が定めた利用上の留意点を遵守して、AI 提供者が設計において想定した範囲内で AI システム・サービスを利用する（「2）安全性」）
　　✧ 正確性・必要な場合には最新性（データが適切であること）等が担保されたデータの入力を行う（「2）安全性」）
　　✧ AI の出力について精度及びリスクの程度を理解し、様々なリスク要因を確認した上で利用する（「2）安全性」）

　➢ <u>U-3）i. 入力データ又はプロンプトに含まれるバイアスへの配慮</u>
　　✧ 著しく公平性を欠くことがないよう公平性が担保されたデータの入力を行い、プロンプトに含まれるバイアスに留意して、責任をもって AI 出力結果の事業利用判断を行う（「3）公平性」）

　➢ <u>U-4）i. 個人情報の不適切入力及びプライバシー侵害への対策</u>
　　✧ AI システム・サービスへ個人情報を不適切に入力することがないよう注意を払う（「4）プライバシー保護」）
　　✧ AI システム・サービスにおけるプライバシー侵害に関して適宜情報収集し、防止を検討する（「4）プライバシー保護」）

　➢ <u>U-5）i. セキュリティ対策の実施</u>
　　✧ AI 提供者によるセキュリティ上の留意点を遵守する（「5）セキュリティ確保」）
　　✧ AI システム・サービスに機密情報等を不適切に入力することがないよう注意を払う（「5）セキュリティ確保」）

　➢ <u>U-6）i. 関連するステークホルダーへの情報提供</u>

34

ガイドライン本編

  ✧ 著しく公平性を欠くことがないよう、公平性が担保されたデータの入力を行い、プロンプトに含まれるバイアスに留意して AI システム・サービスから出力結果を取得する。そして、出力結果を事業判断に活用した際は、その結果を関連するステークホルダーに合理的な範囲で情報を提供する（「3）公平性」、「6）透明性」）

➤ U-7）i.関連するステークホルダーへの説明
  ✧ 関連するステークホルダーの性質に応じて合理的な範囲で、適正な利用方法を含む情報提供を平易かつアクセスしやすい形で行う（「7）アカウンタビリティ」）
  ✧ 関連するステークホルダーから提供されるデータを用いることが予定されている場合には、AI の特性及び用途、データの提供元となる関連するステークホルダーとの接点、プライバシーポリシー等を踏まえ、データ提供の手段、形式等について、あらかじめ当該ステークホルダーに情報提供する（「7）アカウンタビリティ」）
  ✧ 当該 AI の出力結果を特定の個人又は集団に対する評価の参考にする場合は、AI を利用している旨を評価対象となっている当該特定の個人又は集団に対して通知し、当ガイドラインが推奨する出力結果の正確性、公正さ、透明性等を担保するための諸手続きを遵守し、かつ自動化バイアスも鑑みて人間による合理的な判断のもと、評価の対象となった個人又は集団からの求めに応じて説明責任を果たす（「1）人間中心」、「6）透明性」、「7）アカウンタビリティ」）
  ✧ 利用する AI システム・サービスの性質に応じて、関連するステークホルダーからの問合せに対応する窓口を合理的な範囲で設置し、AI 提供者とも連携の上説明及び要望の受付を行う（「7）アカウンタビリティ」）

➤ U-7）ii.提供された文書の活用及び規約の遵守
  ✧ AI 提供者から提供された AI システム・サービスについての文書を適切に保管・活用する（「7）アカウンタビリティ」）
  ✧ AI 提供者が定めたサービス規約を遵守する（「7）アカウンタビリティ」）

なお、高度な AI システムを取り扱う AI 利用者は、「第 2 部 D. 高度な AI システムに関係する事業者に共通の指針」について以下のように対応する。

● I）〜XI）　適切な範囲で遵守すべきである
● XII）　　　遵守すべきである

35

AI 事業者ガイドライン（第 1.0 版）
別添（付属資料）
令和 6 年 4 月 19 日

別添.はじめに..2

別添 1.第 1 部関連...5

A.AI に関する前提..5

B.AI による便益/リスク..12

別添 2.「第 2 部 E.AI ガバナンスの構築」関連...18

A.経営層による AI ガバナンスの構築及びモニタリング...20

B.AI ガバナンスの構築に関する実際の取組事例...62

別添 3.AI 開発者向け..71

A. 本編「第 3 部 AI 開発者に関する事項」の解説..72

B. 本編「第 2 部」の「共通の指針」の解説..95

C. 高度な AI システムの開発にあたって遵守すべき事項..106

別添 4.AI 提供者向け..111

A. 本編「第 4 部 AI 提供者に関する事項」の解説...111

B.本編「第 2 部」の「共通の指針」の解説...130

別添 5.AI 利用者向け..139

A.本編「第 5 部 AI 利用者に関する事項」の解説...139

B.本編「第 2 部」の「共通の指針」の解説...150

別添 6.「AI・データの利用に関する契約ガイドライン」を参照する際の主な留意事項について.................154

53

別添.はじめに
別添の構成及び読者への期待

別添.はじめに

別添の構成及び読者への期待

AI事業者ガイドライン本編（以下本編）にて、本ガイドラインで対象とする主体「AI開発者」、「AI提供者」及び「AI利用者」が念頭に置くべき基本理念（= why）、並びに理念を踏まえAIに関し行うべき取組の指針（= what）を示した。各主体は指針を実現するにあたり、具体的なアプローチを決めて実践する必要があり、本ガイドライン別添（付属資料、以下別添）では、参考となる実践（= how）について扱い、具体的な取組についてのリファレンスの位置づけで作成している。

別添1にて本ガイドラインで前提としているAIシステム・サービスの例及び具体的な活用例、主体のパターン例、業種・業務毎のAIによる便益の例、並びに実例にもとづくリスクの例を記載している。また、別添2にてAIガバナンスの構築のために事業者がとるべき行動について、行動目標及び実践例を通して理解を深められる内容を盛り込んでいる。

加えて、別添3にて「AI開発者」向け、別添4にて「AI提供者」向け、別添5にて「AI利用者」向けの重要事項の解説を記載している。それぞれ、A、Bの2パートに分け、Aでは本編3部～5部に記載した主体別の重要事項に関して補足的な解説及び実践にあたっての具体的な手法を記載している。Bでは、本編3～5部に記載していないものの、本編2部記載の「共通の指針」の中で特に重要な内容について、具体的な手法を記載している。

さらに、データを扱う契約にあたって参考となる「AI・データの利用に関する契約ガイドライン」を参照する際の留意事項を別添6にて記載している。（「図1. 本ガイドラインの構成」記載の別添7～9は本資料とは別資料として作成）

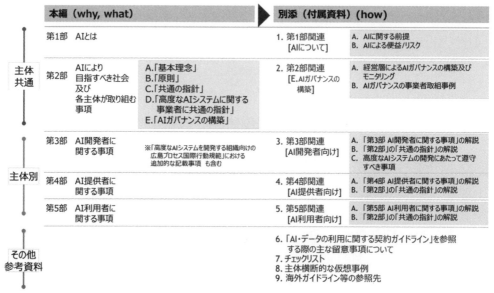

図1. 本ガイドラインの構成

別添.はじめに
本ガイドラインにおける表現の解説

　本編及び別添の記載内容を確認する中で別添 1 を合わせて参照することで、記載の前提となっている AI 及び AI による便益/リスクを具体的に把握することができ、記載内容をより深く理解ができるようになると想定している。また、別添 2 を参照することで、事業者自身の AI 活用における AI ガバナンスの構築のための行動目標を具体的な実践例を通して把握することが可能となるため、「AI 開発者」、「AI 提供者」及び「AI 利用者」の全主体にとって別添 1、2 を参照することが重要となる。

　別添 3〜5 は主体別となっているため、各主体それぞれが該当する内容を確認し、把握した実践例を参考に取組を検討及び実践することが重要となる。他主体の記載内容についても本編と合わせて参照しておくことで、バリューチェーン全体でのリスクの低減等の施策検討につながりうるため、可能な限り把握することが期待される。

　加えて、AI によるリスクを抑えつつ便益を享受する取組の立案及び実践を確実に推進するため、別添 7（別資料）のチェックリストを参考に、各事業者の事業内容及び状況に合ったチェックリストを作成の上、有効活用することも重要となる。チェックリストには本編 2 部 C 記載の指針及び重要事項が実施できているか確認できるよう、フォーマットに 10 の指針及び確認事項としての重要事項を記載している。各事業者がそれぞれの状況に応じ、カスタマイズして必要に応じて活用することを前提に作成しており、参考に AI 開発者、AI 提供者及び AI 利用者それぞれが作成した場合の記載例も掲載している。また、本編 2 部 D 記載の高度な AI システムに関係する事業者が重要事項実施の確認に活用できるフォーマット、及び別添 2 に記載している AI ガバナンスの構築の確認に活用できるフォーマットも載せており、取組から AI ガバナンスまでの実施確認に資する構成としている。実際の AI サービスは、目的・活用技術・データ・利用環境等によって多様なユースケースが想定され、技術の発展、外部環境の変化等も踏まえつつ、AI 開発者、AI 提供者及び AI 利用者が連携して最適なアプローチを検討することが期待され、効果的な連携の一助となると想定している。

　なお、本ガイドラインは本編、別添を通してリスクベースアプローチの考えにもとづいて記載しており、事業者も同様に自らが重点的に対策すべきことと不要なことを見極め、効果的な施策及び AI ガバナンス構築を実現することを期待している。別添は本編で示された方向性を達成する手段の一例であり、本編に記載されている指針全てに関する実践及び解説を網羅的に記載しておらず、また、事業者の事業運営形態も様々であることが想定されることから、この付属資料を全て記載とおりに実施することが求められているものではない。

本ガイドラインにおける表現の解説

　本編同様以降は「表 1.「共通の指針」に加えて主体毎に重要となる事項」に記載されている内容（項目）を、[主体 – 指針番号） 記載内容.]のルールにて識別・表記する。

- 主体は、AI 開発者（AI **D**eveloper）、AI 提供者（AI **P**rovider）及び AI 利用者（AI Business **U**ser）の頭文字を用い、指針番号及び記載内容の番号は同表に記載の番号にて表記する

　例）D-2） i. は AI 開発者の安全性に関する適切なデータの学習についての重要事項を指す

　なお、表の「-」が記載されている箇所は、各主体による本編第 2 部 C.「共通の指針」記載の事項にもとづく対応が期待されており、対応不要を意味するものではない。

第Ⅱ部　AI事業者ガイドライン（第1.0版）別添（付属資料）

別添. はじめに
本ガイドラインにおける表現の解説

表1.「共通の指針」に加えて主体毎に重要となる事項

	第2部. C.共通の指針	「共通の指針」に加えて主体毎に重要となる事項		
		第3部. AI 開発者 （D）	第4部. AI 提供者 （P）	第5部. AI 利用者 （U）
1) 人間中心	① 人間の尊厳及び個人の自律 ② AI による意思決定・感情の操作等への留意 ③ 偽情報等への対策 ④ 多様性・包摂性の確保 ⑤ 利用者支援 ⑥ 持続可能性の確保	-	-	-
2) 安全性	① 人間の生命・身体・財産、精神及び環境への配慮 ② 適正利用 ③ 適正学習	ⅰ. 適切なデータの学習 ⅱ. 人間の生命・身体・財産、精神及び環境に配慮した開発 ⅲ. 適正利用に資する開発	ⅰ. 人間の生命・身体・財産、精神及び環境に配慮したリスク対策 ⅱ. 適正利用に資する提供	ⅰ. 安全を考慮した適正利用
3) 公平性	① AI モデルの各構成技術に含まれるバイアスへの配慮 ② 人間の判断の介在	ⅰ. データに含まれるバイアスへの配慮 ⅱ. AI モデルのアルゴリズム等に含まれるバイアスへの配慮	ⅰ. AI システム・サービスの構成及びデータに含まれるバイアスへの配慮	ⅰ. 入力データ又はプロンプトに含まれるバイアスへの配慮
4) プライバシー保護	① AI システム・サービス全般におけるプライバシーの保護	ⅰ. 適切なデータの学習 （D-2）ⅰ. 再掲）	ⅰ. プライバシー保護のための仕組み及び対策の導入 ⅱ. プライバシー侵害への対策	ⅰ. 個人情報の不適切入力及びプライバシー侵害への対策
5) セキュリティ確保	① AI システム・サービスに影響するセキュリティ対策 ② 最新動向への留意	ⅰ. セキュリティ対策のための仕組みの導入 ⅱ. 最新動向への留意	ⅰ. セキュリティ対策のための仕組みの導入 ⅱ. 脆弱性への対応	ⅰ. セキュリティ対策の実施
6) 透明性	① 検証可能性の確保 ② 関連するステークホルダーへの情報提供 ③ 合理的かつ誠実な対応 ④ 関連するステークホルダーへの説明可能性・解釈可能性の向上	ⅰ. 検証可能性の確保 ⅱ. 関連するステークホルダーへの情報提供	ⅰ. システムアーキテクチャ等の文書化 ⅱ. 関連するステークホルダーへの情報提供	ⅰ. 関連するステークホルダーへの情報提供
7) アカウンタビリティ	① トレーサビリティの向上 ②「共通の指針」の対応状況の説明 ③ 責任者の明示 ④ 関係者間の責任の分配 ⑤ ステークホルダーへの具体的な対応 ⑥ 文書化	ⅰ. AI 提供者への「共通の指針」の対応状況の説明 ⅱ. 開発関連情報の文書化	ⅰ. AI 利用者への「共通の指針」の対応状況の説明 ⅱ. サービス規約等の文書化	ⅰ. 関連するステークホルダーへの説明 ⅱ. 提供された文書の活用及び規約の遵守
8) 教育・リテラシー	① AI リテラシーの確保 ② 教育・リスキリング ③ ステークホルダーへのフォローアップ	-	-	-
9) 公正競争確保	-	-	-	-
10) イノベーション	① オープンイノベーション等の推進 ② 相互接続性・相互運用性への留意 ③ 適切な情報提供	ⅰ. イノベーションの機会創造への貢献	-	-

4

別添 1.第 1 部関連
AI の学習及び利用の流れ

別添 1.第 1 部関連

A.AI に関する前提

AI の学習及び利用の流れ

　一般的に AI は、データをもとに事前の学習過程を経て AI モデルを構築し、利用時にはその AI モデルを以て推論又は予測を行い、結果を出力するものである。特定の数値データ、画像等のデータを用いた AI モデルを利用する従来からある AI に加え、本ガイドラインでは大量のテキスト、画像又はインターネット上の掲載情報を学習する生成 AI も対象とする。アウトプットとして得たデータをインプットとして再学習に利用するケースもあり、ある AI モデルのアウトプットが、別の AI モデルの訓練データとして利用されること又は元の AI モデルから別の AI モデルが作られることもある（「図 2. AI の学習及び利用の流れの例」参照）。

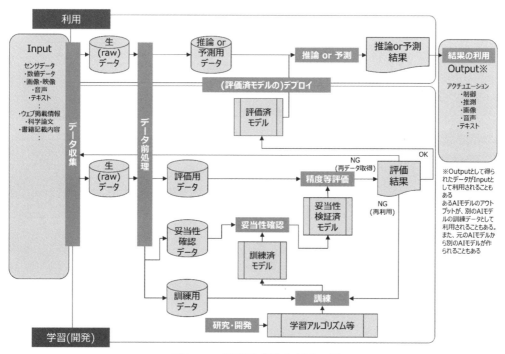

図 2. AI の学習及び利用の流れの例

別添 1.第 1 部関連
AI システム概要

AI システム概要

　AI の機能を有するソフトが組み込まれたシステムを AI システムとして扱う。AI システムはセンサデータ、テキスト等の入力に対し、アクチュエータ又は情報端末を介して出力する。なお、別添では、電動機、エンジン等の駆動装置又はその動作により制御を行う物理的な装置に加え、画像、音声、テキスト又は推測結果を出力する装置の総称としてアクチュエータとしている。

　AI の開発・提供・利用のそれぞれのフェーズにおいて、ファインチューニング、転移学習、強化学習、In-Context Learning（プロンプトエンジニアリング、メモリ、RAG: Retrieval-Augmented Generation、ツール拡張）等の手段により改善・調整がなされ、AI システムが更新されていくケースもある（「図 3. AI システム概要」参照）。

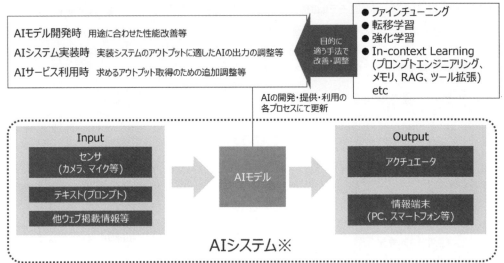

図 3. AI システム概要

別添 1.第 1 部関連
AI の開発から利用までのバリューチェーン

AI の開発から利用までのバリューチェーン

　AI 開発者によって、収集されたデータを用いた AI モデルの構築が行われ、AI 提供者により AI モデルが既存又は新設のシステムに組み込まれて AI システムが構築される。構築された AI システム又はそのシステムによる AI サービスが AI 利用者に提供され、利用される（「図 4. 一般的な AI 活用の流れにおける主体の対応」参照）。

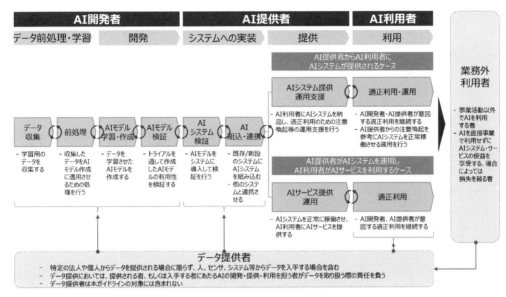

図 4. 一般的な AI 活用の流れにおける主体の対応

第Ⅱ部　AI事業者ガイドライン（第1.0版）別添（付属資料）

別添 1.第 1 部関連
AI システム・サービスの例

AI システム・サービスの例

代表的な AI システム・サービスを「表 2. AI システム・サービス例」に挙げる。

表 2. AI システム・サービス例[1]

ケース名	活用 AI	概要	AI 開発者	AI 提供者	AI 利用者	業務外利用者
採用 AI	テキスト解析	A 社グループのグローバル各社における人材採用部門が、**エントリーシートの書類選考を判断する際の参考情報として使用される AI サービス**である。 A 社 AI 開発部門は、AI 利用者である A 社人材採用部門（海外グループ企業を含む）より過去のエントリーシートデータ及び合否判定（内定の判定）結果を受領し、機械学習（分類モデル）で合否判定を支援する AI モデルを作成している。	A 社（開発部門）	A 社（システム部門及び人材開発部門）	A 社グループ（人材採用部門）	採用申込者
無人コンビニ	画像解析	全国のコンビニエンスストアチェーンを経営する J 社が提供する**画像認識 AI を活用した無人コンビニ（店内の客が商品を取るだけで AI が代金を計算し、店外に出る際に電子マネー等で一括決済ができるコンビニ）**である。当 AI サービスには X 社で開発された無人コンビニ向けの AI システムを搭載している。	X 社	J 社（AI システム開発部及びコンビニ事業部）	コンビニ店舗	コンビニ利用客
がん診断 AI	テキスト・画像解析	マルチモーダル学習を使用しており、「**本人の病歴・遺伝等に係る情報（データ 1）」及び「内視鏡画像（データ 2）」を取込み、内視鏡での診察中にリアルタイムにがんの可能性が高い部分をハイライト**する。医師は出力画像を観察して、がんの可能性があるか判断する。 A 社が AI を開発しつつ、がん診断 AI システムを医療機関に提供している。	A 社（AI 開発部門）	A 社（医療 IT サービス部門）	医療機関（システム部門及び消化器内科）	受診患者
不良品検知 AI	画像解析	**ディープラーニングの画像生成及び認識モデルを用いた「完成品の検品システム」**である。従来、完成品（工業用部品）の検品は目視確認で行われるため多大な人件費を要していた。そこでディープラーニングを用いた完成品の自動検品を製造ラインに組み込むことにした。**A 工業の工場で生産される完成品（工業用部品）について外観上の不具合を識別**する。通常出荷される完成品の総数に対して、工場内で識別される欠陥品の数は極めて少ないため、「完成品と異なる画像を生成する AI モデル」及び「正常品を正しく識別できる AI モデル」を活用している。ディープラーニングのモデルは委託先である B 社にて開発が行われている。	B 社（製造ソリューション）	A 工業（製造管理部）	A 工業（製造ライン＠工場）	-

---

[1] 東京大学未来ビジョン研究センター 「リスクチェーンモデル掲載ケース事例」より抜粋引用。本ガイドラインの主体整理に合わせて、AI 開発者・AI 提供者・AI 利用者・業務外利用者を記載。

8

別添 1.第 1 部関連

AI システム・サービスの例

送電線の点検AI	画像解析	**ディープラーニングによる画像解析技術を用いた「架空送電線の診断サービス」である。送電線を点検する画像解析を行い、自動で異常箇所を検出**する。送電線の点検は基本的に保守担当者による高倍率スコープを用いた目視点検によって実施されるが、山間部等の目視確認が容易でない環境における送電線については、ヘリコプターで撮影した動画を熟練の保守担当者がスロー再生で目視確認する必要があり、長時間の作業時間を要していた。このような背景により、P 社では、X 社の画像認識の AI を導入し送電線の異常個所を判別及び報告書作成までを自動化することとなった。撮影はドローン又はヘリコプターによって行われる。リアルタイムでの判断は行わないが、撮影作業の完了後速やかに画像認識の AI によって異常個所の判別及び報告書作成が実施される。	X 社（AI 開発部）	P 社（システム部門及び電力サービス保全部）	P 社（保守担当）	-
スマート家電の最適化AI	センサデータ解析	**AI モデルが環境情報、ユーザーの行動等を解析し、スマート家電を最適化する。A 社の AI サービスは、**ユーザー搭載したセンサ情報（ユーザーの位置・状態、温度、湿度、照度及び CO_2 濃度）、オープンデータ（気象情報）及びユーザーからのフィードバック（ストレス、快適度の意見等）を取得して AI モデルが分析を行い、スマート家電機器（スマート冷蔵庫（食材管理、レシピ提案等）、空調、床暖房、空気清浄機、ロボット掃除機、換気システム等）を自動制御する。 AI 提供者は A 社（アプライアンス事業部）だが、代理店の場合もあり、消費者への説明等業務内容に応じた対応が求められる。	A 社（AI 開発部）	A 社（アプライアンス事業部）	-	消費者
対話型AI 社内導入	テキスト等生成	**生成 AI を活用した社内向けの AI アシスタントサービスである。**B 社の社員は対話型 AI に対してプロンプト（指示又は質問）を入力することで回答を得ることができる。質問、プログラミング、文書生成、翻訳、要約等、社内業務のあらゆる目的及び用途にて利用され、業務の生産性向上に寄与している。 A 社のクラウドプラットフォーム及び生成 AI のモデルを活用して B 社のグループ会社である C 社が AI アシスタントサービスを実装し、B 社グループ社員（C 社含む）に対して提供している。	A 社	B 社のグループ会社 C 社	B 社グループ社員（C 社含む）	-

別添 1.第 1 部関連
AI 事業者のパターン

AI 事業者のパターン

事業で活用される AI のバリューチェーンには、AI 利用者によって AI が利用され、AI 利用者に加え業務外利用者[2]にも便益が提供されるパターン 1、AI 利用者が利用して便益を得るパターン 2、及び AI 提供者から提供された AI システム・サービスを業務外利用者が利用し便益を得るパターン 3 がある（「図 5. AI 事業者のパターン」参照）。

パターン 1 では業務外利用者に AI のシステム（サービス）は提供されず、便益のみが提供される。

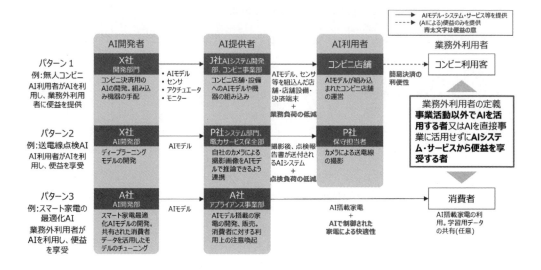

図 5. AI 事業者のパターン

---

[2] 事業活動以外で AI を活用する者又は AI を直接事業に活用せずに AI システム・サービスから便益を享受する、場合によっては損失を被る者（本ガイドライン本編にて定義）。

別添 1.第 1 部関連
データ提供者について

データ提供者について

AI の開発・提供・利用のそれぞれのフェーズにおいてデータが活用されて、AI モデルの学習又は AI の利用がなされる。データを用いた AI モデルの構築又は利用に際し、AI 開発者、AI 提供者又は AI 利用者自身で保有するデータを利用して外部のデータを利用しないケースがある。一方で、特定の法人若しくは個人から提供されるデータ又は人、センサ、システム等のデータを利用するケースもある。データの扱いは種類ごとに異なり個別に記載しきれないため、データを提供される者又は入手する者に該当する AI 開発者・AI 提供者・AI 利用者に関するデータの扱いについて記載する（「図 6. データ提供の在り方」参照）。

ただし、特定の法人又は個人とデータの授受を行う際は、別添 6 及びその中で言及している「AI・データの利用に関する契約ガイドライン」を参照して、データを提供される者、データを提供する者（データ提供者）双方で合意・契約の上、データの活用を進めることが重要となる。

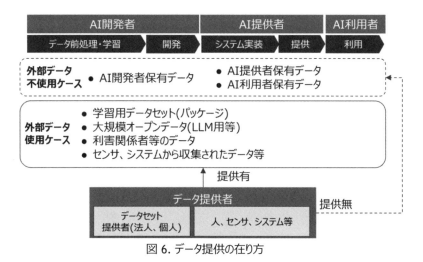

図 6. データ提供の在り方

第Ⅱ部　AI事業者ガイドライン(第1.0版)別添(付属資料)

別添1.第1部関連
AIによる便益

B.AIによる便益/リスク

　AIは、新規ビジネスを生み出したり、既存ビジネスの付加価値を高めたり、生産性を向上させたりする等の便益をもたらす一方で、リスクも存在する。

　このリスクについては可能な限り抑制することが期待される。一方で、過度なリスク対策を講じることは、コスト増になる等、AI活用によって得られる便益を阻害してしまうことから、リスク対策の程度をリスクの性質及び蓋然性の高さに対応させるリスクベースアプローチの考え方が重要である。

AIによる便益

　AIの活用による便益は多岐にわたっており、技術の進展に伴い拡大し続けている。

　AIは、各主体において、価値を創造するために活用することができる。その結果として、以下が期待できる。

● 　運営コストの削減
● 　既存事業のイノベーションを加速させる新製品・サービスの創出
● 　組織の変革

　さらに、様々な分野（農業、教育、医療、製造、輸送　等）への応用及び様々な展開モデル（クラウドサービス、オンプレミスシステム、サイバーフィジカルシステム　等）の活用が考えられる[3]。

便益の例

　以下の「図7.企業活動におけるAIによる便益の例」は、企業活動におけるAIによる便益のごく一例を示したものだが、企業活動の全般にわたり、効果を発揮しうる。

	開発	マーケティング	販売	物流・流通	顧客対応	法務	ファイナンス	人事
従来から存在する便益の例（生成AIで更に向上）	コード検証、ドキュメント作成の自動化	広告用メールの自動配信	受注後の対応メール等の自動発信	需要予測に基づく生産・在庫数最適化	チャットボットによる自動対応	翻訳	財務諸表の自動作成	給与計算等の自動化
	類似コード・データの抽出・検証	データに基づいたパーソナライゼーション広告	チャネル別、ニーズ別の売上予測	配送ルート最適化	過去の問合せ内容に基づいたFAQ作成	法務文章のレビュー	過去実績にもとづいた将来予測、不正検知	職務経歴書等に基づいた人材需要マッチング
生成AI特有の便益の例	学習データの生成、コーディングアシスタント、新製品のブレインストーミング	販売促進(マーケティング素材・キャッチコピー等)の自動作成	営業トークスクリプトの自動作成	物流条件交渉のアシスタント	対応内容の自動生成、要約	規定に基づいた契約書ドラフトの自動生成	文脈を踏まえた上での社内問合せ対応	文脈を踏まえた上での人事面接の対応

図7.企業活動におけるAIによる便益の例

　例えば、物流の領域では、AIを用いたロボットによる配送の自動化及び需要予測によるバリューチェーンの最適化、人事の領域では、給与計算の自動化及び職務経歴書にもとづいた人材需要マッチング等、データを活用した効率化にAIが活用され、多様な用途で業務の効率化・最適化が行われている。

---

[3]「ISO/IEC TR 24030」には、このような領域及び展開モデルをカバーする広範なユースケース集が収録されている。

別添 1.第 1 部関連
AI によるリスク

　また、企業以外においても、行政における手続きの自動化、センサ及び画像情報等を用いた農場での作業支援システム、診療履歴等の利用による医療分野への活用等も行われている。

　さらに、B2C の領域では、チャットボット、自動運転、検索システム、音声アシスタント等、多岐にわたるサービスが展開されている。

生成 AI による可能性

　上記に加え、直近では生成 AI が台頭している。生成 AI は DX への遅れをとった日本企業の巻き返しの引き金となる可能性も高い。

　日本企業の特徴として、良質の OT（Operational Technology）データの蓄積、きめ細やかなサービス及び作業等が挙げられる。これらを従来型の AI を活用することによって実現しようとした場合、組織及び業界横断的な OT データの活用、それらのサービス、作業等において AI を活用するためのデータインターフェースの統合、大量のデータの準備、多くのパターンを想定したシナリオ及びケース作り、それらを踏まえた開発等、多くの工数及び専門的な知識が必要であった。ここに生成 AI を活用すると、これらのシナリオ及びケース作り自体を自動化でき（自己教師あり学習）、幅広い企業の AI 活用を促進することが可能となる。実際に、小売企業のコールセンター及びセールスの対応に生成 AI で回答並びに資料を作成することにより、生産性を高めている事例もある。また、入力された問い合わせ及び顧客の要望に対し、社内のデータを参照することにより複数のパターンの回答・資料を作成するようなシステムが可能となっている。

　グローバルの激しい競争を勝ち抜くためにも、生成 AI を積極的に取り入れる形でデジタル戦略の見直しを行う等、自身が享受できる便益を正しく理解し、可能性を模索するとともに、積極的な姿勢を持つことが期待される。

AI によるリスク

　便益が広がる一方で、利用の拡大及び新技術の台頭に伴い、それらが生み出すリスクも増大している。特に生成 AI の普及に伴っては、偽情報・誤情報の生成・発信等リスクの多様化・増大が進むほか、知的財産権の尊重を求める声が高まっている。

　具体的には、以下のような事例が生じている[4]。なお、ここで取り上げるリスクについては代表的なものであって AI のリスクを網羅したものではなく、想定にもとづく事案も含んでおり、あくまで一例として認識することが期待される。よって、本リスクの存在を理由として直ちに AI の開発・提供・利用を妨げるものではない[5]。むしろ、当該リスクを認識し、リスクの許容性及び便益とのバランスを検討したうえで、積極的に AI の開発・提供・利用を行うことを通じて、競争力の強化、価値の創出、ひいてはイノベーションに繋げることが期待される。

---

[4] 海外事例については、2,000 以上のレポートが掲載されている Partnership on AI, "The AI Incident Database（AIID）", http://incidentdatabase.ai が参考となる。詳細は、後述する「コラム 1：インシデントの共有」を参照のこと。なお、各事例の括弧内は、本編において対応する「共通の指針」を示している。

[5] 諸外国の法令等にも留意すべきである。例えば、EU の「AI Act」では、人の生命及び基本的人権に対して、直接的に脅威をもたらすと考えうる AI システム（例えば、潜在意識への操作（治療目的は対象外）等）、政府による社会的な格付け、危険な行動を促す音声アシスト等について、「許容できないリスク」と記載されており、議論が続いている（2023 年 11 月時点）。

13

第Ⅱ部　AI事業者ガイドライン（第 1.0 版）別添（付属資料）

別添 1.第 1 部関連
AI によるリスク

　なお、リスクは、各事業者に発生する不利益ではなく、ステークホルダー[6]及び社会全体に発生するリスクも検討対象となる。

バイアスのある結果及び差別的な結果の出力　（人間中心、公平性）
● IT 企業が自社で AI 人材採用システムを開発したが、女性を差別するという機械学習面の欠陥が判明した。この原因としては、学習に使用した過去 10 年間の履歴書において、応募者のほとんどが男性であったことから、男性を採用することが好ましいと AI が認識したためといわれている。当該企業は、女性を差別しないようにプログラムの改善を試みたものの別の差別を生むとして運用を取りやめる結果になった

フィルターバブル及びエコーチェンバー現象（人間中心）
● SNS 等によるレコメンドを通じた社会の分断が問題視されている。例えば、自分の見たい情報にのみ囲まれるフィルターバブル及び自分と同じような考えばかりが周囲から帰ってくるエコーチェンバー現象を通じて、AI 利用者及び業務外利用者が極端な考えの持ち主になる懸念も指摘されている

多様性の喪失（人間中心）
● 社会全体が同じモデルを、同じ用い方で使った場合、導かれる意見及び回答が LLM によって収束してしまい、多様性が失われる可能性がある

不適切な個人情報の取扱い（プライバシー保護、人間中心）
● 透明性を欠く個人情報の利用が問題視されている。例えば、人材採用に AI を用いるサービスにて、選考離脱及び内定辞退の可能性を AI により提供した際、学生等の求職者への説明が不明瞭であった他、一時期同意にもとづいて第三者への情報提供が行われる規約となっていなかったこと等から、個人情報保護法及び職業安定法にも違反することが判明し、サービスは廃止されることとなった
● 個人情報の政治利用も問題視されている。例えば、SNS の業務外利用者に提供した「性格診断アプリ」及びプロフィール情報をもとに収集した個人情報を使用し、個々のパーソナリティを把握し、それに働きかけることで、依頼者に有利な投票行動をするようにターゲティング広告を打つ選挙支援活動が実施された。具体的には、収集したデータをもとにして、「平均的市民よりも衝動的怒り及び陰謀論に傾きやすい集団」、「神経症とダークトライアド特性」等を分類して、自陣営に有利になる記事が大量に投稿された。この行為は個人情報を使った選挙活動への介入であり、国の根幹である民主主義をゆがめると懸念された（民主主義への悪影響）

生命・身体・財産の侵害（安全性、公平性）
● 例えば、AI が不適切な判断を下すことで、自動運転車が事故を引き起こし、生命及び財産に深刻な損害を与える可能性がある。このようなシナリオでは、AI の誤動作による大規模な事故リスクが懸念される
● インシデント発生時に優先順位付けを行うトリアージにおいては、AI が順位を決定する際に倫理的なバイアスを持つことで、公平性の喪失等が生じる可能性がある。医療場面のトリアージにて活用される際には、特定の人群に対して差別的な医療判断が行われることで、生命に対する脅威が発生する可能性がある

データ汚染攻撃（セキュリティ確保）

---

[6] AI 開発者、AI 提供者、AI 利用者及び業務外利用者以外の第三者を含む AI の活用によって直接・間接の影響を受ける可能性がある全ての主体（以降同様）。

14

別添 1.第 1 部関連

別添 1.第 1 部関連
AI によるリスク

● AI の学習実施時では性能劣化及び誤分類につながるような学習データへの不正データ混入、サービス運用時では、アプリケーション自体を狙ったサイバー攻撃、AI の推論結果又は AI への指示であるプロンプトを通した攻撃等もリスクとして存在する。例えば、とあるチャットボットでは、悪意のある集団による人種差別的な質問の組織的な学習により、ヘイトスピーチを繰り返し発言するようになった

ブラックボックス化、判断に関する説明の要求（透明性、アカウンタビリティ）
● AI の判断のブラックボックス化に起因する問題も生じている。とあるクレジットカードにおいて、同じ年収を有する男性及び女性に対して、女性の方が利用限度額が低いとの報告が SNS 上で広がった。この問題に対し、金融当局が調査を実施し、クレジットカードを提供した企業に対してアルゴリズムの正当性の証明を求めた。しかし、企業はアルゴリズムの具体的な機能及び動作について説明することができなかった

エネルギー使用量及び環境の負荷（人間中心）
● AI の利用拡大により、計算リソースの需要も拡大しており、結果として、データセンターが増大、そこでのエネルギー使用量の増加が懸念されている。AI 開発に使われる大量の電力使用による二酸化炭素排出量は、米国人 1 人の 1 年あたりの二酸化炭素排出量の何十倍にもなるとの指摘もある[7]。ただし、例えばエネルギー管理に AI を導入することで、効率的な電力利用も可能となる等、AI による環境への貢献可能性もある点も忘れてはならない

　なお、生成 AI で顕在化したリスクとしては、以下が挙げられる。

機密情報の流出（セキュリティ確保、教育・リテラシー）
● AI の利用においては、個人情報及び機密情報がプロンプトとして入力され、その AI からの出力等を通じて流出してしまうリスクがある。例えば、AI サービスの利用上、従業員が業務利用のため、機密情報に該当するソースコードを、業務外利用者向けの対話型生成 AI に入力してしまう事例が明らかになっている。生成 AI 系サービスでは利用障壁が下がっていることから、特に、企業のルール等が未整備の場合、企業による管理の外で、従業員が業務に業務外利用者向けの生成 AI を用い、リスクの高い使用をする恐れもある。ただし、エンタープライズグレードのセキュリティ機能が組み込まれた、ビジネス利用を想定した対話型生成 AI も存在する。企業は、特に機密情報を処理するにあたっては、代わりにそのようなサービス又はアプリケーションを使用することが推奨される

悪用（安全性、教育・リテラシー）
● AI の詐欺目的での利用も問題視されている。中でも、AI で合成された音声を利用した詐欺は急増している。とある女性に、娘の声で助けを求める電話があり、100 万ドルの身代金が要求されたものの、この声は AI を用いて生成されたものであり、誘拐を偽装した詐欺の電話であったことが判明した

ハルシネーション（安全性、教育・リテラシー）
● 生成 AI が事実と異なることをもっともらしく回答する「ハルシネーション」に関しては AI 開発者・提供者への訴訟も起きている。とあるテレビ番組の出演者が、「自身が金銭の横領で提訴されている」という偽情報を

---

[7] Stanford University, "AI Index Report 2023 – Artificial Intelligence Index", https://aiindex.stanford.edu/report/#individual-chapters

15

第Ⅱ部　AI事業者ガイドライン（第 1.0 版）別添（付属資料）

別添 1.第 1 部関連

AI によるリスク

　　　生成 AI が拡散しているのを発見。生成 AI に虚偽の告訴状まで作られたとして、当該生成 AI を開発・提供する企業を名誉毀損で提訴した

偽情報、誤情報を鵜呑みにすること（人間中心、教育・リテラシー）

- 生成 AI が生み出す誤情報を鵜呑みにすることがリスクとなりうる。例えば、米国の弁護士が審理中の民事訴訟で資料作成に生成 AI を利用した結果、存在しない判例を引用してしまったことが問題となった
- ディープフェイクは、各国で悪用例が相次いでいる。海外では、偽画像及び偽動画を使った情報操作並びに世論工作が発生している。「国防総省付近で爆発が起きた」とする生成 AI で作られた偽画像が SNS 及びインターネットで瞬く間に拡散した事例も見られた。一部の海外のメディア及び大手金融メディアを装った偽アカウントもこの情報を広げたことで、平均株価が一時 100 ドル以上下落するに至った。事件及び事故・災害等の偽情報を企業のアカウントが拡散してしまう事例も発生している

著作権との関係（安全性）

- 生成 AI の活用にあたっては、一部のステークホルダーから知的財産権の取扱いについて議論が提起されている。海外においては、アーティストの作品について、生成 AI に学習させ画像を生成した場合に、AI が学習した作品に似た画像が生成される場合があるとして、複数のアーティストが集団訴訟を起こした事例がある[8]

資格等との関係（安全性）

- 生成 AI の活用を通じた業法免許及び資格等の侵害リスクも考えうる。例えば、生成 AI が法律又は医療の相談に回答する場合、業法免許及び資格の侵害が生じ、法的問題が発生する可能性がある。このリスクを回避しようとした場合、業界全体で生成 AI の導入が遅れ、新たなサービス及び効率向上が制限される可能性もある

バイアスの再生成（公平性）

- 生成 AI は既存の情報にもとづいて回答を作るため、その答えを鵜呑みにする状況が続くと、既存の情報に含まれる偏見を増幅し、不公平及び差別的な出力が継続/拡大する可能性がある。例えば、男女差別が存在する状況のデータにもとづいて回答が作られた場合、その回答を信じる人が増えると、男女差別が固定化される危険性が高まる

　　このように、技術発展により AI 活用による便益が大きくなる一方で、従来型 AI でも現れていたリスクが生成 AI の台頭によりさらに増大傾向にある。また、生成 AI により新たに顕在化したリスクもある。加えて、多くの生成 AI サービスで利用障壁が下がったことから、意図しないリスクを伴う使われ方をする恐れもある。

---

[8] 日本においては、学習・開発段階においては著作権法 30 条の 4 にもとづき、著作物は、情報解析その他の当該著作物に表現された思想又は感情を自ら「享受」し又は他人に「享受」させることを目的としない場合には、その必要と認められる限度で、著作権者の許諾なく利用可能である。他方、生成・利用段階においては、著作権法で利用が認められている場合を除き、通常の著作権侵害と同様に、依拠性・類似性により判断される。知的財産関連法令との関係については内閣府知的財産戦略推進事務局、文化庁等での議論が進められており、今後の検討状況について留意すべきである。特に AI と著作権に関する考え方については、文化審議会著作権分科会法制度小委員会にて取りまとめており、各主体においては、その趣旨を踏まえることが重要である。

・内閣府知的財産戦略本部 https://www.kantei.go.jp/jp/singi/titeki2/index.html

・文化庁著作権分科会法制度小委員会 https://www.bunka.go.jp/seisaku/bunkashingikai/chosakuken/hoseido/

16

別添 1.第 1 部関連

AI によるリスク

　生成 AI は日々進化し、リスクに対応する技術及びアイデアも日々進歩している。しかし、生成 AI の本質的なリスクはその技術的な特性に大きく依存しており、抽象的な議論に終始しないためにも、対策を考える際には、「より良い使い方の工夫」として有効な AI ガバナンスを考えていくことが重要である。

　さらに、生成 AI のリスクは、外部環境及び技術動向により変化し、「再現性」がなくエラーの原因も特定しにくい。そのため、社会技術的な標準化、テストの妥当性、フィードバックループの確立、法的リスク及び人権リスクの再定義等が必要であり、文脈に合わせた適切な証跡を確保することも重要である。

　以上を踏まえ、AI の便益を享受しつつリスクを抑制し、AI の事業活用による競争力の強化等に繋げるため、AI ガバナンス構築の必要性が高まっている。

　なお、リスクを恐れるあまり、「リスクがゼロになるまで AI を活用しないこと」又は「完全なセーフガードを引く」ということを通じて各主体が動くことができなくなることも一種のリスクであることに留意することが重要である。

別添 2.「第 2 部 E.AI ガバナンスの構築」関連
AI によるリスク

別添 2.「第 2 部 E.AI ガバナンスの構築」関連

　別添 1.B.「AI による便益/リスク」にて述べたとおり、AI の便益を享受しリスクを抑制するためには、AI に関するリスクをステークホルダーにとって受容可能な水準で管理しつつ、そこからもたらされる便益を最大化するための、AI ガバナンスの構築が重要となる。その際、常に変化する環境及びゴールを踏まえ、最適な解決策を適用し、適切に作動しているか評価・見直し続けることが各主体に期待される。

　以下、各主体が AI ガバナンスの構築において留意する観点としての行動目標及び、実践のポイント並びに実践例を述べる。

　このうち、行動目標については、一般的かつ客観的な目標であり、社会に対して一定のリスクを与えうる AI システム・サービスの開発・提供・利用に関わる全ての主体が実施することが重要である（全体像については、「表 3. 行動目標一覧」を参照のこと）。一方で、実践のポイント及び仮想企業を想定した実践例は、各主体が置かれた個別具体的な状況及び各主体の開発・提供・利用する AI システム・サービスの目的、方法、評価の対象により、どの要素が有用であるかは異なる。そのため、実践のポイント及び実践例の採否は、各主体に委ねられる。また、採用する場合であっても、各主体の事情に応じた修正及び取捨選択の検討が期待される。

　なお、各主体内で IT、プライバシー、セキュリティのガバナンス等と連携すること及び、バリューチェーン全体で各主体間が連携することで、ステークホルダーの要求に応じた AI ガバナンス体制の整備・運営を行うことが期待される。また AI ガバナンスの構築では、アジャイル・ガバナンスに従い、仕組み、ルール、及び体制の見直しを行い、管理工数を最小化しつつ意思決定及び運用を迅速化することが重要である。AI ガバナンス及びマネジメントを適正化し、限られたリソースを効率的に活用することも期待される。

別添 2.「第 2 部 E.AI ガバナンスの構築」関連

別添 2.「第 2 部 E.AI ガバナンスの構築」関連

AI によるリスク

表 3. 行動目標一覧

分類	行動目標
1.環境・リスク分析	1-1 便益/リスクの理解
	1-2 AI の社会的な受容の理解
	1-3 自社の AI 習熟度の理解
2.ゴール設定	2-1 AI ガバナンス・ゴールの設定
3.システムデザイン	3-1 ゴール及び乖離の評価及び乖離対応の必須化
	3-2 AI マネジメントの人材のリテラシー向上
	3-3 各主体間・部門間の協力による AI マネジメント強化
	3-4 予防・早期対応による利用者のインシデント関連の負担軽減
4.運用	4-1 AI マネジメントシステム運用状況の説明可能な状態の確保
	4-2 個々の AI システム運用状況の説明可能な状態の確保
	4-3 AI ガバナンスの実践状況の積極的な開示の検討
5.評価	5-1 AI マネジメントシステムの機能の検証
	5-2 社外ステークホルダーの意見の検討
6.環境・リスクの再分析	6-1 行動目標 1-1〜1-3 の適時の再実施

19

第Ⅱ部　AI事業者ガイドライン（第 1.0 版）別添（付属資料）

別添 2.「第 2 部 E.AI ガバナンスの構築」関連
1.環境・リスク分析

A.経営層による AI ガバナンスの構築及びモニタリング

1.環境・リスク分析

行動目標 1-1【便益/リスクの理解】：
各主体は、経営層のリーダーシップの下、AI の開発・提供・利用の目的を明確化したうえで、AI から得られる便益だけではなく意図しないリスクがあることについて、各主体の事業に照らして具体的に理解し、これらを経営層に報告し、経営層で共有し、適時に理解を更新する。

[実践のポイント]
　　各主体は、経営層のリーダーシップの下、以下に取り組む。
- 事業における価値の創出、社会課題の解決等の AI の開発・提供・利用の目的を明確に定義
- 自社の事業に結びつく形で、「便益」及び意図せざるものを含めた「リスク」を具体的に理解
- その際に、回避すべき「リスク」及び複数主体にまたがる論点に留意し、バリューチェーン/リスクチェーン全体で便益を確保、リスクを削減
- 迅速に経営層に報告/共有する仕組みを構築

　　「リスク」としては、具体的には以下のようなものが挙げられ、これらのリスクに起因して、レピュテーションの低下及び法令違反を理由とした制裁金並びに損害賠償責任の負担等による損失が生じる可能性もある。リスクについての詳細は、別添 1.「B.AI による便益/リスク」を参照いただきたい。
- AI 全般に共通するリスク
  - ➢ バイアスのある結果及び差別的な結果の出力、フィルターバブル・エコーチェンバー、偽情報、不適切な個人情報の取扱い、データ汚染攻撃、ブラックボックス化、機密データの漏洩、AI システム・サービスの悪用、エネルギー使用量及び環境の負荷、バイアスの再生成　等
- 生成 AI により顕在化したリスク
  - ➢ ハルシネーション、誤情報を鵜呑みにすること、著作権等の権利及び資格との関係　等
- 組織・管理に起因するリスク
  - ➢ 製品又はサービスに AI が含まれていることの不認識、ガバナンスにおける AI に関する考慮不足、環境認識又は計画等が不足したことによる不適切、偏在的な AI の活用、仕事の棲み分け、人間とAI との間の関係性の整理不足　等

　　なお、バリューチェーン/リスクチェーン全体での便益の確保、リスクの削減に努めるために重要な複数主体にまたがる論点として、例えば、以下のものが挙げられる。
- 主体間、又は主体内の責任分配
- AI システム・サービス全体の品質向上
- 各 AI システム・サービスが相互に繋がることによる新たな価値の創出の可能性（System of Systems）
- AI 利用者・業務外利用者のリテラシー向上

　　また、経営層への報告・共有については、自社/組織の特性に応じて最も適した仕組みを設計することが期待されるが、例えば、以下のような方法が考えられる。

20

別添 2.「第 2 部E.AIガバナンスの構築」関連

別添 2.「第 2 部 E.AI ガバナンスの構築」関連

1.環境・リスク分析

- 取締役会に対して責任を負う AI ガバナンスに関する社内組織（AI 倫理委員会、AI 倫理審査委員会等）を設置
- AI ガバナンスに関する取組状況を、取締役会において報告
- 自社/組織にとっての AI 活用の便益/リスクを整理した資料の文書化、回覧
- 社内で活用しているガバナンスフレームワークへの反映　等

[実践例]

【実践例 i：便益・リスクの把握】

　　各主体は、経営層のリーダーシップの下（担当役員又は現場に一任するのではなく、経営層自らが主導することを通じて実施することも含む、以下同様）、便益だけではなくリスクについても検討し、その検討結果を経営層で共有するとともに、適時に理解を更新することが重要となる。

　　便益は既知と思われるが、当社は、独立行政法人情報処理推進機構（IPA）がまとめている「AI 白書」[9]のような包括的・網羅的な解説書等を用いて AI 技術がもたらしうる便益を改めて整理した。

　　また当社は、これから開発・提供・利用しようとしている AI システム・サービスと同じ又は類似の機能及び分野においてインシデントが過去に起きていないか、あるいは、過去に起きていないとしてもインシデントが起きる具体的な可能性が指摘されていないかについて調査した。インシデント情報は様々な文書及びインターネットから入手することができる。当社は、日本での開発・提供・利用のみを予定しているため、日本で共有されている情報の収集から始めた。その際、消費者庁の「AI 利活用ハンドブック〜AI をかしこく使いこなすために〜」から参照した[10]。例えば、チェックポイントに「AI が音声を誤認識してしまい、間違えた指示をしたり、普段の会話情報が収集されたりしてしまう可能性があります。」が挙げられているが、これは潜在的なインシデントを業務外利用者の視点から表現したものである。

　　また、インシデント及び将来起きうることに言及した AI に関する書籍も充実している。日本ディープラーニング協会（JDLA）の G 検定は倫理的事項も対象としており、この検定の一環としてインシデントに関する情報を得ることができる。「プロファイリングに関する最終提言」では、いくつかのケースがわかりやすく解説されている[11]。さらに、当社では、AI システム・サービスに対する社会的受容が国・地域毎に異なりうることを認識しつつも、後述する「コラム 1：インシデントの共有」で挙げられているインシデントデータベースも参考にした。これまでの分析では、個人情報の取扱い、公平性、安全性に関するものが多いことがわかっている。なお、個々の具体的な AI システム・サービスの便益/リスク分析は、行動目標 3-1 の乖離評価時に行う予定である。

【実践例 ii：AI の活用範囲が広い場合のフレームワークを活用したリスクの把握】

　　当社は、開発・提供・利用している AI システム・サービスの分野が多様であることから、実践例 i に加え、社会的に影響を及ぼしたインシデント及び影響が生じる可能性が指摘されている将来的課題について、その全体像を把握するために、一般的なフレームワークに照らしながら、大まかに整理している。当社では、OECD における分類フレームワーク[12]を参照しつつ、独自のフレームワークを作成し使用している。OECD における分類フレームワ

---

[9] AI 白書編集委員会「AI 白書 2023」（2023 年 5 月）

[10] 消費者庁「AI 利活用ハンドブック〜AI をかしこく使いこなすために〜」（2020 年 7 月）、
https://www.caa.go.jp/policies/policy/consumer_policy/meeting_materials/review_meeting_004/ai_handbook.html

[11] パーソナルデータ＋α 研究会「プロファイリングに関する最終提言」（2022 年 4 月）, https://wp.shojihomu.co.jp/wp-content/uploads/2022/04/ef8280a7d908b3686f23842831dfa659.pdf

[12] OECD, "OECD Framework for the Classification of AI Systems: a tool for effective AI policies",
https://oecd.ai/en/classification

21

第Ⅱ部　AI事業者ガイドライン（第1.0版）別添（付属資料）

別添 2.「第 2 部 E.AI ガバナンスの構築」関連
1.環境・リスク分析

ークのうち、環境・リスク分析に概ね対応する Economic Context の章では、OECD の AI 原則及び産業分野の関係性、ビジネス用途、ステークホルダー、影響の範囲等の視点から一般的なフレームワークが提示されている。これらの分類はリスクを大まかに理解するための補助的ツールにすぎないことに留意しつつ、現在、自社のフレームワークへの反映を検討している。なお、個々の具体的な AI システム・サービスの便益/リスク分析は、行動目標 3-1 の乖離評価時に行う予定である。

【実践例 iii ： AI の活用範囲が広い場合の複数主体と連携した便益/リスクの把握】
　　当社は、AI システム・サービスの開発・提供・利用の範囲が広く、インシデントが生じると社会に大きな影響を与えることを自覚している。そのため、AI の便益/リスクについては、自社が直接関与した経験及び同業他社、場合によっては他の業界の経験から得られた情報を組み合わせることで、より有用性の高い分析が可能であると考え、文理横断的な社内勉強会等で分析を行っている。そして、この分析を一定の頻度で継続することで、インシデントが起きる前であっても、適時に AI ガバナンス・ゴールの見直しについて検討できるようにしている。

【実践例 iv ： 把握した便益/リスクの社内共有】
　　当社では、AI システム・サービスの開発・提供・利用の範囲が広く、その影響が社会全体に及ぶことを認識している。よって、AI の便益及びリスクについては、社内での共有が重要であると考え、以下の手順を踏んでいる。
　　まず、得られた情報及び分析結果をまとめ、社内の関係者に対して資料を文書化し、回覧している。この文書は関係者からのコメント及びフィードバックを受け付けており、積極的な意見交換が行われている。具体的には、社内勉強会及びワークショップを通じて、関連部門の担当者及び関心を持つメンバーとディスカッションを行い、異なる視点からの意見を取り入れている。
　　また、社内において、AI ガバナンスに関する取組及び進捗については、専任の責任者が指名され、取締役会での報告を行っている。これにより、経営層との効果的なコミュニケーションが促進されている。
　　これらの社内共有の仕組みを通じて透明性が確保され、組織全体が AI の便益を最大限に享受し、同時にリスクを適切にコントロールできる環境を構築している。

【実践例 v ： 生成 AI への対応】
　　直近では生成 AI も台頭しており、自社にとっても機会であるととらえている。自社の業務に活用するにあたり、JDLA の発行する「生成 AI の利用ガイドライン」[13]に沿って、自社内での利用ガイドラインの策定を行っている。併せて、個人情報保護委員会の「生成 AI サービスの利用に関する注意喚起等」等の行政からの情報発信も確認している。また、ニュース及び SNS 等を通じ生成 AI に関する情報の収集も欠かせない。これらを通じて、便益及びリスクの最新動向の把握に努めている。

---

[13] 一般社団法人日本ディープラーニング協会「生成 AI の利用ガイドライン第 1.1 版」（2023 年 10 月），
https://www.jdla.org/document/#ai-guideline

22

別添 2. 「第 2 部 E.AI ガバナンスの構築」関連
1.環境・リスク分析

コラム 1：インシデントの共有

　AI システムの開発及び運用に伴うリスクについては過去のインシデントに学ぶ部分が多い。AI システムはデータセットにもとづいて帰納的に構築され、そのリスクには意図していないものも多いことから、リスクを低減するためには過去のインシデントを理解することが有効である。インシデント事例は、一般的にはニュース及び論文等の公開情報から得ることになるが、必要な情報にアクセスすることは簡単なことではない。

　このアクセス性の課題に対応するために、Partnership on AI は、2020 年 11 月に The AI Incident Database（AIID）[14]をリリースした。AIID には 2,000 以上のインシデントが URL リンク付きで掲載されており、検索用のアプリも提供されている。Partnership on AI 以外にも、GitHub 上で AI Incident Tracker が公開されている[15]。また、OECD も、OECD AI Incidents Monitor（AIM）[16]をリリースした。AIM では、インシデントとして、世界のニュースを監視しており、ニュースインテリジェンスプラットフォームである Event Registry から提供された毎日 150,000 件を超える英語記事が掲載に向け分析されている。

　他方で、このようなデータベースを持続的に整備することは課題であるようだ。AIID のインシデント事例は学者らが提供した初期リストがほとんどであるという。AI の提供が進み情報が増加する中、重要な情報を中心に蓄積していくことも課題であるという。また、公開情報になっていない各社のヒヤリ・ハットはそれ自体が重要な経験であって各社の知的財産となる場合もあることから、インシデント事例を積極的に集めて共有財産とすることは容易ではないという指摘もある。

---

[14] Partnership on AI, "AI Incident Database", https://incidentdatabase.ai/
[15] jphall663, "awesome-machine-learning-interpretability", https://github.com/jphall663/awesome-machinelearning-interpretability/blob/master/README.md#ai-incident-tracker.
[16] OECD, "OECD AI Incidents Monitor （AIM）", https://oecd.ai/en/incidents

第Ⅱ部　AI事業者ガイドライン（第1.0版）別添（付属資料）

別添 2.「第 2 部 E.AI ガバナンスの構築」関連
1.環境・リスク分析

行動目標 1-2【AI の社会的な受容の理解】：
各主体は、経営層のリーダーシップの下、AI の本格的な開発・提供・利用に先立ち、ステークホルダーの意見に
もとづいて、社会的な受容の現状を理解することが期待される。また、AI システム・サービスの本格的な開発・提
供・利用後も、外部環境の変化を踏まえ、適時にステークホルダーの意見を再確認することが期待される。

[実践のポイント]
　　各主体は、経営層のリーダーシップの下、以下に取り組む。

● 　ステークホルダーを特定
● 　特定した上で、社会的な受容の理解に努め、AI を開発・提供・利用
● 　提供開始後も、急速に変化する外部環境を考慮し、必要に応じて適時にステークホルダーの意見を再確
　　認

　　ステークホルダーの特定は、提供する AI がライフサイクル全体を通じて個人、組織、地域社会、社会、地球
環境に及ぼす便益、リスクを検討したうえで実施する。なお、想定したステークホルダーよりも範囲が大きくなる可
能性が高い点に留意することが期待される。例えば、OECD の分類フレームワークでは、ステークホルダーとして以
下の者が挙げられている。

● 　各主体に所属する者
● 　業務外利用者
● 　企業（business）
● 　政府機関
● 　研究機関
● 　科学者/研究者
● 　市民団体
● 　子ども、その他の社会的弱者、集団　等

　　社会的な受容の理解には、以下のような情報を参照することが有用である。

● 　公的文書、学術調査　等
　　➢ 　政府及びシンクタンクが公表しているアンケート
　　➢ 　研究論文
　　➢ 　AI システム・サービスに対する市民団体からの意見
　　➢ 　AI 倫理及び品質に関するセミナー並びにカンファレンス
● 　最新のニュース
　　➢ 　インシデント事例の調査
　　➢ 　SNS・ブログ・掲示板・報道等での業務外利用者を含むステークホルダーの反応

　　組織の外部環境としては、例えば「ISO/IEC23894:2023」[17]では、以下が挙げられている。

● 　社会的、文化的、政治的、法律的、規制的、金融的、技術的、経済的、環境的要因
　　➢ 　AI に関するものを含む関連法令
　　➢ 　政府、市民社会、学会、業界団体等が発行する AI に関するガイドライン

---

[17] ISO, "ISO/IEC 23894:2023（Information technology-Artificial intelligence-Guidance on risk management）"（2023 年 2 月）

24

別添 2.「第 2 部E.AIガバナンスの構築」関連

別添 2.「第 2 部 E.AI ガバナンスの構築」関連

1.環境・リスク分析

> 分野別のガイドライン、フレームワーク　等
● 組織のゴールに影響を与える要因及び傾向
> AI の各分野における技術動向・進歩
> 社会科学的な指針における整理を含む AI システム導入の社会的・政治的な意義
● ステークホルダーの関係、認識、価値観等
● 契約関係及びそれに対するコミットメント
● AI システム間の連携及び依存関係の複雑性　等

また、ステークホルダーの意見の再確認のためには、以下の方法が有効である。
● ステークホルダーからの直接フィードバック
● AI の有識者による自社 AI マネジメントシステム及び運用に対する評価

[実践例]

【実践例 i: 社会的受容の理解】

　当社では、政府、公的機関、シンクタンク等が公表している業務外利用者に対するアンケートを最初の手がかりに、社会的受容の理解に努めた。例えば、消費者庁は、「消費者のデジタル化への対応に関する検討会 AI ワーキンググループ」において、「①消費者の AI に関する理解の状況、②消費者による AI への期待及び課題、利用意向、③消費者が利用している AI 提供サービス（どのようなリスクを抱えているか）、④AI のサービスに係るリスク」に関し、どの程度認識・理解して活用しているかについて、アンケート調査を実施し、その結果を公表している。当社は、国際的な展開も考えていることから、海外の業務外利用者のアンケート調査も参考にした。さらには、AI システム・サービスに対する市民団体の意見も参考にした。

　ここで得られた社会的な受容に関する情報は、AI ガバナンスの全体的な設計の際に用いられることになるため、経営層が意思決定できるように、枝葉をそぎ落として、幹となる情報を抽出することが求められる。当社では、行動目標 1-1 で得られた情報及び分析を活用しながら、様々な AI システム・サービスを、いかなる説明をしても社会的に理解が得られる水準に達していない可能性が高い用途、積極的かつ十分に説明することで社会的に理解が得られる可能性が高い用途、必要に応じて説明することで社会的に理解が得られる可能性が高い用途、業務外利用者にリスクを与える可能性が低い用途等、リスクの大きさにしたがって区分する等して、リスクベースで社会的受容を整理している。

【実践例 ii：外部セミナー等を活用した社会的受容の理解】

　当社では、実践例 i に加えて、大学及び産業団体が開催する AI 倫理及び品質に関するセミナー並びにカンファレンスに担当者を積極的に派遣している。最近では、これらのセミナー等がウェビナー形式で開催されることも多く、以前よりも効率的に情報が得られるようになってきた。海外のウェビナーにアクセスすれば、AI 倫理及び品質の国際的な動向を把握することも可能である。

【実践例 iii：ステークホルダーを通じた社会的受容の理解】

　これまで当社では実践例 i、ii の手法を採用してきたが、AI システム・サービスを本格的かつ広範に開発・提供・利用していることから、当社が適切に AI を利用することに対するステークホルダーからの期待が比較的高いと理解している。そのため、経営層のリーダーシップの下、ステークホルダーの意見を間接的・受動的に把握するのではなく、直接的・積極的に把握するという方針に切り替えた。

25

第Ⅱ部　AI事業者ガイドライン（第1.0版）別添（付属資料）

別添 2.「第 2 部 E.AI ガバナンスの構築」関連

1.環境・リスク分析

　この新しい方針の下、当社では、AI の社会的受容の事情に詳しい有識者を招聘し AI ガバナンスに関する外部有識者等を含む会議体を定期的に開催している。当社の AI マネジメントシステム及び運用に対する評価結果を得るだけではなく、AI に対する一般的な社会的受容等、当社が置かれた環境への理解を深めるためにも、この会議体を活用している。また、実践例 i、ii で得られる一般的な情報と比較して、会議体で得られる情報は当社向けに深掘りされたものであり、かつ、広く知られていない情報であることが多いという特徴があると認識している。そして、この会議体で得られた情報及び実践例 i、ii で得られた一般的な情報を組み合わせて、社会的な受容についてリスクベースで精緻に分析している。分析結果は会議体の運営層で整理され、運営層から経営層（業務執行担当）に報告している。

別添 2.「第 2 部 E.AI ガバナンスの構築」関連

別添 2.「第 2 部 E.AI ガバナンスの構築」関連
1.環境・リスク分析

行動目標 1-3【自社の AI 習熟度の理解】：
各主体は、経営層のリーダーシップの下、行動目標 1-1、1-2 の実施を踏まえ、活用しようとする AI の用途、自社の事業領域及び規模等に照らしてリスクが軽微であると判断した場合を除き、自社の AI システム・サービスの開発・提供・利用の経験の程度、AI システム・サービスの開発・提供・利用に関与するエンジニアを含む従業員の人数及び経験の程度、当該従業員の AI 技術及び倫理に関するリテラシーの程度等にもとづいて、自社の AI 習熟度を評価し、適時に再評価する。可能であれば、合理的な範囲でその結果をステークホルダーに公開することが期待される。リスクが軽微であると判断し、AI 習熟度の評価をしない場合には、評価しないという事実をその理由とともにステークホルダーに公開することが期待される。

[実践のポイント]

各主体は、経営層のリーダーシップの下、以下に取り組む。

● 各主体の事業領域及び規模等に照らして AI 習熟度の評価の必要性を検討

● 必要であると判断した場合、AI のリスクへの対応力を見える化し、AI 習熟度（AI システム・サービスの開発・提供・利用時に求められる準備がどれだけできているのか）を評価する

  ➢ 可能であれば、合理的な範囲でその結果をステークホルダーに公開

● 必要ではないと判断した場合、可能であれば、合理的な範囲でその事実を、理由とともにステークホルダーに公開

AI システム・サービスによる効率化等に成功した場合は、人材不足の解消、生産性の向上、高付加価値事業の開発等ビジネスにとって便益をもたらしうる。一方で、野放図な AI システム・サービスのビジネス提供は、意図せずして、公平性が損なわれたり、安全性の問題が生じたりする等、AI 特有のリスクも伴う。したがって、各主体は、これらの AI 導入の負の側面とも言うべきリスクを把握した上で、AI 導入にとりかかることが求められ、そのために AI 習熟度の評価が重要となる。

AI 習熟度を評価するためには、以下のガイドラインの活用が有用である。なお、いずれのガイドラインについても、生成 AI 活用の進展を含めた環境変化を踏まえて見直される可能性があるため、最新の状況を確認することが期待される。

● 日本経済団体連合会「AI 活用による Society 5.0 for SDGs の実現に向けて」（2023 年 6 月）に掲載のガイドライン[18]

● 一般社団法人日本ディープラーニング協会が実施する検定試験

  ➢ Generative AI Test[19]

  ➢ JDLA Deep Learning For GENERAL（G 検定）[20]

● NIST, "Artificial Intelligence Risk Management Framework"（AI RMF 1.0）[21]

[実践例]

---

[18] 日本経済団体連合会「AI 活用による Society 5.0 for SDGs の実現に向けて」（2023 年 6 月），
https://www.keidanren.or.jp/policy/2023/041.html
[19] 一般社団法人日本ディープラーニング協会「Generative AI Test」, https://www.jdla.org/document/#ai-guideline JDLA
https://www.jdla.org/certificate/generativea
[20] 一般社団法人日本ディープラーニング協会「G 検定とは」, https://www.jdla.org/certificate/general/
[21] NIST, "Artificial Intelligence Risk Management Framework（AI RMF 1.0）",
https://nvlpubs.nist.gov/nistpubs/ai/NIST.AI.100-1.pdf

27

第Ⅱ部　AI事業者ガイドライン（第1.0版）別添（付属資料）

別添 2.「第2部 E.AI ガバナンスの構築」関連
1.環境・リスク分析

【実践例 ⅰ：「AI 活用による Society 5.0 for SDGs の実現に向けて」（2023 年 6 月）に掲載のガイドラインを活用した習熟度の評価】

　　当社では、AI システム・サービスの開発・提供・利用の際に、便益だけに気をとられてリスクへの配慮が不足して、結果として AI システム・サービスの導入によりステークホルダーが大きなダメージを被ったりすることのないように、経営層のリーダーシップの下、自社の AI 習熟度を評価し、適時に再評価している。

　　AI 習熟度の評価には、日本経済団体連合会の「AI 活用による Society 5.0 for SDGs の実現に向けて」（2023 年 6 月）に掲載のガイドラインを用いている。その理由は、自社の AI システム・サービスが社会に与える便益/リスクの大きさ及び関連するステークホルダー[22]の広がりが、自社の AI 習熟度に相応しているか否かについて評価するためである。そして当社は、AI 習熟度を AI ガバナンス・ゴールの検討を含む、AI ガバナンス全体の検討に役立てている。

【実践例 ⅱ：「AI 活用による Society 5.0 for SDGs の実現に向けて」（2023 年 6 月）に掲載のガイドラインを参照しつつ、独自の指標を用いた習熟度の評価】

　　当社は、AI ガバナンスの検討の取組を本格的に始めたばかりである。したがって、AI 習熟度の評価として、「AI 活用による Society 5.0 for SDGs の実現に向けて」（2023 年 6 月）に掲載のガイドラインを参照しつつ、その中から数項目を選択し、自社の AI ガバナンスに適した独自の指標を作成している。当該指標を用いて評価をして、その結果を用いて自社内に現在の AI ガバナンスの制度及び仕組みを浸透させ、今後より多くの項目を用いて AI 習熟度を図るよう計画を立てている。

【実践例 ⅲ：生成 AI に関する習熟度の評価】

　　直近では生成 AI も台頭しており、その影響も盛り込むため、JDLA の発行する「生成 AI の利用ガイドライン」[23]を活用し、生成 AI の要素も踏まえた習熟度評価を行っている。なお、「AI-Ready 化ガイドライン」についても生成 AI を踏まえた更新が予定されていると聞いているため、更新がされた場合には、それをもとに再度検討を行うことを予定している。

---

[22] AI 開発者、AI 提供者、AI 利用者及び業務外利用者を含む AI の活用によって直接・間接問わず AI の活用に関与する主体
[23] 一般社団法人日本ディープラーニング協会「生成 AI の利用ガイドライン第 1.1 版」（2023 年 10 月），
　　https://www.jdla.org/document/#ai-guideline

28

別添 2.「第 2 部 E.AI ガバナンスの構築」関連
2.ゴール設定

2.ゴール設定

行動目標 2-1【AI ガバナンス・ゴールの設定】：
各主体は、経営層のリーダーシップの下、AI システム・サービスがもたらしうる便益/リスク、AI システム・サービスの開発・提供・利用に関する社会的受容、自社の AI 習熟度を考慮しつつ、AI ガバナンス・ゴールの設定に至るプロセスの重要性にも留意しながら、自社の AI ガバナンス・ゴール（例えば AI ポリシー）を設定するか否かについて検討し、設定する。また、設定したゴールについてはステークホルダーに対して公開することが期待される。潜在的なリスクが軽微であることを理由に AI ガバナンス・ゴールを設定しない場合には、設定しないという事実をその理由とともにステークホルダーに公開することが期待される。本ガイドラインおける「共通の指針」が十分に機能すると判断した場合は、自社の AI ガバナンス・ゴールに代えて当該「共通の指針」をゴールとしてもよい。
なお、ゴールを設定しない場合であっても、本ガイドラインの重要性を理解し、行動目標 3 から 5 に係る取組を適宜実施することが期待される。

[実践のポイント]
各主体は、経営層のリーダーシップの下、以下に取り組む。
- 各主体の「AI ガバナンス・ゴール」を設定するかを検討
  - 各自の規模及び取扱う AI のリスクに応じて柔軟に設定
- 必要であると判断した場合、ゴールを設定する
  - 可能であれば、合理的な範囲で当該ゴールをステークホルダーに対して公開する
- 必要ではないと判断した場合、可能であれば、合理的な範囲でその事実を、理由とともにステークホルダーに公開

「AI ガバナンス・ゴール」の構成要素としては、以下が考えられ、代表例も様々な文献で紹介されている。
- 本ガイドラインに記載の「共通の指針」への対応事項からなる自社の取組方針（「AI ポリシー」等呼称は各自により相違して良い）
- 「共通の指針」への対応事項に加え、プライバシーに関するデータ活用の指針等を取りまとめたプライバシーポリシー　等
- AI 活用により包摂性向上等の便益を高めるためのポリシー
- リスクへの許容度

加えて、外部公開を想定する「AI ガバナンス・ゴール」を作成する段階で、社員の意識向上のためにも、非公開で社員用の行動基準を定め、社内（特に実務担当者）に周知することも有用である。

また、本ガイドラインに記載の「共通の指針」は、「AI ガバナンス・ゴール」としても活用が可能であり、各主体独自の AI ガバナンス・ゴールを設定する場合でも、「共通の指針」の内容を参考にすることが期待される。「AI ガバナンス・ゴール」を「共通の指針」をもとに整理した場合、生じうる「リスク」も「共通の指針」に紐付けて整理することで、「共通の指針」にもとづいたリスクの評価も可能となる。

なお、「AI ガバナンス・ゴール」の設定にあたっては、以下の事項にも留意する。

29

別添 2.「第 2 部 E.AI ガバナンスの構築」関連

2.ゴール設定

- 各主体の存在意義、理念・ビジョンといった経営上のゴールに沿って「AI ガバナンス・ゴール」及び AI の活用目的といった AI に関するゴールを検討することで、それぞれに矛盾が生じたり、相反しないこと
- 各主体の存在意義、理念・ビジョンといった経営上のゴールと、これと整合した AI に関するゴールについては、「AI ガバナンス・ゴール」にもとづく PDCA サイクルを組織マネジメントに落とし込む際に併せて伝達していくこと
- ステークホルダーを見極めることで、ステークホルダーから期待されるインパクト及びステークホルダーが懸念するリスクを検討し、これと齟齬のないようにすること

[実践例]

【実践例 ⅰ：AI ガバナンス・ゴールを設定しない場合】

　当社は、AI システムの開発を始めて間もなく、当面は社会に対する潜在的なリスクが軽微な用途の AI システム・サービスのみを取扱う予定である。そのため、当社は AI ガバナンス・ゴールを設定していないが、潜在的なリスクが軽微とは言えない用途まで事業範囲を拡大する際には、AI ガバナンス・ゴールの設定について検討するつもりである。もちろん、検討内容を記録し、AI ガバナンス・ゴールを設定しない理由等をステークホルダーに説明できるようにしている。

【実践例 ⅱ：小規模な事業者における AI ガバナンス・ゴールの設定】

　当社は、AI システムの開発を始めて間もないものの、自社の開発する AI システムのリスクは軽微ではないため、AI ガバナンスへの取組を始めることとした。しかし、従業員数も少ないため、AI ガバナンス担当者等を特別に設定することは難しい。よって、経営者にて、自社の経営理念とも紐付けた「自社としての AI 開発の在り方」を描いた上で、現場担当者に共有した。その後、経営層及び従業員で、実際に起きたインシデントについても共有しながら、「自社としての AI 開発の在り方」のブラッシュアップ及び全社としての目線合わせを行った。結果として、A4 一枚程度の内容ではあるものの、これを自社の AI ガバナンス・ゴールとすることとした。

【実践例 ⅲ：各部門を巻き込んだ AI ガバナンス・ゴールの設定】

　当社は事業ポートフォリオが多様であり、部門毎に AI 技術への関わり方が異なる。また、それぞれが独立しているカンパニー制を採用していることから、各部門が単一の AI ガバナンス・ゴールに合意することは容易ではない。そのため、現時点では本ガイドラインの「共通の指針」を尊重することとし、それと並行して AI に関する全社的な研修の一部に AI 倫理及び品質を追加することで AI 倫理及び品質に対する理解を高めていくことを狙っている。さらに AI 相談窓口を社内に設置して、各部門からの事例集めを行っている。対外的には動きが遅く見えるかもしれないが、AI ガバナンス・ゴールの合意に向けたプロセスに価値があると考えている。なお、主体全体の AI ガバナンス・ゴールを設定する手前の段階で、AI システム・サービスを開発・提供・利用する部門毎の AI ガバナンス・ゴールの必要性及び内容を検討することもありうると考えている。

【実践例 ⅳ：ステークホルダーを巻き込んだ AI ガバナンス・ゴールの設定】

　当社は、AI システム・サービスの開発・提供・利用に加え、他の主体の支援にも豊富な経験を有し、潜在的なリスクが軽微ではないと見られている用途向けの AI システム・サービスも開発・提供・利用している。これまで自社で開発した AI システム・サービス及び、他社に提供した AI システム・サービスから重大なインシデントが発生したことはないが、当社が提供する AI システム・サービスの用途の中には社会的な受容が定まっていないものも多いと理解している。そこで当社は、ステークホルダーとのコミュニケーションの強化を図るために AI ガバナンス・ゴール

30

別添 2. 「第 2 部 E.AI ガバナンスの構築」 関連
2.ゴール設定

を設定し、公表している。ステークホルダーが当社のポリシーを理解しているため、AI システム・サービスを開発する担当者及びステークホルダーが AI 技術に対する基本姿勢を共有でき、コミュニケーションが円滑になったと評価されている。

第Ⅱ部 AI事業者ガイドライン（第1.0版）別添（付属資料）

別添 2.「第 2 部 E.AI ガバナンスの構築」関連
3.システムデザイン（AI マネジメントシステムの構築）

3.システムデザイン（AI マネジメントシステムの構築）

行動目標 3-1【ゴール及び乖離の評価、並びに乖離対応の必須化】：
各主体は、経営層のリーダーシップの下、各主体の AI の AI ガバナンス・ゴールからの乖離を特定し、乖離により
生じる影響を評価した上、リスクが認められる場合、その大きさ、範囲、発生頻度等を考慮して、その受容の合
理性の有無を判定し、受容に合理性が認められない場合に AI の開発・提供・利用の在り方について再考を促
すプロセスを、AI マネジメントシステム全体、及び AI システム・サービスの設計段階、開発段階、利用開始前、
利用開始後等の適切な段階に組み込むことが期待される。経営層は、再考プロセスについて基本方針等の方
針策定、運営層はこのプロセスの具体化を行うことが重要である。そして、AI ガバナンス・ゴールとの乖離評価に
は対象とする AI の開発・提供・利用に直接関わっていない者が加わるようにすることが期待される。なお、乖離
があることのみを理由として AI の開発・提供・利用を恣意的に不可とする対応は適当ではない。そのため、乖離
評価はリスクを評価するためのステップであり、改善のためのきっかけにすぎない。

[実践のポイント]
　　各主体は、経営層のリーダーシップの下、以下に取り組む。
● 　現状の AI システム・サービス及び「AI ガバナンス・ゴール」からの乖離を特定・評価
● 　リスクが認められる場合、その受容の合理性の有無を判定
● 　受容に合理性が認められない場合、開発・提供・利用の在り方を再考／再考するためのプロセス[24]の開
　　発・提供・利用の適切な段階及び各主体内の組織における意思決定プロセスへの組み込み
● 　上記は経営層がリーダーシップを取って、その意思決定に責任を持ち、運営層が具体化した上で、継続的
　　に実施
　　➤ 　AI ガバナンス、組織マネジメント及びプロジェクトマネジメントの仕組みを構築する責任は、運用責任
　　　　と等しく重たいことを認識し取り組む
● 　各主体内での認識の醸成を行うため、決定した乖離評価項目を各主体内で共有
　　➤ 　提供する AI の内容に応じて、各主体間で連携をして乖離評価を実施

　　なお、場合によっては外部の有識者の知見を活用しながら、自社の状況及び AI システム・サービスのリスクの
程度に合わせ以下のような資料を参考に、乖離評価（AI システムが設計されたとおりに機能し、予測、推論等
のタスクをどれだけ正確に実行できるかを測定する）プロセスを構築することが期待される。
● 　行動目標 3-1-1 で述べるような各業界の標準的な乖離評価プロセス
● 　NIST, "Artificial Intelligence Risk Management Framework（AI RMF 1.0）"
● 　OECD, "FRAMEWORK FOR THE CLASSIFICATION OF AI SYSTEMS"
● 　Alan Turing Institute, Human Rights, Democracy, and the Rule of Law Assurance
　　Framework for AI Systems

　　「ISO/IEC 42001」においては、経営層のリーダーシップの下、AI マネジメントシステムと組織のビジネスプロセス
を確実に統合させることが重要である旨が述べられており、具体的に以下の事項が期待されている
● 　AI マネジメントシステムに十分なリソースを確保すること

---

[24] 開発用語では一般的に、CI（Continuous Integration）や、CD（Continuous Delivery）等と呼ばれている。

32

別添 2. 「第 2 部 E.AI ガバナンスの構築」関連

別添 2.「第 2 部 E.AI ガバナンスの構築」関連
3.システムデザイン（AI マネジメントシステムの構築）

● 効果的な AI マネジメントの重要性及び AI マネジメントシステムの要件に適合することの重要性を各主体内で伝えること
● AI マネジメントシステムが意図した AI ガバナンス・ゴールを達成できるようにすること
● AI マネジメントシステムの有効性に貢献する人材を指揮・支援すること
● 継続的な改善を促進すること
● その他、関連する主体への支援を実施し、各自の責任分野においてリーダーシップを発揮すること

[実践例]
【実践例 i：小規模な事業者の乖離評価プロセス】
　当社は小規模企業であり、技術担当役員及び開発担当者の距離が近く、プロジェクト数がそれほど多くないこともあり、技術担当役員は全てのプロジェクトを十分に把握できている。技術担当役員は、本ガイドラインの「共通の指針」からの乖離を評価するための観点を設定し、開発担当者に対し、全ての AI システム開発プロジェクトについて、実務上可能な限り早い段階に、観点毎に乖離を特定し、乖離により生じる影響を評価し、技術担当役員に報告するように指示している。そして、技術担当役員は、開発担当者以外の者も加えた開発担当者との会議において、開発担当者の報告内容にもとづき、乖離により生じる影響を改めて評価し、リスクがある場合には、その受容の合理性の有無を判定し、受容に合理性が認められない場合に AI の提供の在り方について再考することとしている。
　このプロセスの運用にあたっては、行動目標 3-1-1 にしたがって、当社が属する業界における標準的な乖離評価及び本ガイドラインを参考にしている。

【実践例 ii：多数の部門を有する事業者のプロジェクト毎の乖離評価プロセス】
　多数の部門を有する当社は、AI ガバナンス担当役員を決め、この役員の下に AI ガバナンスに関する委員会を設置している。この委員会は、特定の AI システム・サービスの開発・提供・利用プロジェクトを担当する者以外から構成されており、本ガイドラインの「共通の指針」を踏まえて当社が策定した AI ポリシーからの乖離評価をプロジェクト毎に実施することを任務としている。具体的には、AI ポリシーにもとづいた評価リストを作成し、AI システム・サービスの開発・提供・利用について当該評価リストを用いて乖離を特定し、乖離により生じる影響を評価し、リスクがある場合、その受容の合理性の有無を判定し、受容に合理性が認められない場合に AI の開発・提供・利用の在り方を再考するよう、プロジェクト担当者に促すこととしている。乖離評価のためのリストについては、行動目標 3-1-1 にしたがって、当社が属する業界における標準的な乖離評価及び本ガイドラインを参考にしながら作成しているが、実際のプロジェクトを選定し、経営層がプロジェクト担当者に伴走することで、リストの精緻化及び運用の定着化を図る工夫もしている。なお、AI ガバナンスに関する委員会では、プロジェクト担当者に対し、その再考の結果を報告するよう求めることとし、その報告内容の合理性に懸念がある場合には、AI ガバナンス担当役員からプロジェクトを所管する役員にその旨を通知し、適宜調整を図ることとしている。
　なお、AI システム・サービスに伴うリスクは、用途、範囲、活用態様によって大きく異なり、プロジェクトを推進している担当者がその性質及び程度を最もよく知っているとも考えられることから、潜在的なリスクが軽微であることが明らかな場合に経営層がプロジェクト会議に同席して簡素な乖離評価とする等、厳格な乖離評価を一律に求めない運用も考えられる。しかし、現時点では乖離及びリスクを評価するためのノウハウがまだ当社内に十分蓄積されていないこともあり、AI ガバナンスに関する委員会による一律の乖離評価を全てのプロジェクトが通過すべき必須のゲートとし、今後の経過を見ることとしている。

33

第Ⅱ部　AI事業者ガイドライン（第 1.0 版）別添（付属資料）

別添 2.「第 2 部 E.AI ガバナンスの構築」関連
3.システムデザイン（AI マネジメントシステムの構築）

【実践例 iii：各主体間で連携をした乖離評価プロセス】

　　乖離評価のプロセスは、複数社によって担われるべき場合がある。例えば、サービスを他者に提供する AI 提供者が、AI システムの開発を自ら行うのではなく、AI 開発者にその開発を委託する場合、AI 開発者及び AI 提供者の両者が乖離評価プロセスを分担することが合理的である場合がある。この場合、AI システムの開発から運用に至るまでに想定される流れはもちろん、乖離評価の方法及び基準を AI 開発者並びに AI 提供者の間で共有することが重要である。AI 提供者が AI システムを用いたサービスの提供に伴うリスクを軽視する場合には、AI 開発者は難しい立場に置かれることになるため、このような対応は重要である。

　　委託を受けて AI システムの開発を行うことがある当社では、当社の責に帰すべき事情がある場合を除いて、AI システムの運用上の事故はサービスを提供する AI 提供者が負うこととなる契約を結んでいるが、それでも、この種の事故が発生したときに当社も紛争に巻き込まれるリスクがある。そのため、納入した AI システムの運用方法にも無関心ではいられない。実際、プロジェクトの終盤で運用上のリスクに気がつき、当該プロジェクトの再設計を AI 提供者に助言した上で、その再設計のコストの一部を負担せざるを得なかった経験がある。そのため、当社が属する業界における標準的な乖離評価及び本ガイドラインを参考にしながら、個々の評価項目の意味を十分に理解した上で、乖離評価プロセスを確立し、自社で開発せず他者にサービスを提供するのみである AI 提供者にも共有するようにした。懸念項目を網羅している乖離評価プロセスを活用し、しかも早めに乖離評価を行うことで、顧客との交渉はスムーズになってきている。

　　次の実践例のように、通常の乖離評価プロセスに加えて、広く議論を行うことが必要な場合がある。

【実践例 iv：小規模な事業者であるものの、AI のリスクに鑑み実施する追加的な対応】

　　当社は AI システムの開発を主たる事業とする小規模企業である。技術担当役員が全てのプロジェクトについて進捗報告を受けることになっており、その報告の中には、公平性等の AI 倫理に関する事項も含まれている。AI 倫理の問題の中には、妥当な出力結果が得られるように十分なデータセットを用意する等技術的な配慮で対応できる事項もあるが、社会的にセンシティブな領域ではそれだけでは不十分な場合がある。

　　そこで当社では、そのようなセンシティブな領域における AI システムのプロジェクトの場合には、法務担当役員等を含めて話し合いをすることにしている。センシティブな領域の特定には、すでに広範囲に AI システム・サービスの開発・提供・利用しているリーディング企業の考え方等を参考にしている。このような情報収集には実務的な雑誌が有効である[25]。そのような雑誌には概要記事が掲載されることが多く、その概要記事を手がかりにインターネット等で深い情報に当たることが効率的かつ効果的である。

　　個々のプロジェクトに関して外部の有識者又は専門家を招いて意見交換している企業もあることは知っている。当社も事業の拡大に合わせて、そのような意見交換の場も設置していきたいと考えている。

【実践例 v：各主体に加え、必要に応じて外部有識者と連携した乖離評価】

　　当社は AI システム・サービスを開発している部門及び運用している部門が混在する大規模企業である。すでに AI ポリシーを定め、当該ポリシーからの乖離評価を全てのプロジェクトに対して実施している。過去に対応したことのある分野におけるプロジェクトであれば、プロジェクトの早い段階で経営層が対応すれば十分であるが、これまでに対応したことがないセンシティブな分野において AI システム・サービスを開発したり利用したりする場合には、通常のプロセスではなく個別に相談してもらうようにしている。そして、そのような相談を受けたときには、開発

---

[25] センシティブな領域への対応の参考例に、舟山聡「AI 倫理に対する企業の取組み（1）」NBLNo.1170（2020 年 5 月）等がある。

34

別添 2.「第 2 部E.AIガバナンスの構築」関連

別添 2.「第 2 部 E.AI ガバナンスの構築」関連
3.システムデザイン（AI マネジメントシステムの構築）

部門、運用部門、法務部門等の責任者からなる横断的な会議を開催し、議論することとしている。経営層が通常の乖離評価プロセスにおいてそのようなプロジェクトを発見した場合も同様である。

　当社では、定期的に外部の有識者又は専門家を招いて、最近の AI インシデント及びセンシティブ分野に関する情報を早い段階でキャッチできるようにしている。そのため、今のところは、有識者又は専門家から入手した情報及び一般的な助言を踏まえて、横断的な会議で議論すれば十分に対応可能である。他方で、当社の AI システム・サービスの用途・提供先が広がってきていることから、今後は個別のプロジェクトに関しても外部の有識者等に意見を求める必要が出てくるのではないかと考えている。

行動目標 3-1-1【業界の標準的な乖離評価プロセスとの整合性の確保】：各主体は、経営層のリーダーシップの下、業界における標準的な乖離評価プロセスの有無を確認し、そのようなプロセスが存在する場合には、自社のプロセスに取り込むことが期待される。

[実践のポイント]
　各主体は、経営層のリーダーシップの下、以下に取り組むことが期待される。
- 自社の知見・経験に留まらず、業界における標準的な乖離評価プロセス、他社・団体の取組等、外部のベストプラクティスの積極的な取り込み

　各業界で参考となるガイドラインがある他、各省庁及び各業界団体が AI の信頼性評価に関するガイドラインを公表している場合もあるので、自社に関係する省庁及び団体の情報も確認することも有用である。
　例えば、以下が挙げられる。
- 経済産業省「我が国の AI ガバナンスの在り方」[26]
- 経済産業省、厚生労働省、消防庁「プラント保安分野 AI 信頼性評価ガイドライン」[27]
- 国立研究開発法人産業技術総合研究所「機械学習品質マネジメントガイドライン」[28]
- パーソナルデータ+α 研究会 プロファイリングにおける「自主的取り組みに関するチェックリスト」
- 総務省、経済産業省「DX 時代における企業のプライバシーガバナンスガイドブック ver1.3」[29]
- NIST, "AI Risk Management Framework Playbook"[30]
- EU, 信頼できる AI のためのアセスメントリスト[31]
- IMDA, "AI Verify An AI Governance Testing Framework and Toolkit"[32]
- 金融庁「モデル・リスク管理に関する原則」[33]

---

[26] 経済産業省「我が国の AI ガバナンスの在り方 ver1.1」（2021 年 7 月）
[27] 経済産業省、厚生労働省、消防庁「プラント保安分野 AI 信頼性評価ガイドライン第 2 版」（2021 年 3 月），
https://www.meti.go.jp/press/2020/03/20210330002/20210330002-2.pdf
[28] 国立研究開発法人産業技術総合研究所「機械学習品質マネジメントガイドライン第 4 版」（2023 年 12 月），
https://www.digiarc.aist.go.jp/publication/aiqm/AIQuality-requirements-rev4.1.0.0112-signed.pdf
[29] 総務省、経済産業省「DX 時代における企業のプライバシーガバナンスガイドブック ver.1.3」（2023 年 4 月），
https://www.soumu.go.jp/mAIn_content/000877678.pdf
[30] NIST, "AI Risk Management Framework Playbook"（2023 年 1 月），
https://airc.nist.gov/AI_RMF_Knowledge_Base/Playbook
[31] EU, "Assessment List for Trustworthy Artificial Intelligence（ALTAI）"（2020 年 6 月），
https://digital-strategy.ec.europa.eu/en/library/assessment-list-trustworthy-artificial-intelligence-altai-self-assessment
[32] The Infocomm Media Development Authority, "AI Verify – An AI Governance Testing Framework and Toolkit"（2022 年 5 月），https://aiverifyfoundation.sg/
[33] 金融庁「モデル・リスク管理に関する原則」（2021 年 11 月），https://www.fsa.go.jp/common/law/ginkou/pdf_02.pdf

第Ⅱ部　AI事業者ガイドライン（第1.0版）別添（付属資料）

別添 2.「第 2 部 E.AI ガバナンスの構築」関連
3.システムデザイン（AI マネジメントシステムの構築）

[実践例]

【実践例ⅰ：他社及び他団体のガイドラインの乖離評価プロセスの取り込み】

　　AI ガバナンスの実践では多様な視点が欠かせない上に、他社との認識共有も必要であるから、自社だけで考えるのではなく他社及び他団体等の取組を参考にすべきある。このように考えている当社では、経営層が、ガバナンス担当者に対して、乖離評価プロセスを構築するにあたって社外の取組を調査するように指示した。

　　当社は産業用途の AI システムの開発を主たる事業としていることから、産業用途を中心に調査を行った。調査を進めていくと、例えば、経済産業省、厚生労働省、消防庁が、「プラント保安分野 AI 信頼性評価ガイドライン」、それを実施するための「実施内容記録フォーマット」[34]、記載例をまとめた「信頼性評価実用例」[35]を公表していることがわかった。また、AI プロダクト品質保証コンソーシアムが公表している「AI プロダクト品質保証ガイドライン[36]」には、Voice User Interface、産業用プロセス、自動運転、OCR の事例が掲載されていることがわかった。さらに、国立研究開発法人産業技術総合研究所が「機械学習品質マネジメントガイドライン」を公表しており、産業用途別の実アプリケーションを対象とする具体的適用事例としてのリファレンスガイドを作成していることもわかった。加えて、ガイドラインに沿った品質マネジメントのプロセス、その計画、及び記録に適した機械学習品質マネジメントガイドラインアセスメントシートの様式、さらにはその利用説明書も収録している[37]。当社の現在の乖離評価プロセスには、これらの具体的な取組の一部が反映されている。

【実践例ⅱ：個人情報を取扱う場合の留意点の乖離評価プロセスへの取り込み】

　　当社では、業務外利用者から得られたデータにもとづいた AI システム・サービスを開発・提供・利用している。AI ガバナンスの実践、特にプライバシー確保の実践にあたっては、AI モデルの構築及びアウトプットへの配慮だけではなく、AI モデルに対する入力データの取扱いへの配慮が必要であると認識している。当社には個人情報の取扱いに関する豊富な経験があるが、そうであっても社外の取組に積極的に目を向けることが重要であると考えている。そこで、経営層がプライバシー担当者に対して、乖離評価プロセスを構築するにあたって社外の取組を調査するように指示した。

　　AI モデルの構築及びアウトプットへの配慮については、例えば、パーソナルデータ+α 研究会が提示しているプロファイリングにおける「自主的取り組みに関するチェックリスト」[38]があることがわかった。「DX 時代における企業のプライバシーガバナンスガイドブック ver1.3」[39]については、インプットとアウトプットの両方の観点から AI に関する記述も見られるため参考になった。当社の現在の乖離評価プロセスには、これらの具体的な取組の一部が反映されている。

> 行動目標 3-1-2【AI 利用者及び業務外利用者に対する、乖離可能性/対応策に関する十分な情報提供】：
> 各主体は、経営層のリーダーシップの下、提供している AI システム・サービスに一定の乖離が発生しうる場合に

---

[34] 経済産業省、厚生労働省、総務省「信頼性評価実施記録フォーマット」、
https://www.meti.go.jp/press/2020/03/20210330002/20210330002-3.pdf
[35] 経済産業省、厚生労働省、総務省「信頼性評価実用例概要（7 例）」、
https://www.meti.go.jp/press/2020/03/20210330002/20210330002-4.pdf
[36] AI プロダクト品質保証コンソーシアム「AI プロダクト品質保証ガイドライン 2023.06 版」（2023 年 6 月）、
https://www.qa4AI.jp/QA4AI.Guideline.202306.pdf
[37] 国立研究開発法人産業技術総合研究所「機械学習品質マネジメントリファレンスガイド」（2022 年 7 月）、
https://www.digiarc.aist.go.jp/publication/aiqm/referenceguide.html
[38] パーソナルデータ＋α 研究会「プロファイリングに関する最終提言」p.10-21 （2022 年 4 月）
[39] 総務省、経済産業省「DX 時代における企業のプライバシーガバナンスガイドブック ver.1.3」（2023 年 4 月）、
https://www.soumu.go.jp/mAln_content/000877678.pdf

36

別添 2.「第 2 部E.AIガバナンスの構築」関連

別添 2.「第 2 部 E.AI ガバナンスの構築」関連
3.システムデザイン（AI マネジメントシステムの構築）

は、ステークホルダーに対して、その事実及び当該乖離への対応策に関する十分な情報を提供するとともに、問い合わせ先も明確にすることが期待される。

【実践のポイント】

各主体は、経営層のリーダーシップの下、以下に取り組むことが期待される。

● AI システム・サービス及び「AI ガバナンス・ゴール」の間に乖離が発生しうる場合は、ステークホルダーにその事実及び対応策に関して情報提供し、問い合わせへの対応等を通じたコミュニケーションを図ること

● 情報提供の効果を高めるために、AI 開発者及び業界団体等とも連携しながら、様々な情報発信を通じて、AI 利用者及び業務外利用者のリテラシーの向上にも貢献していくこと

● 乖離によって生じるリスクの性質及び蓋然性の大きさに応じて、情報提供の程度を検討すること

ステークホルダーのリテラシーに合わせた情報提供の具体例としては、用語の選択が挙げられる。

● リテラシーに幅がある場合には、AI システム・サービスの基本的な仕組みについて触れ、どのステークホルダーも理解できるよう平易に説明

● リテラシーが高いステークホルダーの場合、専門用語を交えつつメリハリをつけて説明

また、問い合わせ受付を通じたコミュニケーションについては、以下が挙げられる。

● 前提としての問い合わせ先の明記

● システムに AI が用いられていることをホームページ等のわかりやすい位置に明記

[実践例]
【実践例 ⅰ：「DX 時代における企業のプライバシーガバナンスガイドブック ver1.3」を参考にした情報提供】

当社は AI システム・サービスを運用し、不特定多数の業務外利用者に対して AI サービスを提供している。サービス提供相手の AI に関するリテラシーに大きな幅があることが予想されることから、当社では、AI システム・サービスの運用にあたり、適切なリスク管理を行い、リスクを最小限にするための措置をとっていること、情報の厳格な安全管理を行っていること等、リスクに関連する情報を、AI に不慣れな業務外利用者でも理解できるようにわかりやすく整理して提供するとともに、問い合わせ先を明確にしている。これらの情報に加え、上述のとおり、サービス提供相手の AI に関するリテラシーに大きな幅があることが予想されることから、当社では、提供される情報等に AI システム・サービスの出力が用いられていることが業務外利用者に明らかな場合を除き、AI を使っていることをわかりやすく表示するとともに AI を活用したときのメリットとデメリットを明示している。そして、AI を好まない業務外利用者には代替サービスがあることも表示している。個人情報を取扱う場合もあることから、個人情報保護法及び個人情報保護委員会のガイドラインに準拠することはもちろんのこと、「DX 時代における企業のプライバシーガバナンスガイドブック ver1.3」を参考にしつつ、業務外利用者との継続的なコミュニケーションを確立している。

【実践例 ⅱ：提供先の AI リテラシーに合わせた情報提供（提供先の AI リテラシーが高い場合）】

当社は、実践例ⅰと同様、AI システム・サービスを運用し、外部に AI サービスを提供しているが、ビジネスで利用する企業に提供している点で実践例ⅰと異なる。当社のサービスの提供先は AI リテラシーが比較的高いため、提供している AI システム・サービスには一定の乖離が発生しうる可能性及び当該乖離への対応策について、専門的な用語も交えながらメリハリをつけた説明をするとともに、問い合わせ先を明確にしている。

37

89

第Ⅱ部　AI事業者ガイドライン（第1.0版）別添（付属資料）

別添 2.「第 2 部 E.AI ガバナンスの構築」関連
3.システムデザイン（AI マネジメントシステムの構築）

　　今後、業務外利用者向けに AI システムを用いた AI サービスを提供する可能性があるが、AI サービス提供先の AI へのリテラシーに応じて十分な情報を提供していきたいと考えている。

【実践例 ⅲ：AI リテラシーに合わせた情報提供（提供先の AI リテラシーに幅がある場合）】
　　当社は、実践例 ⅰ と同様の対応をしているが、AI 利用者及び業務外利用者が自らの判断で AI システムを用いた AI サービスを選択できるようにすること自体に付加価値があると考えており、他社との差別化のために情報提供の在り方を工夫している。また、AI システム・サービスだけではなく情報提供の在り方についてもフィードバックをもらうように工夫している。

【実践例 ⅳ：AI 開発者等との連携】
　　当社は、実践例 ⅰ と同様の対応をしているが、AI 利用者及び業務外利用者からの問い合わせに対応するために必要な情報を AI 開発者から提供してもらえるように、その旨を契約で明確にしている。AI 利用者及び業務外利用者からの「フィードバック」は AI 開発者にとっても貴重な情報であることもあり、迅速に対応してもらっている。

別添 2.「第 2 部 E.AI ガバナンスの構築」関連
3. システムデザイン（AI マネジメントシステムの構築）

コラム 2：データ提供者による、AI 開発者に対する乖離評価の十分な情報提供

データ提供者は、AI 開発者・AI 提供者が適切に乖離評価をできるようにするために、データの収集元、収集方針、収集基準、アノテーション付与基準、利用制約等のデータセットに関する情報を提供し、AI 開発者は十分な情報を提供するデータ提供者からデータセットを取得することが期待される。生成 AI の LLM の場合、データセットに関する情報提供に限界がある場合もあるため、AI サービス提供元から可能な限りの情報提供を受け、その事実を関連するステークホルダーで共有する。

[留意点]

　AI システム・サービスは、公平性等に関わる品質に関して、そのもととなるデータに、大いに依存している。よって、AI 開発者・AI 提供者が適切に乖離評価を行うためには、もととなるデータについてデータ提供者から、十分な情報提供を受けることが前提となる。

　なお、例えばデータセットに関する情報は、以下のようなものが該当する。

- データ収集ポリシー：データ収集に対する考え方等
- データの収集元：オリジナルデータの提供元・提供者、データ収集の範囲等
- データの収集方針：収集の対象・項目、収集の手法、収集した期間等
- データの収集基準：収集したデータの条件、クレンジングの方法、データの偏り等
- データのアノテーション付与基準：画像/音声/テキスト等のアノテーションルール
- データの利用制約：他の権利に由来する制約等
- データの活用目的：特に個人情報を含むデータの場合、当該個人に提示された具体的な目的等

[実践例]

　当社は、AI 開発者・AI 提供者にデータを提供しているデータ提供者であり、AI システムを開発する企業が適切に乖離評価を行えるようにするために、データの収集元、収集方針、収集基準、アノテーション付与基準、利用制約等のデータセットに関する情報を提供している。また、十分に整理されていないデータセットを提供する場合であっても、乖離評価に必要なデータの収集元等の基本的な情報を十分に提供している。

行動目標 3-2【AI マネジメントシステムの人材リテラシー向上】：
各主体は、経営層のリーダーシップの下、AI マネジメントシステムを適切に運営するために、外部の教材の活用も検討し、AI リテラシーを戦略的に向上させることが期待される。例えば、AI システム・サービスの法的・倫理的側面に責任を負う役員、マネジメントチーム、担当者には、AI 倫理及び AI の信頼性に関する一般的なリテラシー向上のための教育を、AI システム・サービスの開発・提供・利用プロジェクトの担当者には AI 倫理だけではなく生成 AI を含む AI 技術に関する研修を、全者に対して AI マネジメントシステムの位置づけ及び重要性についての教育を提供することが考えられる。

[実践のポイント]

　各主体は、経営層のリーダーシップの下、以下に取り組むことが期待される。

- 外部講師によるものを含め、役職及び担当に適した研修及び教材を用い、AI リテラシーの向上を図ること
- その際、各者の果たすべき役割に応じて適した研修及び教材の活用
- 特に重要となる AI 倫理については全社員に受講させる等の工夫

39

第Ⅱ部　AI事業者ガイドライン（第1.0版）別添（付属資料）

別添 2.「第 2 部 E.AI ガバナンスの構築」関連
3.システムデザイン（AI マネジメントシステムの構築）

- 今般の生成 AI に関する動向等を踏まえ、生成 AI 技術及び出力結果の信頼性に関する研修を行う等の工夫
- 行動目標 5-1 の AI マネジメントシステムの設計及び運用から独立した関連する専門性を有する者による評価を自社で行う場合に、そのような専門性を社員が習得できるような配慮

　なお、AI 技術の進歩に伴い求められる AI リテラシーも変化するため、人材育成及び技術変化のスピードのミスマッチに留意する。

[実践例]
【実践例ⅰ：外部教材等を活用した教育】
　当社は小規模企業であり、研修対象者が少ないことから、AI リテラシーの向上の研修プログラムを自前で用意せず、外部の教材を用いることとした。米国の教育技術の営利団体である Coursera、日本ディープラーニング協会（JDLA）等が提供しているオンライン講座及びテキスト、経済産業省の「マナビ DX」[40]及び「マナビ DX Quest」[41]等、国内外を含めて様々な教育プログラムが利用可能である。
　当社は、研修対象者の到達度を計るための JDLA の検定試験シラバスにもとづいたプログラムを活用している。JDLA の G 検定は、AI 技術の基礎から AI 倫理まで幅広く含む内容である。また、JDLA 主催の G2023#3（2023 年 7 月 7 日実施）の G 検定合格者アンケートにおいて学習時間は 15～30 時間と答えた合格者が 3 割と最多であり[42]、研修対象者に過度な負担にならないことも確認している。
　また、当社は AI も含めたデジタル技術を活用するためには社員のデジタル・リテラシー向上が必須であると考えており、「IT パスポート」[43]の取得を全社的に推奨している。
　これまで実施してきて、当社が期待している効果が出ていると思っている。例えば、AI システム・サービスのインシデントについてニュースで断片的に聞いたことがあった程度の人が、AI 技術の初歩から倫理的な側面まで習得したことで、AI のリスクについても当事者意識を持って考えてくれるようになった。

【実践例ⅱ：自社教材を用いた教育】
　当社は、AI システム・サービスの開発・提供・利用を事業の柱の 1 つとする大企業である。AI 技術及び倫理に関する教材が外部にあることは知っているが、AI システム・サービスの提供数が多く、社会への便益／リスクが大きいことから、汎用的な外部教材ではなく、自社の AI システム・サービスの用途を想定した事例を充実させた自社教材を使っている。加えて、AI を利用した実践的な社内教育に向けては、経済産業省の「マナビ DX Quest」におけるデータ付きケーススタディ教材[44]も活用している。
　AI に関する研修プログラムを作成した当初は、AI 技術に関する講義の最後に AI 倫理のパートを設けていたが、外部有識者を招聘した委員会からの指摘をきっかけに、AI 倫理に対する経営層の関心が一層高まり、AI 倫理だけを独立させた e-learning を作成し、全社員に受講してもらっている。この e-learning には講義及び

---

[40] 経済産業省「マナビ DX ホームページ」, https://manabi-dx.ipa.go.jp/

[41] 経済産業省「マナビ DX クエスト ホームページ」, https://dxq.manabi-dx.ipa.go.jp/

[42] 一般社団法人日本ディープラーニング協会「G 検定合格者に聞きました」https://www.jdla.org/certificate/general/start/

[43] 独立行政法人情報処理推進機構 「IT パスポート試験 ホームページ」, https://www3.jitec.ipa.go.jp/JitesCbt/index.html
　（2024 年度より生成 AI に関する問題を出題予定）

[44] 経済産業省「マナビ DX Quest「データ付きケーススタディ教材の提供について」」,
　https://www.meti.go.jp/policy/it_policy/jinzai/manabi-dx-quest.html

40

別添 2.「第 2 部E.AIガバナンスの構築」関連

別添 2.「第 2 部 E.AI ガバナンスの構築」関連
3.システムデザイン（AI マネジメントシステムの構築）

確認テストが含まれており、AI 倫理に詳しくない人でも 1 時間程度で終えることができるように工夫されている。自社の AI システム・サービスの用途に関連づけることで短時間でも高い学習効果が得られていると考えている。

【実践例 iii：生成 AI に関する教育】

　直近では生成 AI に対応する人材の育成も必要だと考えている。経済産業省の「生成 AI 時代の DX 推進に必要な人材・スキルの考え方」[45]及び「デジタルスキル標準」[46]を参考に、「マナビ DX」に掲載されている生成 AI 関連の e-learning の受講を従業員へ推奨するとともに、生成 AI を適切に利用するための能力及び知識を問うための JDLA の検定試験である「JDLA Generative AI Test」の活用も検討している。

行動目標 3-3【各主体間・部門間の協力による AI マネジメント強化】：
各主体は、学習等に使用するデータセットの準備から AI システム・サービスの開発・提供・利用までの全てを自部門で行う場合を除き、経営層のリーダーシップの下、営業秘密等に留意しつつ、自社又は自部門のみでは十分に実施できない AI システム・サービスの運用上の課題及び当該課題の解決に必要な情報を明確にし、公正競争確保の下で、可能かつ合理的な範囲で共有することが期待される。その際に、必要な情報交換が円滑に行われるよう、各主体間で予め情報の開示範囲について合意し、秘密保持契約の締結等を検討することが期待される。

[実践のポイント]

　各主体は、経営層のリーダーシップの下、以下に取り組むことが期待される。

● 　各主体のみでは解決できない AI システム・サービスの運用上の課題及び解決に必要な情報の特定

● 　各主体間で、知的財産権及びプライバシー等に留意しつつ、可能かつ合理的な範囲での共有

● 　上記は、各種法令・規制、各主体の AI ポリシー、営業秘密、限定提供データ等、公正競争確保が前提

　関連する法令・規制として不正競争防止法及び個人情報保護法等が考えられるのに加え、各主体間の契約も当然関連するため、法務担当者又はリスク・コンプライアンス担当者に確認すべきである（詳細は「別添 6.「AI・データの利用に関する契約ガイドライン」を参照する際の主な留意事項について」を参照）。

　また、各主体が複数の国にまたがる場合、データの自由な越境移転（Data Free Flow with Trust、以下「DFFT」という）の確保のための適切な AI ガバナンスに係る国際社会の検討状況及びそれを踏まえた相互運用性（「標準」及び「枠組み間の相互運用性」の二側面）に留意し、データの流通をはじめとしたリスクチェーンの明確化及び開発・提供・利用の各段階に適したリスク管理・AI ガバナンスを実施する。

[実践例]
【実践例 i：AI に詳しくない顧客に向けた丁寧な情報共有】

　当社は、開発した AI システムを顧客に納入し、当該顧客が AI サービスの運用にあたっている。この AI システム・サービスは運用環境の変化によって精度が低下し、場合によっては設備の破損等の損害につながるおそれが

---

[45] 経済産業省「生成 AI 時代の DX 推進に必要な人材・スキルの考え方」（2023 年 8 月），
https://www.meti.go.jp/press/2023/08/20230807001/20230807001-b-1.pdf
[46] 経済産業省、独立行政法人情報処理推進機構「デジタルスキル標準 ver.1.1」（2023 年 8 月），
https://www.ipa.go.jp/jinzai/skill-standard/dss/index.html

41

第Ⅱ部　AI事業者ガイドライン（第 1.0 版）別添（付属資料）

別添 2.「第 2 部 E.AI ガバナンスの構築」関連
3.システムデザイン（AI マネジメントシステムの構築）

ある。そのため、顧客に対しては、AI システムの出力のモニタリングを依頼し、品質劣化の判断の仕方も伝えている。

　AI に詳しくない顧客に対して、モニタリング等を単に依頼するだけでは機能しない。AI システム・サービスのメンテナンスが必要な理由及びその原因（学習データ及び運用時の入力データの分布が変化する等）、当該原因による出力の変化の傾向等について、時間をかけて説明し納得してもらう必要がある。標準的な情報を提供すれば十分な場合もあるが、AI システム・サービス開発側がそのように考えた場合でも、納入先に積極的に質問を促し、可能な限り認識を一致させることが重要である。必要に応じて、保守サービス契約等を締結し、納入後であっても積極的に質問を受け付ける体制を整えることも重要である。また、AI システム・サービスの再学習を行った場合には、再学習によって出力がどのように変化したかを丁寧に説明することが重要である。例えば、再学習の留意点として、AI がアウトプットとして得たデータをインプットとして再学習に利用するケースで起きる劣化問題である「モデル破綻」（AI が自分自身の誤りを繰り返し学習し、その誤りが徐々に蓄積されることで、AI システム・サービスのパフォーマンスが徐々に劣化していく現象）等についても説明している。

【実践例 ii：円滑な情報共有のための秘密保持契約の締結】
　当社は、上記の情報共有が円滑に行われるように、AI 開発者及び AI 提供者の間で予め情報の開示範囲について合意しておき、秘密保持契約も締結している。

【実践例 iii：口頭による追加的な説明を通じた情報共有の徹底】
　当社が開発している AI システムは、特定のデータセットによって学習させたものであり、データセットに含まれていない対象に適用すると好ましくない出力結果となる可能性がある。そのため、当該 AI システムを AI 利用者に提供しようとする AI 提供者に対して、学習等に利用したデータ、利用したモデルの概要、精度等の性能を説明するだけではなく、AI システムを利用すべきではない状況及び対象についても伝えている。情報提供を徹底するために、紙書面又は電子書面で伝えるだけではなく、別途時間を確保して口頭でも説明し、そのような説明を受けたことにサインしてもらうようにしている。

【実践例 iv：複数の国をまたぐ場合の情報共有】
　当社は日本に本社を置く AI の開発・提供を行う企業である。当社は AI システム・サービスをグローバルに提供しており、AI 利用者又は業務外利用者が海外に籍を置く場合には、リスク管理上、より注意を払った連携が欠かせないと考えている。特に、国毎に文化・風土・AI に関する受容性等の社会的な差異がある点には配慮することが重要である。

　また、国毎に異なる法的規制に対応するため、当社は、AI 利用者及び業務外利用者の所在国における個人情報保護法に相当する法律、データセキュリティに関する規制等を調査し、それにもとづいたセキュリティ対策等を構築している。

　加えて、当社のビジネスに影響を与えうる DFFT に関する国際的な議論及びデータの流通に係る様々な枠組みについても、専門家を活用しながら、情報を収集している。

42

別添 2.「第 2 部 E.AI ガバナンスの構築」関連
3.システムデザイン（AI マネジメントシステムの構築）

コラム 3：国毎に文化・風土・AI に関する受容性等の
社会的な差異がある点への配慮事例

　実際の対応例として、Microsoft Corporation が採用している Hub＆Spoke モデル（Spoke 部分でサービス提供国・地域からも AI Champ を任命し当該国・地域の視点を取り入れながら対応している）がある[47,48]。

　また、同社のマルチステークホルダーエンゲージメントの例として、スティムソンセンターの Strategic Foresight Hub（戦略的展望ハブ）と組んで立ち上げた Global Perspectives Responsible AI Fellowship がある。このフェローシップの目的は、AI に関する様々な議論にグローバルサウス諸国の関係者を招き入れることとされている[49,50]。

行動目標 3-3-1【各主体間の情報共有による現状理解】：
各主体は、経営層のリーダーシップの下、学習等に使用するデータセットの準備から AI システム・サービスの利用までの全てを自社で行う場合を除き、営業秘密に留意しつつ、各主体間の関連する情報共有の現状を理解し、適時に理解を更新することが期待される。

[実践のポイント]

　各主体は、経営層のリーダーシップの下、以下に取り組むことが期待される。

● 　AI システムの開発に用いたデータの取得源/データの量・質、分布、カテゴリー毎の概要等の情報の共有
● 　共有の際、産業技術総合研究所の「機械学習品質マネジメントガイドライン」等の情報共有の標準化に向けた取組の参照

　その際、各主体が以下のことを正しく理解することが期待される。このため、各主体間の情報共有を円滑化し、AI 技術の社会実装を促進するためにも、共有情報を標準化することが期待される。

　● 　AI システムの開発は、提供・利用の場面を想定
　● 　AI システムの提供は、AI システムがどのような制約下で開発されたものか、サービスとしてどのように利用されるかを正しく理解したうえで実施
　● 　AI サービスの利用は、AI 提供者の意図した利用方法を理解し、その範囲内で実施

　情報の共有/取得の方法としては、以下が挙げられる。

● 　関係省庁及び業界団体等が策定するガイドラインの確認
● 　AI 倫理及び品質に関する団体への所属

---

[47] Microsoft「マイクロソフトの責任ある AI プログラムの詳細について：コンプライアンスの基礎となるガバナンス」（2023 年 2 月），
https://news.microsoft.com/ja-jp/2021/02/02/210202-microsoft-responsible-ai-program/
[48] Microsoft, "The building blocks of Microsoft's responsible AI program : Governance as a foundation for compliance"（2021 年 1 月），https://blogs.microsoft.com/on-the-issues/2021/01/19/microsoft-responsible-ai-program/
[49] Microsoft「日本における AI ガバナンスの推進：マイクロソフト内での AI ガバナンス」（2023 年 10 月），
https://news.microsoft.com/ja-jp/2023/10/06/231006-about-the-potential-of-ai-in-japan/
[50] Microsoft, "Advancing AI governance in Japan : Governing AI within Microsoft"（2023 年 10 月），
https://blogs.microsoft.com/on-the-issues/2023/10/05/responsible-ai-governance-japan/

第Ⅱ部　AI事業者ガイドライン（第1.0版）別添（付属資料）

別添 2.「第 2 部 E.AI ガバナンスの構築」 関連
3.システムデザイン（AI マネジメントシステムの構築）

● 海外を含めた先行事例の参照
　➢ 専門機関のレポートの参照
　➢ セミナー等への参加
　➢ 専門家への取材　等

[実践例]
【実践例ⅰ：各主体間の情報共有の標準化に向けた取組】
　　当社では、自社の情報提供の在り方を決めるにあたって、経営層のリーダーシップの下、営業秘密に留意しつつ、各主体間の情報共有の現状を理解し、定期的に理解を更新することとした。
　　情報収集を進めていくと、各主体間の情報共有の標準化に向けた様々な取組がなされていることもわかった。例えば、国立研究開発法人産業技術総合研究所は、機械学習利用システムの品質に関する社会合意としての基準とすることを目的の 1 つに掲げ、「機械学習品質マネジメントガイドライン」を公表しており、経済産業省、厚生労働省、消防庁が、このガイドラインを基礎として、プラント保安分野の信頼性評価実施記録フォーマットを作成していることもわかった。また、食品の成分表示等が人々の責任ある意思決定に貢献しているように、AI モデルの性能も表示していくことが重要であるとの認識の下、モデルカードの提案がなされていることも把握した[51]。
　　現時点で学習済みの機械学習モデル等の性能及び品質を各主体間で共有するための標準的な文書化手続きはないが、社内の体制を整備するにあたっては、自社の独自基準を一から考えるのではなく、様々な取組を参考にするつもりである。

【実践例ⅱ：AI 倫理及び品質に関する団体を通じた各主体間の情報共有の現状理解】
　　当社は、AI 倫理及び品質に関する団体に所属し、AI システム・サービスの性能等に関する情報提供の適切な在り方について他の所属企業と積極的に意見交換している。AI 利用者及び業務外利用者には AI システム・サービスに関する十分な情報を提供することが重要であるが、AI の性質及び限界等に詳しいわけではないことから、専門家以外には理解が難しいような情報又は膨大かつ詳細な情報を一方的に提供しておけばよいと考えることは適当ではない。情報提供の適切な在り方を考えるためには、自社の直接的な経験だけではなく、他社との意見交換を通じて間接的に多くのステークホルダーと触れていくことも重要と捉えている。
　　AI 開発者から AI 提供者に伝えるべきと思われる情報には、例えば、AI システムの開発に用いたデータに関する情報がある。この情報には、例えば、データの取得源（オープンデータということもある）、データの量及び分布、これに含まれるカテゴリー毎の概要等を挙げることができる。また、開発の際に選択した（選択しなかった）アルゴリズム、生成されたモデルの概要、特に、どのような条件下でテストを行い、その結果、どの程度の精度が得られたか等を説明することも重要である。
　　これらの観点は AI システム・サービスの開発及び提供の経験が豊富な企業にとっては目新しいものではないが、当社は「伝え方」が重要であると考えている。どのような内容をどの程度の深さで説明するかである。各主体間の情報共有の現状を理解することは、AI ガバナンスの全体設計を考える上で重要であり、そこに AI 倫理及び品質に関する団体に参加する意義がある。

【実践例ⅲ：複数の国をまたぐ場合の各主体間の連携】

---

[51] Google, "Vertex AI", https://cloud.google.com/vertex-ai

44

別添 2.「第 2 部 E.AI ガバナンスの構築」関連

別添 2.「第 2 部 E.AI ガバナンスの構築」関連
3.システムデザイン（AI マネジメントシステムの構築）

　当社は、AI 開発・提供を行う企業である。他主体との連携が多いため、情報共有を重要度の高いものと位置づけ、積極的に海外を含めた先進事例の動向調査を行っている。

　まず、大学、専門機関等のレポートを参照している。加えて、これらのレポート等で紹介されている先進企業のホームページに掲載されている取組事例を参照している。

　また、SNS 等での情報も直近では重要度が増しているように思えている。SNS 等のオンラインプラットフォームでの投稿を見るとともに、セミナーの案内等も参照し、自社に関連深いものについては積極的に従業員に参加を促している。

　加えて、定期的に、最新トレンド及び事例に知見がある AI に関するコンサルタント等の専門家を自社に招聘し、自社の戦略にどのように落とし込むか、どのような行動に繋げるべきか、アドバイスを受けている。

行動目標 3-3-2【環境・リスク分析のための日常的な情報収集・意見交換の奨励】：
各主体は、経営層のリーダーシップの下、日常的に、AI システム・サービスの開発及び運用に関するルール整備、ベストプラクティス、インシデント等の情報を収集するとともに、社内外の意見交換を奨励することが期待される。

[実践のポイント]
　各主体は、経営層のリーダーシップの下、以下に取り組むことが期待される。
● 　日常的な、ルール整備、ベストプラクティス、インシデント等の情報収集
● 　AI マネジメントチームを社内に設置している場合であっても、社内の他部門との議論及び勉強会を開催したり、他社も参加する団体活動に関与

[実践例]
【実践例 i：経営層を主体とした議論の奨励】

　AI 倫理に関しては、指針こそ定まりつつあるが、指針の尊重の在り方については正解のない中で模索していくしかないこと、さらには他社も同様に活動していることから、経営層が、各部門の担当者に対して AI の適切な開発・提供・利用に関する情報収集及び意見交換を奨励し、部門を越えた社内の議論並びに勉強会で共有するように指示している。

　このような活動を継続することで、決定版のような解決策はないものの大きなトレンドをつかめるようになってきており、活動の成果を、適時に実施される環境・リスクの分析に反映している。

【実践例 ii：小規模な事業者における議論の奨励】

　当社は AI システムを開発する小規模企業である。社内には AI 倫理の尊重よりも成長を重視すべきという意見があるため、法務部門及び技術部門で AI 倫理に関する社内議論及び勉強会から始めることとした。言葉の定義又は使い方が部門毎に異なる可能性があるためファシリテーター役を設置したところ、円滑に議論が進み、成長を重視すべきと話していたエンジニアもすでに公平性等を取扱う論文に接していて、AI 倫理に対する認識に大きな違いがないことがわかってきた。エンジニアは AI 倫理の尊重を技術によって実現することに関心を示し始めてから、開発プロセスが AI 倫理に整合的なものに変化しつつある。今後は社外との意見交換も進めたい。

第Ⅱ部　AI事業者ガイドライン（第 1.0 版）別添（付属資料）

別添 2.「第 2 部 E.AI ガバナンスの構築」関連
3.システムデザイン（AI マネジメントシステムの構築）

> 行動目標 3-4【予防・早期対応による AI 利用者及び業務外利用者のインシデント関連の負担軽減】：
> 各主体は、経営層のリーダーシップの下、インシデントの予防及び早期対応を通じて AI 利用者及び業務外利用者のインシデント関連の負担を軽減することが期待される。

[実践のポイント]
　　各主体は、経営層のリーダーシップの下、以下に取り組むことが期待される。
● 　システム障害、情報漏洩、クレームの発生等のインシデントの予防及び早期対応
● 　ライフサイクル全体を通じてインシデントを予防し、又は発生した場合に早期に対応できる体制を構築

　　インシデントを予防し、又は発生した場合に早期に対応できる体制の構築の際には以下の点に留意する。
● 　過去事例の蓄積及び行動目標 3-3 で収集した情報の活用による予防策・事前準備策の検討
● 　関連する主体間での責任の分配（リスクを軽減できる者への分配）
● 　確率的に一定の経済的損失が発生する用途に対応する保険の活用を通じた経済的な損失への早期の対応

[実践例]
【実践例ⅰ：責任所在の明確化】
　　AI システム・サービスの開発・提供・利用には、AI 開発者、AI 提供者、AI 利用者、業務外利用者等様々な立場の主体及び個人が関与することが多く、さらに AI にはいわゆるブラックボックス性があることから、責任の所在が曖昧になりやすい。インシデントを予防するためには、リスクを軽減できる者に責任を分配することが重要である。よって、当社ではインシデントが生じた際の責任者を明確化し、当該責任者に一定の権限を付与することで、インシデントへ早期に対応できる体制を構築している。また、インシデントの発生に備えて事前に準備することでインシデントへの早期対応力を高めることも重要である。

【実践例ⅱ：インシデントに備えた保険の活用及び継続した研究開発】
　　当社は、実践例ⅰの実施を基本としつつ、一部の用途では保険の活用を検討している。社会全体への恩恵が大きいにもかかわらず、AI システム・サービスの動作に関して一定の不確実性が避けられず、まれに一定の経済的な損失が発生してしまう用途では、保険を活用してインシデントから生じうる経済的な損失に早期に対応することで AI 利用者及び業務外利用者の負担を軽減することが重要であると考えている。もちろん、AI 利用者及び業務外利用者の信頼を継続的に高めていくためには AI システム・サービスの不確実性を低減していくことが重要であると認識しており、そのための研究開発を継続している。

> 行動目標 3-4-1【各主体間の不確実性への対応負担の分配】：
> 各主体は、経営層のリーダーシップの下、リスクを全体で最小化できるように AI システム・サービスの不確実性への対応の責任所在を明確化することが期待される。

[実践のポイント]
　　各主体は、経営層のリーダーシップの下、以下に取り組むことが期待される。

46

別添 2.「第 2 部E.AIガバナンスの構築」関連

別添 2.「第 2 部 E.AI ガバナンスの構築」関連
3.システムデザイン（AI マネジメントシステムの構築）

● そもそも AI システム・サービスの不確実性については、技術的に一定の対応は可能[52]ではあるものの、完全に取り除くことが難しいという前提を認識

● その上で、各主体間での責任所在を可能かつ合理的な範囲で明確化

　各主体間での責任所在の明確化においては、契約等が有効な場合もあると考えられる。

　各主体のいずれが AI システム・サービスの品質を保証する必要があるかについては議論があり、各 AI システム・サービスによって状況が異なるが、本ガイドラインの「別添 6.「AI・データの利用に関する契約ガイドライン」を参照する際の主な留意事項について」も参考になる。

　加えて、AI 開発から AI を利用したサービスの提供にわたるバリューチェーン・リスクチェーンが複数国にまたがることが想定される場合、データの越境移転、データローカライゼーション等に係る適切な AI ガバナンスの検討にも留意する。

[実践例]
【実践例ⅰ: 他の主体への情報連携を通じた不確実性への対応】
　AI システムを開発する当社は、AI を関連するステークホルダーに使ってもらうことが AI 技術への社会的な信頼向上に資すると考えている。情報を集めていくと、AI 提供者の中には、AI システム・サービスは従来型のソフトウェアの延長上にあると考え、AI 開発者が AI システム・サービスの品質に関する全ての責任を負うべきと考えている企業もあることがわかった。他方で、AI 提供者が AI システム・サービスへの期待を理解し、AI 提供者自身が腹落ちするまで丁寧に説明することで、AI 提供者自身が再学習のタイミングを判断できる場合があることがわかった。そして、「AI システム品質保証ガイドライン」に記載されているように、「品質保証の技術者、チーム及び組織は、開発及び営業と共に、AI システムに関する顧客の理解を深めるような活動を行う」ことが重要であるという考え方が少しずつ広がっている現状を理解した。ただ、依然として AI 開発者が品質を保証すべきという考え方が根強いことから、「AI システム品質保証ガイドライン」のような活動が与える好影響が広がることに期待しつつ、不確実性への対応負担に関する調査を今後も定期的に行いたいと考えている。

【実践例ⅱ: 責任追及時に備えた説明の準備】
　当社は、他社が開発した AI システムを用いて AI サービスを提供している AI 提供者である。AI 開発者とは、「AI・データの利用に関する契約ガイドライン」[53]のモデル契約書を参考にした契約書を用いて契約を締結している。これによれば、AI システム・サービス（学習済みモデル）の AI 開発者は、仕事の完成又は成果の性能・品質等の保証は行わない一方、一定以上の注意水準をもって業務を行わなければならないことになっている。当社はあくまで他社が開発した AI システム・サービスを運用しているにすぎないという意識があり、AI システム・サービスの運用に関連して不適切な事例が発生したり、それ以外の場面で業務外利用者から説明を求められたりした場合に、AI 提供者である当社がどのようなアカウンタビリティを果たすことが重要であるかを真剣に考えていなかった。

　しかし、最終的な法的責任の所在はともかく、AI 利用者に対して直接サービスを提供しているのは当社である以上、当社が運用している AI システム・サービスについて AI 利用者から説明を求められた場合に、少なくとも

---

[52] 適切なデータセットの準備、適切なモデルの選択、AI システム利用開始前の検証や試験の実施等の AI システムの開発時の対応によって不確実性の低減を目指すアプローチがある。

[53] 経済産業省「AI・データの利用に関する契約ガイドライン 1.1 版」（2019 年 12 月），
https://warp.da.ndl.go.jp/info:ndljp/pid/12685722/www.meti.go.jp/press/2019/12/20191209001/20191209001-1.pdf

47

第Ⅱ部　AI事業者ガイドライン（第1.0版）別添（付属資料）

別添 2.「第 2 部 E.AI ガバナンスの構築」関連
3.システムデザイン（AI マネジメントシステムの構築）

一次的にこうした要求に対応する責任の一切を免れることはできないことと、十分な説明ができない場合に当社にレピュテーションリスクが生じることに気がついてからは、AI 開発者の協力を得ながら、リスク低減のために AI 提供者ができることを行い、必要に応じてそのことを説明していくという方針に変えた。

【実践例 iii：データの取扱いに関する不確実性への対応】
　　当社では、当社が保有するデータを利用した AI システムの開発を他社に委託することを計画しているが、当社にはデータの取扱いに関するノウハウが乏しく、クレンジング等のデータの前処理だけではなく、データの品質の確保を含めて他社に任せたいと考えていた。当社は、現在保有するデータを集めて AI システムの AI 開発者に提供してしまえば、データを取扱うプロである AI 開発者がデータに必要な処理を行ってくれ、当社が希望する AI システム・サービスを開発してくれるものだと誤って認識していた。
　　しかし、開発委託前に情報を収集していくと、一般の主体間におけるデータの提供においても参考となる内容としてまとめられている「AI・データサイエンス人材育成に向けたデータ提供に関する実務ガイドブック」[54]があることがわかり、そこには「提供前の委託データの品質をコントロールできるのは委託者のみ」であるという考え方、及び一定の前提の下では「成果の利用による利益も委託者のみに帰属することから・・・危険責任と報償責任の考え方にもとづいて・・・創出された成果の利用・実施等に伴う損害の責任は、原則として委託者が負う」と考えられる場合があること等、AI 開発者の留意事項がまとめられていた。
　　現在は、AI システムの開発に必要なデータの内容は、当社が開発を予定している AI システム・サービスの内容によって定まってくること、AI 開発者の側で対応できることには限界があること等を理解している。当社はここで一度立ち止まり、データ提供段階であっても AI システム・サービスの開発・提供・利用のライフサイクルの重要な一部であることを踏まえ、各主体間の不確実性への対応負担について再検討することを考えている。

【実践例 iv：生成 AI における不確実性への対応】
　　当社は、生成 AI を用いた AI システム・サービスの開発・提供を、他国を含む AI 利用者に対して行っている企業である。
　　まず、生成 AI においては著作権を含む権利関係において問題が生じる可能性が高まる点に留意し、学習用データ・生成モデルに関する著作権及びその他の権利について、明確で公平な契約を締結することに重点を置いている。開発プロセスにおいて使用されるデータが多国籍であるため、異なる法的枠組みにもとづく権利関係が生じる可能性があると認識している。そのため当社は、専門家の意見を聞き関連する法令及びリスクの棚卸を行っている。加えて、AI 利用者と負うべき責任範囲の明確化を行っている。その際、検討プロセスを文書に残し透明性を確保することで、法的な問題が発生した場合でも、円滑に解決に向け動くことができるように配慮を行っている。

【実践例 v：複数の国にまたがる場合の不確実性への対応】
　　また、当社は、AI のバリューチェーン・リスクチェーンが複数国にまたがる場合の課題に対処するため、データの越境移転及びデータローカライゼーションに関する AI ガバナンスを検討している。その際には、専門家のアドバイスを受けつつ、関係する各国の法令を確認した上で、提供する AI サービスの内容及び与えうるリスクの規模に応じ、必要な対応を行っている。

---

[54] 経済産業省「AI・データサイエンス人材育成に向けたデータ提供に関する実務ガイドブック」（2021 年 3 月）

別添 2.「第 2 部 E.AI ガバナンスの構築」関連

別添 2.「第 2 部 E.AI ガバナンスの構築」関連
3.システムデザイン（AI マネジメントシステムの構築）

　当社は、国際的な規制の変化に柔軟に対応できるよう、リスクヘッジとして異なるデータストレージ方法の検討も始めている。具体的には、地域別のデータセンターの展開を行い特定国でのデータ取扱いの法的要件に対応することができるようにしたり、クラウドを活用することで国毎の法的な変更に適用できる柔軟性を確保したり、データの移動及び処理を分離することで国毎の異なる法的環境への対応をスムーズに行うために、データの分散型処理も検討している。

行動目標 3-4-2【インシデント発生時の対応の事前検討】：
各主体は、経営層のリーダーシップの下、AI インシデント発生時に、AI 利用者及び業務外利用者への説明、影響範囲、損害の特定、法的関係の整理、被害救済措置、被害拡大防止措置、再発防止策の検討等を速やかに実施するため、対応方針の決定及び計画の策定を検討するとともに、当該対応方針又は計画に関して適宜実践的な予行演習の実施することが期待される。

[実践のポイント]
　各主体は、経営層のリーダーシップの下、以下に取り組むことが期待される。
● 　AI インシデント発生時の対応方針及び計画を策定
● 　上記について、適宜実践的な予行演習を実施

　AI インシデント発生時に備え以下のような体制をあらかじめ整備することが期待される。
● 　連絡受付窓口の設置
● 　対応担当役員のアサイン
● 　対応担当者個々の役割分担
● 　対応アプローチ・プロセス
● 　リスク管理部門等の社内関係者への連絡体制
● 　顧問弁護士等の社外関係者及び専門家への連絡体制
● 　ステークホルダーに対して通知するプロセス等

　なお、AI システム・サービスの AI インシデントの事業への影響が大きい場合は、事業継続計画（BCP）を実際に発動させる際の重大要素として、AI インシデントを盛り込むことも検討する。

[実践例]
【実践例 i：小規模な事業者におけるインシデントに備えた体制整備】
　当社は AI システム・サービスを提供する中小企業である。AI インシデントの発生可能性をできるだけ低くすることはもちろん重要であるが、AI インシデント発生の可能性をゼロにすることは困難であるため、発生時の損害を最小限に抑えるための計画の策定・発動が重要であると認識している。
　具体的には、AI インシデントが発生した場合に備えて、連絡受付窓口の設置、対応を担当する役員のアサイン、社内における連絡体制はもちろん、社外の関係者・専門家への連絡体制を整備している。あらゆるインシデントに万全に対応することは困難だが、自社の AI サービスの内容に鑑みて想定される主な AI インシデントについて、ある程度類型的に整理した上で、大まかな対応方針を策定している。また、策定した対応方針の実施可否の確認のため、定期的に予行演習も実施している。

49

第Ⅱ部　AI事業者ガイドライン（第 1.0 版）別添（付属資料）

別添 2.「第 2 部 E.AI ガバナンスの構築」関連
3.システムデザイン（AI マネジメントシステムの構築）

【実践例 ii：外部専門家の巻き込みを通じた AI インシデントに備えた体制整備】

　当社は AI システム・サービスを開発・提供する大企業である。AI インシデントの発生時の対応を速やかに行えるように、連絡受付窓口の設置、担当役員のアサイン、リスク管理部門、法務部門、広報部門、危機管理部門との連絡・連携体制はもちろん、社外の関係者、専門家への連絡体制も整備している。

　また、想定しうる AI インシデントを複数パターン想定し、どういった法的責任が発生しうるかについてあらかじめ専門家に相談して整理し、その上でリスク評価を実施している。人身・物損事故、プライバシー侵害、財産的損害等、様々な類型の被害が生じうるので、類型毎に各主体、業務外利用者等の法的責任関係を予め整理しておくことは有用である。また、AI システム・サービスに固有の考慮要素として、異常な結果を出力する原因が多様であること（アルゴリズムの異常、学習データの真正性、学習データの偏り等）及び想定外の影響が生じやすいことも念頭に置いている。想定外の事態が発生した場合であっても、事業への影響を低減させるような技術上・運用上の仕組みを定期的にアップデートするよう努力している。

【実践例 iii：BCP への AI インシデントの盛り込みを通じた AI インシデントに備えた体制整備】

　当社は、全社的に BCP（事業継続計画）を策定しているが、当社が運用している AI システムが停止した場合に事業継続に支障を生じるおそれがあるため、BCP の発動トリガーの 1 つに AI インシデントを盛り込むこととし、AI システムの全部又は一部を停止することとなった場合に備えた初動対応及び事業継続のための計画を策定している。また、計画を策定するだけでは意味がなく、有事に計画を実行できないことが大きなリスクになることを認識し、毎年少なくとも一度は計画を実践するための演習を行っている。

50

別添 2.「第 2 部 E.AI ガバナンスの構築」関連
4.運用

4.運用

> 行動目標 4-1【AI マネジメントシステム運用状況の説明可能な状態の確保】:
> 各主体は、経営層のリーダーシップの下、例えば、行動目標 3-1 の乖離評価プロセスの実施状況について記録
> する等、AI マネジメントシステムの運用状況について関連するステークホルダーに対する透明性、アカウンタビリティを果たすことが期待される

[実践のポイント]

　各主体は、経営層のリーダーシップの下、以下に取り組むことが期待される。

● 　適切かつ合理的な範囲で、AI マネジメントシステムの運用状況について関連するステークホルダーに対して説明可能な状況にすること

　AI マネジメントシステムの運用状況のアカウンタビリティを高めるためには、以下のような取組が有用である。

● 　行動目標 3-1 の乖離評価プロセスの実施状況の記録
● 　AI システム・サービスの開発・提供・利用に関する社内/外部との会議記録の保持（担当者以外の関係者も閲覧可能な状態を確保）
● 　AI に関する社内研修の実施

　乖離評価プロセスの実施状況の記録については、独自に乖離評価のためのチェックリストを作成し、それをもとに確認・記録することも有用である。

● 　検討にあたっては別添 7（別資料）チェックリストを参照し、カスタマイズすることも有用

　なお、他部門及び外部に対しての説明を目的とした際、可能な限り正確かつ理解できるものとするため、海外文書等の記載内容も参考となる。
　例えば、NIST「説明可能な AI の 4 原則」[55]では、説明可能な AI の 4 原則及び説明の 5 類型について解説している。

[実践例]
【実践例 i：記録の徹底と閲覧を通じた説明可能な状態の確保】
　「運用」においてデータ及び情報を得ておくことが改善に向けた意思決定につながるため、当社では、環境・リスクの再分析、評価等を通じた改善の肝は「運用」にあると考えている。
　当社では、AI ガバナンスの実践に限らず、さらなる改善のために記録を残すことを重視しており、システムデザインについての記録を残すことは当然であると考えている。例えば、個々の AI システム開発プロジェクトにおける乖離評価を記録し、AI に関する研修を実施した場合には実施概要を作成し、AI システム・サービスの開発及び運用に関する社内の会議並びに他の主体との会議の議事録を残し、担当者以外の関係者もそれらを閲覧できるようにしている。

---

[55] NIST, "Four Principles of Explainable Artificial Intelligence （Draft）" （2020 年 8 月）,
https://www.nist.gov/publications/four-principles-explainable-artificial-intelligence
2021 年 9 月になお、5 類型については、Draft のみで述べられている。
NIST, "Four Principles of Explainable Artificial Intelligence " （2021 年 9 月）,
https://nvlpubs.nist.gov/nistpubs/ir/2021/NIST.IR.8312.pdf

51

第Ⅱ部　AI事業者ガイドライン（第 1.0 版）別添（付属資料）

別添 2.「第 2 部 E.AI ガバナンスの構築」関連
4.運用

　　当社は比較的規模の大きな企業であるため、一般的なコーポレートガバナンスに関連する行動目標には困難を感じていない。しかし、企業内の組織的分化が進んでいることから、比較的新しい技術である AI については、部門間の専門性又は理解度にギャップが生まれ、組織間連携に影響が出ないか心配している。例えば、行動目標 3-1-2 にしたがって設置した問い合わせ窓口に関し、問い合わせ担当者が、技術的な内容を理解できずに、重大インシデントへの気づきが遅れることも恐れている。行動目標 3-2 にしたがって、従業員のリテラシーの向上のための取組を実施しているが、当面は、外部からの問い合わせについては、概要だけではなく詳細も経営層に積極的に報告することとしている。

　　なお、行動目標 3-1 の乖離評価プロセスの実施状況の記録等については、他部門及び外部への説明という目的のため、可能な限り正確かつ相手に理解できる記録とし、説明の限界を意識できるよう努めている。

【実践例 ⅱ：小規模な事業者におけるチェックリストを用いた記録】
　　当社は AI システムを開発する小規模企業である。技術担当役員は全てのプロジェクトを把握しており、自らプログラミングしたり論文を読解したりする等 AI に大変詳しく、AI 倫理の問題についても強い関心を持っている。そのため当社では、部門間の専門性のギャップが問題になることはないと考えている。他方で、プロジェクトに関わる人たちの専門性が高いために、いちいち確認しなくても、行動目標ができているであろうと思い込みがちである。そのため、プロジェクトの進捗報告のレポートに乖離評価チェックリストを添付し、技術担当役員が必要に応じて聞き取りできるように工夫している。

　　また、当社は専門性が高い集団であることから、世間の認識とのずれが生じやすい傾向があると分析している。そのため、運用状況を確認しつつ、行動目標 3-3-2 にしたがって日常的な情報収集及び意見交換から得られた状況を定期的に共有することで、社会的受容に意識を向けるようにしている。

【実践例 ⅲ.AI ライフサイクル全体を通じたチェックリストの活用】
　　当社は AI システム・サービスの開発・提供を行う企業である。チェックリストを活用して AI ライフサイクル全体にわたり、未然にリスクを防ぐ取組を行っている。

　　チェックリストは自社で 0 から作成するのではなく、本ガイドラインの「別添 7（別資料）チェックリスト」を材料とし、自社流にカスタマイズしながら作成を行っている。チェックリストの作成にあたっては、各主体のみで対応する事項もあるものの、主体間での連携が必要な事項もある。自社内の他部門と連携をしてチェックリストのカスタマイズを行うとともに、顧客である AI 利用者とも議論をしつつ、AI ライフサイクル全体を考慮したうえで自社流のチェックリストの作成を行った。

　　またチェックリストがやみくもに肥大化すると形骸化しやすいため、チェックリストの項目数に注意を払い、自社内で浸透した項目は外し、最新項目に入れ替える等、随時チェックすべき項目の洗練化を行っている。

行動目標 4-2【個々の AI システム運用状況の説明可能な状態の確保】：
各主体は、経営層のリーダーシップの下、個々の AI システム・サービスの仮運用及び本格運用における乖離評価を継続的に実施するために、仮運用及び本格運用の状況をモニタリングし、PDCA を回しながら、結果を記録することが期待される。AI システムを開発する主体は、AI システムを提供・利用する主体による当該モニタリングを支援することが期待される。

[実践のポイント]
　　各主体は、経営層のリーダーシップの下、以下に取り組むことが期待される。

52

別添 2.「第 2 部E.AIガバナンスの構築」関連

別添 2.「第 2 部 E.AI ガバナンスの構築」関連
4.運用

● 各主体の AI の運用の状況をモニタリングし、PDCA を回しながら、結果を記録
● 各主体が単独で対応することが難しい場合には、各主体間で連携

具体的に、以下のような場合に各主体が連携をすることが有用な場合がある。
● AI 開発者主体による、性能に大きく影響する入力・出力のログの自動取得の設定
● AI 開発者主体による、AI 提供者に対する具体的なモニタリングの方法の説明
● AI システム・サービスからの出力にもとづいた、再学習の必要性の協議
● AI 開発者及び AI 提供者との間の、AI システム・サービスに期待する内容のすり合わせ

[実践例]
【実践例 ⅰ：主体間での連携したログの記録】
　当社は AI システム・サービスを運用し、当該システム・サービスを AI 利用者に提供している企業である。AI 開発者に依頼して AI システム・サービスを開発したが、精度だけではなく公平性にも対応できるように、データセットの内容から AI モデルの振る舞いの確認に至るまで、AI 開発担当者から説明を受けてきた。この開発担当者からは、開発時に想定した利用者像と実際の利用者像に違いが生じてきた場合には、精度及び公平性の確保のために AI システム・サービスのメンテナンスが必要であると言われた。
　AI システム・サービスのコードを解釈できるほどの知識を持つ従業員は当社にいないことから、AI 開発者に依頼し、性能に大きく影響する入力及び出力のログを自動的に取れるようにしてもらうとともに、モニタリングの仕方を教えてもらった。その後、行動目標 3-1 の一環として、チェックリストを作成し、性能維持のための管理方法を定めた。現在は、この管理方法により継続的にモニタリングを行い、記録を残している。

【実践例 ⅱ：主体間で連携した再学習のタイミングの通知】
　当社は、他社が提供する AI システム・サービスを開発する企業である。当社は AI システム・サービスを法的に所有しているわけではないが、保守契約を通じて、他者の AI システム・サービスの運用に一定の責任を負っていて、AI 提供者としての側面も有している。このような状況では、AI システム・サービスの性能維持のためのモニタリングにおいて、日常的に AI システム・サービスを運用している企業（AI 提供者）の協力が欠かせない。実際、この AI 提供者は、AI システム・サービスからの出力を記録し、品質の著しい劣化を出力から判断し、実際の状況も確認した上で、再学習の必要性について当社に報告することになっており、その後の再学習の必要性に関する会議にも AI 提供者が加わることとしている。
　AI 提供者が再学習のタイミングを判断できる理由は、AI 提供者自身が AI システム・サービスに対して具体的に何を求めていて、具体的に何ができるかを良く理解しているからである。AI 開発者は、AI 提供者の AI システム・サービスへの期待を理解し、AI 提供者自身が腹落ちするまで何ができるかを丁寧に説明することが重要である。「AI システム品質保証ガイドライン」に記載されているように、「品質保証の技術者及びチーム、組織は、開発並びに営業と共に、AI プロダクトに関する顧客の理解を深めるような活動を行う」ことが重要である[56]。

行動目標 4-3【AI ガバナンスの実践状況の積極的な開示の検討】：
各主体は、AI ガバナンス・ゴールの設定、AI マネジメントシステムの整備及び運用等に関する情報を、コーポレートガバナンス・コードの非財務情報に位置づけ、開示することを検討することが期待される。上場企業以外であっても、AI ガバナンスに関する活動の情報を開示することを検討することが期待される。そして、検討の結果、

---

[56] AI プロダクト品質保証コンソーシアム「AI プロダクト品質保証ガイドライン 2023.06 版」（2023 年 6 月）

第Ⅱ部　AI事業者ガイドライン（第 1.0 版）別添（付属資料）

別添 2.「第 2 部 E.AI ガバナンスの構築」関連
4.運用

> 開示しないと判断した場合には、開示しないという事実をその理由とともにステークホルダーに公開することが期待される。

[実践のポイント]

　各主体は、経営層のリーダーシップの下、以下に取り組むことが期待される。
- 自社の AI に対する基本的な考え方から、AI マネジメントシステムの整備・運用等まで、AI ガバナンスに関する情報の透明性の確保を検討
- 開示する場合には、コーポレートガバナンス・コードの非財務情報に位置づけることも検討
- 開示しない場合には、その事実を理由とともにステークホルダーに公開

　具体的に、開示することが期待される AI に関する情報として、例えば、以下のようなものが考えられる。
　これらを対外的に公表することは、社内外の信頼感の醸成/認知拡大/意識向上等にもつながると考えられる。
- 自社の AI に関する基本的な考え方/AI ポリシー
- AI 倫理に関する自社の取組
- 自社の AI ガバナンス

[実践例]
【実践例 i：ホームページ等を通じた AI ガバナンス・ゴールの開示】

　当社は AI システムを開発する小規模企業である。AI システムの開発は単なる技術的な営みではなく、社会に対する深い理解に支えられていなければならないと考えており、AI ガバナンス・ゴールを明示的に設定することよりも、この考え方を社内に浸透させることを優先している。顧客及び株主はこの姿勢を支持してくれている。もちろん本ガイドラインの「共通の指針」を尊重することが重要であると考えているが、その背後にある理念等の理解こそが重要である。

　当社は非上場企業であるため、コーポレートガバナンス・コードの対象ではないが、ホームページ等で AI に対する上述の考え方を積極的に発信している。当社の潜在的な顧客及び当社の AI システム・サービスの業務外利用者は、AI システム・サービスを技術的なツールではなく、社会技術的なツールであると受け止めてくれており、他社との差別化にもつながっている。

【実践例 ii：非財務情報への記載の検討】

　当社は AI システムを開発する上場企業である。AI の適切な開発は当社の重要なテーマであり、すでに自社の AI ポリシーを設定し、その達成に向けた体制の整備を終えている。そして、これらの活動内容を自社のホームページで公表し、プレス発表もした。他方で、これらの活動について経営層から強いメッセージを発することを検討したが、当社の AI 関連事業は、現時点では、中長期的な収益に直接影響を与えないことから、そのようなメッセージを発するまでには至っていない。

　このような中、先日、ある機関投資家から企業ガバナンスに関するアンケートが届き、そこには AI 倫理への対応ぶりを聞く設問があった。このようなアンケートに企業の中長期的な発展に対する投資家の意向が反映されているとすれば、AI 倫理も企業の健全な発展を判断するために必要な情報であることがうかがえる。今後は、改めて、AI 倫理の取組を統合報告書に掲載することを含め、経営層からの積極的な情報発信を検討していく予定である。

54

別添 2.「第 2 部 E.AI ガバナンスの構築」関連
4.運用

別添 2.「第 2 部 E.AI ガバナンスの構築」関連
5.評価

5.評価

行動目標 5-1【AI マネジメントシステムの機能の検証】：
各主体は、経営層のリーダーシップの下、AI マネジメントシステムの設計及び運用から独立した関連する専門性を有する者に、AI ガバナンス・ゴールに照らして、乖離評価プロセス等の AI マネジメントシステムが適切に設計され、適切に運用されているか否か、つまり行動目標 3、4 の実践を通じ、AI ガバナンス・ゴールの達成に向けて、AI マネジメントシステムが適切に機能しているか否かの評価及び継続的改善を求めることが期待される。

[実践のポイント]
　　各主体は、経営層のリーダーシップの下、以下に取り組むことが期待される。
● 　継続的改善に向けた評価の重点ポイントを、経営層が自らの言葉で明示
● 　AI マネジメントシステムの設計及び運用から独立した関連する専門性を有する者を割り当て
● 　上記の者による AI マネジメントシステムが適切に機能しているか否かのモニタリング
● 　モニタリングの結果をもとに、継続的な改善を実施

　　AI マネジメントシステムの設計及び運用から独立した関連する専門性を有する者は、具体的に以下が想定される。
● 　自社で実施する場合
　　➢ 　内部監査部門
　　➢ 　AI マネジメントシステムに監査対象業務に関与していない AI 開発者を加えた自己監査 等
● 　社外のリソースを活用する場合
　　➢ 　外部監査主体、国際機関等[57]
　　　　✧ 　高い専門性及び他社の監査経験の活用並びに応用が可能である者

　　また、それぞれの場合において、以下の点に留意することが重要である。
● 　自社で実施する場合
　　➢ 　リスク管理担当部門又は AI ガバナンス担当役員（その直属の監査担当者）への報告を義務付ける等、実効性を高めるための対策を講じること
　　➢ 　内部監査部門に AI の技術的な側面を理解できる者を配置したり、内部監査部門による監査に各部門が協力する等、内部監査部門が AI に詳しくないことを理由に評価が表面的なものにならないよう配慮すること
　　　　✧ 　例えば、監査での指摘事項が、見えやすい運用プロセスに偏り、設計・開発プロセスへの指摘が少ない等
● 　社外のリソースを活用する場合
　　➢ 　外部監査主体等は、各主体の固有の課題、個別の具体的な状況等について必ずしも詳しい訳ではない。よって、外部監査主体等に任せるのではなく、各事業者においても、社会的受容の情報収集及びステークホルダーとの対話等を自発的に進めることが重要となること

---

[57] World Economic Forum, "The Presidio Recommendations on Responsible Generative AI"（2023 年 6 月）

56

別添 2.「第 2 部E.AIガバナンスの構築」関連

別添 2.「第 2 部 E.AI ガバナンスの構築」関連
5.評価

> 外部のリソースを使う必要性が高いケースとしては、関連するステークホルダーに対して、AI マネジメントシステムが適切に機能しているかを説明する必要性が生じる状況が考えうる。その際には、どの国のどのような管理基準、評価基準に応じて、どのスコープでの評価、報告が必要とされているかを明確にしたうえで、その評価を実施可能な専門性を有した社外リソースを選定することが重要となること

　マネジメント及び監査組織の基準[58]に関しては現在国際的にも議論中であり、動向を確認することが期待される。

[実践例]
【実践例ⅰ：内部監査部門を通じたモニタリング】
　当社には AI マネジメントシステムの導入前から社内規定の運用等を監査する独立した内部監査部門がある。AI マネジメントシステムの導入時に内部監査部門の業務範囲を拡張し、AI マネジメントシステムをその対象に加えた。当社では、内部監査担当者が、各部門の協力を仰ぎながら、組織、規定等が、適切に運用され、有効に機能しているかを調査及び確認し、不適切な運用又は機能不全が見られた場合は、当該部門に改善を求めるとともに、他部門のベストプラクティスがあれば、それを共有している。
　AI システム・サービスに対する社会的受容は変化している。当社では、社会的受容に歩調を合わせた改善こそが重要であると考えており、環境・リスク分析を参考にしながら、社会からの期待が高い分野及びインシデントの報告数が多い分野を中心に内部監査を行っている。改善に向けた各部門の協力が得られるように、全ての分野に対して一律に社内ルール等への厳密な適合性評価を行うのではなく、リスクの高い分野を選定している。選定理由を伝えると各部門の協力を得られやすい。

【実践例ⅱ：自己監査を活用したモニタリング】
　当社は AI システムを開発する小規模企業である。AI マネジメントシステムを評価する内部監査部門を設けず、AI マネジメントシステムに直接関与していない開発部門内の者を加えて自己監査を行っている。自己監査という第一の監査ラインは身内に甘くなる傾向があるため、自己監査結果を AI ガバナンス担当役員直属の監査担当者に報告させ、報告内容を整理して、AI ガバナンス担当役員に報告することにしている。AI ガバナンス担当役員は AI 技術及び倫理に詳しいことから、自己監査中心でありながらも十分に機能していると考えている。現在は、第三者的な視点を強化するとともに、内部監査は AI システムの改善のためにあることを伝えるために、部門横断的なフィードバック会合を開催して監査結果を共有するとともに意見交換を行うことを検討している。

【実践例ⅲ：内部及び外部を組み合わせたモニタリング】
　当社には内部監査部門があるが、AI マネジメントシステムに関しては外部監査を活用してみることにした。外部監査には高い専門性及び他社の監査経験の横展開を期待している。AI システムに対する社会的受容は変化していて相場感が形成されていない。自社なりに十分に対応できていると自負していても死角があるかもしれない。

---

[58]マネジメント標準としては、Information technology—Artificial intelligence—Management system が、監査組織の基準としては、ISO/IEC42006 Information technology—Artificial intelligence—Requirements for bodies providing audit and certification of artificial intelligence management systems が議論中である。

57

別添 2.「第 2 部 E.AI ガバナンスの構築」関連
5.評価

　　外部監査サービスはコンサルティングファーム等を中心に提供されている。外部専門家による監査を受けることで、社内外の専門的な情報を活用したアドバイスを受けることができる。また、外部専門家のアドバイスの第三者性及び客観性によって、社内へのフィードバックがよりスムーズになる効果も期待している。

　　このようなメリットがある一方で、受け身になる可能性を心配している。外部専門家はそれぞれの企業に固有の課題等に必ずしも詳しいわけではない。外部専門家のアドバイスを最大限活用するためには、外部監査に頼った場合でも AI に対する社会的受容を能動的に理解しようという姿勢が重要である。

行動目標 5-2【ステークホルダーの意見の検討】：
各主体は、経営層のリーダーシップの下、ステークホルダーから、AI マネジメントシステム及びその運用に対する意見を求めることを検討することが期待される。そして、検討の結果、当該意見の内容を実施しないと判断した場合には、その理由をステークホルダーに説明することが期待される。

[実践のポイント]
　　各主体は、経営層のリーダーシップの下、以下に取り組むことが期待される。
● 　ステークホルダーから、AI マネジメントシステム及びその運用に対する意見を求めることを検討
● 　当該意見の内容を実施しない場合、その理由をステークホルダーに説明

　　また、ステークホルダーと協働できるよう、以下のような取組を通じてネットワークを構築し、日常的に自社の事情に即したアドバイスを得ることができる状態にしておくことが重要である。
● 　外部講師を交えた社内研修を開催
● 　AI 倫理及び品質に関心が高い人々と業務外で緩やかなネットワークを形成し、情報交換
● 　AI 倫理及び品質に関する意見交換の場並びにカンファレンス等の場を積極的に活用
● 　AI 及びそれ以外の分野の専門家で構成される AI ガバナンスに関する外部有識者等を含む組織を設置

[実践例]
【実践例 i ： AI ガバナンスに関する外部有識者等を含む組織を通じた検討】
　　コーポレートガバナンス・コードの「株主以外のステークホルダーとの適切な協働」の章には、従業員、顧客、取引先、債権者、地域社会をはじめとするステークホルダーとの適切な協働に努め、とりわけ取締役会・経営層は、これらのステークホルダーの権利・立場及び健全な事業活動倫理を尊重する企業文化・風土の醸成に向けてリーダーシップを発揮することが重要であるとまとめられている。また、AI システム・サービスの適切な開発・提供・利用への関心が高まっていることから、上場企業はもちろんのこと非上場企業も、AI ガバナンス及び AI マネジメントシステムの評価並びに見直しにあたってはステークホルダーとの協働が求められる場合がある。

　　当社は、AI ポリシーの設定、AI ポリシー達成に向けた体制作り等の初期設定は企業自身が行うべきであり、その後の改善も企業自身が主体的に行うべきと考えているが、「社会からの見え方」を知るためにステークホルダーとの協働も重視している。当社はすでに AI ポリシーを定めるとともに、AI ポリシーの意味及び AI ポリシー達成のための活動を公表している。しかし、「社会からの見え方」を知り、客観的な倫理性を確保する必要があると考え、ステークホルダーと対話を重ねていくことを目的として、AI 及びそれ以外の分野の専門家で構成される AI ガバナンスに関する外部有識者等を含む組織を設置することとし、AI 技術の専門家だけではなく、法律、環境問題、消費者問題の専門家も招聘している。一般的な指摘を受けるだけでは不十分であることから、当社の具体的な課題を提示して深い洞察を得られるように工夫している。

58

別添 2.「第 2 部 E.AI ガバナンスの構築」関連

別添 2.「第 2 部 E.AI ガバナンスの構築」関連
5.評価

【実践例 ii：意見交換の場を活用した検討】

　　実践例 i のような外部有識者委員会の設置のような「見える施策」に目が行きがちであるが、そのような場だけが全てではないと考えている。重要なことは、AI 倫理及び品質に関心の高い人々とのネットワークに緩やかにつながり、この情報交換網の中に入ることである。当社の経営層には、AI 倫理及び品質に関する意見交換の場で積極的に発言したり、カンファレンス等のスピーカーを積極的に引き受けたりするように促している。もちろん、そのような活動を業績評価に含めている。

　　このようなアプローチでは、意見が集まらないという懸念の声を聞く。この懸念の背景には、日本人は意見交換及びカンファレンスの場において本音で話さないことがあると考えられる。しかし、自分から意見を発信することで相手の意見を引き出す、いわゆる「アクティブソナー型」の人たちは、意見交換及びカンファレンスの後に個人的に意見をくれる人がいることを知っている。このようなに意見を得ることこそが重要と考えている。

　　この経営層の人脈をたどり、外部講師を交えた社内研修を開催したことがあった。この研修では、当社の AI ガバナンスの取組を AI 関連業務に従事する従業員に対して説明することに加え、当社の取組をこの外部講師に評価してもらった。この外部講師は当社の経営層と日常的に意見交換をしていることから、当社の事情に即したアドバイスを得ることができ、研修受講者から好評価を得たところである。

　　このような状況であるため、外部有識者委員会の設置についても検討しているが、今のところは必要性を感じていない。

別添 2.「第 2 部 E.AI ガバナンスの構築」関連
6.環境・リスクの再分析

6.環境・リスクの再分析

> 行動目標 6-1【行動目標 1-1〜1-3 の適時の再実施】：
> 各主体は、経営層のリーダーシップの下、行動目標 1-1 から 1-3 について、新技術の出現、規制等の社会的
> 制度の変更等の外部環境の変化を迅速に把握し、適時に再評価、理解の更新、新たな視点の獲得等を行
> い、それを踏まえた AI システムの改良ないし再構築、運用の改善を行うことが期待される。なお、行動目標 5-2
> を実施する際に、既存の AI マネジメントシステム及びその運用だけではなく、環境・リスク分析を含め、本指針で
> も重視しているアジャイル・ガバナンスに即した AI ガバナンス全体の見直しに向けた外部からの意見を得ることも
> 検討することが期待される。

[実践のポイント]
　　各主体は、経営層のリーダーシップの下、以下に取り組むことが期待される。
- 　新技術の出現、AI に関連した技術革新、規制等の社会的制度の変更等の外部環境の変化を把握す
　　ること
- 　適時に再評価、理解の更新、新たな視点の獲得等を行い、それに即した AI システムの改善、再構築、
　　運用の変更等を行うこと
- 　AI ガバナンスの考え方を組織の文化として根付かせること

　　社会的なトレンドについては、定期的に外部有識者を招集した会議を開催する等を通じて外部の情報を取
得することも重要となる。

　　適時な再分析は各主体によって様々ではあるが、定期的（四半期/半期/年次等）な実施とは別に、以
下のようなタイミングも候補となる。
- 　重大な「ヒヤリ・ハット」が発生した場合
- 　重大な AI インシデントが他社で発生した場合
- 　社会的に、特定の AI 技術又は AI インシデントへの注目が高まった場合
- 　社会的に、規制環境が変化した場合

　　重大な「ヒヤリ・ハット」の発生を認識する体制構築としては、例えば、以下の工夫が有用である。
- 　従業員が「ヒヤリ・ハット」を報告しやすくする仕組みの整備
    - ➢ 　匿名報告システムの導入、ヒヤリ・ハットの報告者に対する報奨制度の導入、啓発活動　等
- 　定期的なリスク評価とモニタリング体制の構築

　　なお、AI ガバナンスに係る体制及び運用を機能させていくためには、AI ガバナンスの考え方を組織全体へ浸
透させ、文化として根付かせていくべきである。そのためには、各主体に所属する者が AI ガバナンスについて、自
身の役割を認識するとともに部分最適に陥らないように全体最適の当事者意識を持つことが重要である。各主
体内における文化の醸成に係る取組の例としては、以下が挙げられる。
- 　組織横断的なコンソーシアム及びコミュニティ活動等地道な日々の AI ガバナンス伝承活動を評価する人
　　事評価制度の導入
- 　新入社員配属時、異動時のタイミングでの教育
- 　社員必携の行動基準又は冊子等における AI ガバナンスに対する姿勢への言及

60

別添 2. 「第 2 部E.AIガバナンスの構築」関連

別添 2.「第 2 部 E.AI ガバナンスの構築」関連
6.環境・リスクの再分析

● 　定期的な e-learning 及び研修教育　等

[実践例]
【実践例ⅰ: 経営層への報告機会に合わせた再分析】
　当社では、重大な「ヒヤリ・ハット」が生じた場合、特定の AI インシデントへの社会の注目が大きく高まった場合、規制環境が変化した場合等を除き、定期的に環境・リスクの分析を行い、経営層にレポートすることとしている。AI システム・サービスの適切な開発・提供・利用をめぐる議論は非常に活発であるが、アジャイルな再分析による AI ガバナンス疲れを防ぎ、大きなトレンドをアジャイルに把握することを重視している。経営層への報告機会は大きなトレンドに目を向ける良い機会である。

【実践例ⅱ: AI ガバナンスに関する外部有識者等を含む会議体の実施に合わせた再分析】
　当社は、実践例ⅰのように定期的に環境・リスクの分析を行っているが、AI ガバナンスと AI マネジメントシステムの検証には重複する要素もあることから、定期的に開催される外部有識者を招聘した AI ガバナンスに関する外部有識者等を含む組織の議題に、AI システム・サービスがもたらしうる便益/リスク及び AI システム・サービスの開発並びに提供に関する社会的受容を盛り込み、外部有識者からこれらの論点に関する大きなトレンドを得るようにしている。

61

113

第Ⅱ部　AI事業者ガイドライン（第1.0版）別添（付属資料）

別添 2.「第 2 部 E.AI ガバナンスの構築」関連
コラム 4：ABEJA の AI ガバナンスに関する取組

B.AI ガバナンスの構築に関する実際の取組事例

AI ガバナンスを推進している事業者の例を取り上げる。

コラム 4：ABEJA の AI ガバナンスに関する取組

デジタルプラットフォーム事業等を展開する従業員数約 100 名のスタートアップである同社は、2019 年に外部有識者会議として Ethical Approach to AI (EAA) を設置し、具体的な案件における倫理的課題の抽出や解決の方向等について定期的に諮問している。また社内体制についても、AI に関する法務・倫理・ガバナンスの知見を有する者を法務業務との兼務で担当者とし、取組を進めている。　スタートアップとしての規模に応じた機動的・軽量な体制になるよう留意しつつ CEO 主導の下、構築している。

また、同社は、AI ポリシーを、抽象的な公平性や透明性などを挙げるのではなく、事業内容ごとに重要な価値を特定して制定している。

具体的には、同社の事業のうち受託開発事業については、幅広い業界の顧客から AI 開発を受託する事業者として、何を守っていくべきと設定するかが課題であった。これは顧客のドメインに依存することから、「顧客との対話」や「意見交換」を重視する内容とし、一般的によく挙げられる「透明性」、「公平性」等を中心に据えることはしなかった。一方で、顔認識サービスについては「プライバシー」を掲げる等、事業の内容に合わせ、重要な価値を特定し、事業内容に応じた記載となるような工夫を行っている。

また、個別の案件について AI 倫理上の確認を行う際は、上述の担当者が秘密保持契約や業務委託開発のチェック時に、全件について概括的な倫理上の確認を行っており、課題がありそうなものについては、プロジェクト担当者等を通じて顧客に対し倫理上の課題についてフィードバックを行っている。特に判断が難しい案件については、上記の EAA に諮問することとしている。

また、AI 開発受託者として、顧客の開発における倫理の実現を重要と考える同社は、顧客の AI における倫理やリスクマネジメント体制の整備、倫理チェックリストの作成など、AI 倫理コンサルティングについて多数のサービスを提供している。

このような取組の結果、「AI 倫理に適切に対処している」、又は「AI 倫理コンサルティングサービスを提供している」ということを理由に、同社を選択する顧客も増えてきており、AI 倫理に取り組むスタートアップ企業として注目もされてきている。

AI 事業者ガイドラインについては、まだ公表から多くの日数が経過していないものの、同社に関連する項目がある場合は適宜参照している。また、今後 NEDO から採択された日本語 LLM のモデル構築に取り組んでいく際も、参照していく想定である。

62

別添 2.「第 2 部 E.AI ガバナンスの構築」関連
コラム 5：NEC グループの AI ガバナンスに関する取組

コラム 5：NEC グループの AI ガバナンスに関する取組

　NEC は、2018 年に AI の利活用に関連した事業活動が人権を尊重したものとなるよう、全社戦略の策定・推進を担う組織として「デジタルトラスト推進統括部」を設置し、2019 年に「NEC グループ AI と人権に関するポリシー（以下、全社ポリシー）」を策定。ガバナンス体制として AI ガバナンス遂行責任者（CDO: Chief Digital Officer）を置き、リスク・コンプライアンス委員会や取締役会との関係性を明確化するとともに、外部有識者会議の「デジタルトラスト諮問会議」を設置し、外部とも積極的に連携する等、経営アジェンダとして AI ガバナンスに取り組んでいる（「図 8. AI ガバナンスの推進体制」参照）。

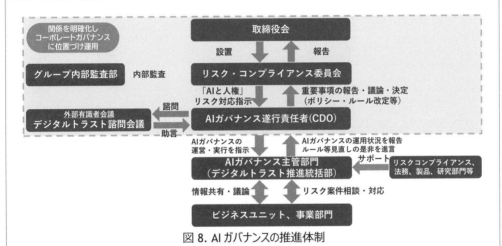

図 8. AI ガバナンスの推進体制

　全社ポリシーは、デジタルトラスト推進統括部が国内外の原則や自社のビジョン・価値・事業内容等から検討し、社内の研究開発・サステナビリティ・リスク管理・マーケティング・事業部門などの関係部門や、外部の有識者・NPO・消費者など社内外の様々なステークホルダーとの対話を経て 2019 年 4 月に策定された。このポリシーは、AI 利活用においてプライバシーへの配慮や人権の尊重を最優先するために策定されたものであり、「公平性」、「プライバシー」、「透明性」、「説明する責任」、「適正利用」、「AI の発展と人材育成」、「マルチステークホルダーとの対話」の 7 つの項目から構成されている。

　全社ポリシーを実践するために、デジタルトラスト推進統括部が中心となり、社内制度の整備や従業員の研修などを実施している。具体的には、ガバナンス体制や遵守すべき基本的事項が定められた全社規定、対応事項や運用フローが定められたガイドラインやマニュアル、リスクチェックシートを整備し、AI 利活用へのリスクチェックと対策を企画・提案フェーズからフェーズ毎に実施する枠組みを整えている。

　また、全従業員向けの Web 研修や AI 事業関係者・経営層向けの研修も実施しており、外部有識者を講師に迎え、最新の市場動向やケーススタディも交えることで理解の促進が図られている（「図 9. AI ガバナンスの全体像」参照）。

別添 2.「第 2 部 E.AI ガバナンスの構築」関連
コラム 5：NEC グループの AI ガバナンスに関する取組

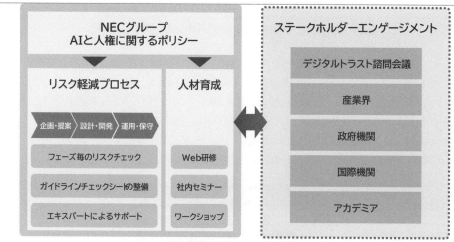

図 9. AI ガバナンスの全体像

　これらの取組に際し、経済産業省「AI 原則実践のためのガバナンス・ガイドライン」（以下、旧「AI ガバナンス・ガイドライン」という）に掲載された 21 個の行動目標に対して、5 段階の「成熟度」を定義し、AI ガバナンスの現状を可視化することで、目標達成に向けた対応事項の設定や進捗管理に活用している（「図 10. 旧「AI ガバナンス・ガイドライン」の活用法」参照）。また、旧「AI ガバナンス・ガイドライン」のアジャイル・ガバナンスの考え方にもとづいて、社会環境の変化に応じた対応や社内ルール・運用の見直しを柔軟に行っている。2023 年には、生成 AI（大規模言語モデル）の社内利用に関するルール整備を行うなど、積極的な活用が進められている。

行動目標	成熟度	Lv.1 Performed 個々人による単発的な実施	Lv.2 Managed ポリシーに従った反復的実施	Lv.3 Defined 統一された標準的プロセスの確立	Lv.4 Measured 定量的な評価の実施	Lv.5 Optimized フィードバックに基づく継続的最適化
1-1. AIシステムから得られる正のインパクトだけではなく…		国内及び同業他社に関するAI利用のガイドライン…				
1-2. 本格的なAIの提供に先立ち、直接的なステークホルダー…		政府、市民団体等が公表している消費者アンケートや、AI利用に…				
…						
6-1. 行動目標1-1から1-3について、適時に再評価…		重大な「ヒヤリ・ハット」が生じた場合、特定のインシデントへ…				

図 10. 旧「AI ガバナンス・ガイドライン」の活用法

別添 2.「第 2 部 E.AI ガバナンスの構築」関連
コラム 6：東芝グループの AI ガバナンスに関する取組

コラム 6：東芝グループの AI ガバナンスに関する取組

　同社は、2022 年にグループ横断の AI 施策を先導する「AI-CoE プロジェクトチーム」を発足させ、グループの経営理念体系を AI 利活用の点から具体化した「AI ガバナンスステートメント」を策定。旧「AI ガバナンス・ガイドライン」を参照しつつ、このステートメントをベースとした「AI ガバナンス」を構築している。この枠組みの中で、「AI-CoE プロジェクトチーム」を中心に、プライバシー、セキュリティ、法務などの様々な分野専門家、および、事業側からの代表者を集めたワーキンググループを形成し、「AI ガバナンス」を推進する活動をしている。

　具体的には、「AI 技術カタログ」の構築によるグループ保有の AI 技術資産の見える化/利活用促進や独自教育プログラムによる AI 人材育成に加え、「MLOps」(機械学習モデルのライフサイクルを管理する仕組み)や「AI 品質保証の仕組み」の整備等を通じて、AI システムの品質を保つ仕組みに取り組んでいる（「図 11. グループの AI ガバナンスの概要」参照）。

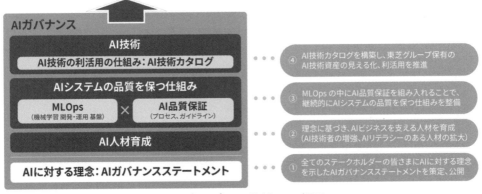

図 2. グループの AI ガバナンスの概要

　この「AI ガバナンスステートメント」は、東芝グループの経営理念体系を反映し、AI に対する理念を明文化することを目的として、「人間尊重」、「安全安心の確保」、「コンプライアンスの徹底」、「AI の発展と人材の育成」、「持続可能な社会の実現」、「公平性の重視」、「透明性と説明責任の重視」の 7 つの要素から構成されている。

　このステートメントをベースとし、「AI 品質保証」と「MLOps」の二軸により、AI システムの品質を保つ仕組みが構築されている。「AI 品質保証」では、「AI 品質保証ガイドライン」を策定し AI システムの開発における考え方や取り組むべき事項を整理し、当ガイドラインを踏まえた「AI 品質保証プロセス」で必要な作業や作成すべき成果物を特定し、漏れのないプロセスを整理している。また、「品質カード」を通じ、開発者目線になりがちな AI 品質保証を利用者目線で評価し、AI 品質の可視化に取り組んでいる。

　「MLOps」では、ビジネス、機械学習の専門家、システム開発担当者、システム運用担当者が一体のチームとなり、運用開始後の環境変化による性能劣化などを起こさないよう、AI システムの継続的な改善に取り組んでいる。これらを連携させることで、信頼できる AI システムの開発・提供・運用を実践している。

別添 2.「第 2 部 E.AI ガバナンスの構築」関連
コラム 6：東芝グループの AI ガバナンスに関する取組

　これら AI ガバナンスの取組を始めたことにより、AI の専門家（技術者）だけでなく、東芝グループ全体で AI システムの開発・提供・運用に必要なリテラシーの向上（AI 利用に対する機会だけでなく、リスク意識の向上）がみられている。

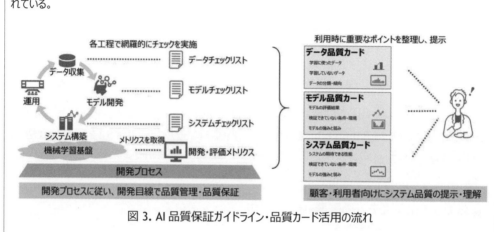

図 3. AI 品質保証ガイドライン・品質カード活用の流れ

別添 2.「第 2 部 E.AI ガバナンスの構築」関連
コラム 7：パナソニックグループの AI ガバナンスに関する取組

コラム 7：パナソニックグループの AI ガバナンスに関する取組

　同社では、2019 年に、旧パナソニック(株)内に AI 倫理委員会を設置し、社内で遵守すべき「AI 倫理原則」の策定を行った。2022 年にはグループ横断で「AI 倫理原則」を運用するための組織として「パナソニックグループ AI 倫理委員会」へ改組し、同年に「パナソニックグループの AI 倫理原則」を公表した。現在は、この AI 倫理委員会が中心となり、2022 年より運用開始の「AI 倫理チェックシステム」の開発・活用や、全従業員向け AI 倫理教育などを行っている（「図 13. AI ガバナンスの体制　概要」参照）。

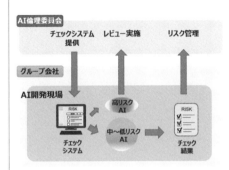

図 4. AI ガバナンスの体制　概要

　「AI 倫理委員会」は、パナソニック ホールディングス(株)内に設置され、「AI 倫理原則」の公表に加え、広範な事業領域それぞれにおいて利用者・社会から信頼される活動実践に取り組んでいる。具体的には、グループの全事業会社から 1 人以上の AI 倫理担当者を選出し、法務部門や知財部門、情報システム／セキュリティ部門、品質部門とともに、グループ横断的に AI 倫理推進体制を敷いている（「図 14. AI 倫理委員会構造」参照）。パナソニックグループの多岐に渡る事業分野に対応するため、それぞれの AI 倫理担当者が事業会社グループ内の AI 倫理活動を推進し、AI 倫理委員会がそれらを支援するという形で運用されている。

図 5. AI 倫理委員会構造

　AI 倫理委員会の取組の一つとして、「AI 倫理チェックシステム」が開発されている。これは、グループ内の多岐・広範囲にわたる AI 利活用において、現場負担の増大・イノベーション阻害を防ぎつつ、AI 倫理リスクチェックを効率的・効果的に行うことを目的としている。製品・サービスの特性に合わせて必要十分なチェックリストを生成できるシステムとなっており、開発中の AI が、AI 倫理原則に乖離したものになっていないか確認できる。また、各チェック項目に対して、充実した解説や対応策に関する情報・技術・ツールの提供を行い、現場が主体

別添 2.「第 2 部 E.AI ガバナンスの構築」関連
コラム 7：パナソニックグループの AI ガバナンスに関する取組

的に AI 倫理をチェックし改善を進められる仕組みとなっている。セルフチェック結果は集約され、「AI 倫理委員会」で内容分析が行われ、活動に反映される。チェック項目は、経済産業省の旧「AI ガバナンス・ガイドライン」をベースに国内外のガイドラインを踏まえて初版が作成され、実運用後は現場からの意見を反映した改訂が随時行われている（「図 15. AI 倫理チェックシステム」参照）。

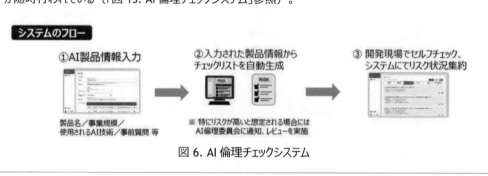

図 6. AI 倫理チェックシステム

別添 2.「第 2 部 E.AI ガバナンスの構築」関連
コラム 8：富士通グループの AI ガバナンスに関する取組

コラム 8：富士通グループの AI ガバナンスに関する取組

　同社は、AI の開発・提供企業として、AI に関する懸念や予期せぬ不都合の解消と適切な技術活用による持続可能な社会の創造をその責務としており、国際的な AI 倫理の議論への積極的な参加に加え、後述の「AI 倫理チェック」や海外リージョンへの AI 倫理責任者設置などの先進的な社内ガバナンスの取組を推進しつつ、AI ガバナンスの取組紹介や生成 AI 利活用ガイドラインの公開などの社外への AI 倫理普及の取組にも力を入れる。

　2018 年に加盟した欧州コンソーシアム「AI4People」が提案する 5 原則を参考に、2019 年に「富士通グループ AI コミットメント」を策定、さらにその実践のために、AI の利活用方法に応じた具体的な判断基準や手順を整備した（「図 16. 富士通グループコミットメント」参照）。また、AI ガバナンスの取組に対する客観的な評価を得るべく、「富士通グループ AI 倫理外部委員会」を設置し、AI 技術のほか、生命医学、生態学、法学、SDGs、消費者問題など多様性を重視した外部の専門家をその委員として招聘している。社長をはじめ経営陣がオブザーバーとして参加する同委員会における活発な議論を提言として取りまとめ、これを取締役会へと共有することで、AI 倫理を「企業経営上の重要課題」としてコーポレートガバナンスに組み込んでいる。

① AI によってお客様と社会に価値を提供します
② 人を中心に考えた AI を目指します
③ AI で持続可能な社会を目指します
④ 人の意思決定を尊重し支援する AI を目指します
⑤ 企業の社会的責任としての AI の透明性と説明責任を重視します

図 7. 富士通グループコミットメント

　2020 年から AI 倫理に関する教育を制度化した結果、従業員の意識レベルが飛躍的に向上し、また、コンサルティングサービスとして AI ユーザー企業への倫理的観点の助言が可能になっている。

　2022 年には、AI 倫理はグループ全体の経営課題との認識から、AI 倫理戦略を主導する組織として「AI 倫理ガバナンス室[59]」を会社直下（コーポレート部門）に設置した。その際、開発や営業出身者など幅広い職種の経験者をグループ各所から登用し、また、デジタルネイティブ世代が活躍できるようオープンで個人の意見が尊重される場づくりを行っている。同室では、率直な意見交換や提案が日常的に行われ、ここから生み出される各種 AI 倫理浸透策はグループ全体で推進される（「図 17. AI 倫理ガバナンスの体制」参照）。

---

[59] 詳細は、富士通の AI 倫理ガバナンスに関する専門サイトに掲載のホワイトペーパー『「富士通グループ AI 倫理外部委員会」による提言および富士通の実践例』を参照のこと。
https://www.fujitsu.com/jp/about/research/technology/ai/aiethics/

別添 2.「第 2 部 E.AI ガバナンスの構築」関連

コラム 8：富士通グループの AI ガバナンスに関する取組

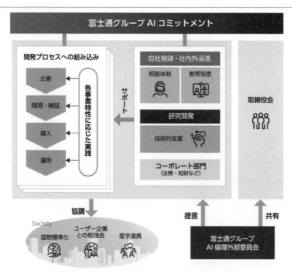

図 8. AI 倫理ガバナンスの体制

さらに、2023 年、「AI 倫理チェック」の義務化対象を日本国内全商談に拡大し、倫理的課題を抱える案件は法務・研究開発・DE&I・事業部門などによる合議を経てその推進・改善を判断することとし、AI に関する品質保証やセキュリティの観点に留まらない統制を徹底している。海外については、本社での倫理審査に加えて、現地での AI 実装時点での倫理チェックを行うべく、各リージョンに AI 倫理責任者を配置している。

加えて、「AI 倫理影響評価」の無料公開などを通じ、安全安心で信頼できる AI の開発・提供の社内外の推進に取り組んでいる。「AI 倫理影響評価」は、内閣府、総務省、経済産業省で公表されたガイドラインに加え、OECD や EU、米国の指針等も含め、国内外各種 AI 倫理ガイドラインに準拠する上で、AI システムの開発者・運用者に関連する項目を抽出し、AI が人や社会に与える倫理的な影響を評価するために策定された。この公開に加え、ユーザー企業との勉強会、産学連携や標準化活動などにより、社会全体への AI 倫理取り組みの浸透を促進している（「図 18. AI 倫理影響評価の概要」参照）

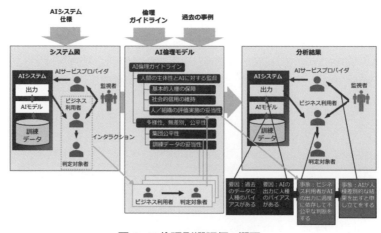

図 9. AI 倫理影響評価の概要

別添 3.AI 開発者向け
コラム 8：富士通グループの AI ガバナンスに関する取組

別添 3.AI 開発者向け

　本章では、まず、本編「第 3 部 AI 開発者に関する事項」に記載されている内容について、「ポイント」及び「具体的な手法」を解説する。その後本編「第 2 部 AI により目指すべき社会と各主体が取り組む事項」の「C. 共通の指針」のうち、AI 開発者について特に意識すべき具体的な手法を解説する。

　なお、ここで述べる「具体的な手法」は、あくまで一例である。従来からある AI 及び生成 AI の双方について書かれているもの、あるいは一方のみに当てはまるものもある。具体的な対応の検討にあたっては、開発予定の AI のもたらすリスクの程度及び蓋然性、技術特性、各主体の資源制約等に配慮することが重要である。

　また、高度な AI システムを開発する主体は、広島 AI プロセスにおいて制定された「高度な AI システムを開発する組織向けの広島プロセス国際指針」[60]（本編「第 2 部　AI により目指すべき社会及び各主体が取り組むべき事項」の「D. 高度な AI システムに関係する事業者に共通の指針」の記載）及び「高度な AI システムを開発する組織向けの広島プロセス国際行動規範」[61]（後述する C. 高度な AI システムの開発にあたって遵守すべき事項）についても遵守すべきである。

---

[60] 外務省「高度な AI システムを開発する組織向けの広島プロセス国際指針」（2023 年 10 月），
https://www.mofa.go.jp/mofaj/files/100573469.pdf
[61] 外務省「高度な AI システムを開発する組織向けの広島プロセス国際行動規範」（2023 年 10 月），
https://www.mofa.go.jp/mofaj/files/100573472.pdf

71

別添 3.AI 開発者向け
D-2） i. 適切なデータの学習

A. 本編「第 3 部　AI 開発者に関する事項」の解説

[本編の記載内容　（再掲）]

データ前処理・学習時

D-2） i. 適切なデータの学習

✧　プライバシー・バイ・デザイン等を通じて、学習時のデータについて、適正に収集するとともに、第三者の個人情報、知的財産権に留意が必要なもの等が含まれている場合には、法令に従って適切に扱うことを、AI のライフサイクル全体を通じて確保する（「2）安全性」、「4）プライバシー保護」、「5）セキュリティ確保」）

✧　学習前・学習全体を通じて、データのアクセスを管理するデータ管理・制限機能の導入検討を行う等、適切な保護措置を実施する（「2）安全性」、「5）セキュリティ確保」）

[ポイント]

　AI モデルの質の向上のために、AI 開発者は、AI の学習等に用いるデータの質に留意することが重要となる。

● 利用する AI の特性及び用途を踏まえ、AI の学習等に用いるデータの質（正確性及び完全性等）に留意する

● また、AI によりなされる判断は、事後的に精度が損なわれたり、低下したりすることが想定されるため、想定される権利侵害の規模、権利侵害の生じる頻度、適用できる技術水準、精度を維持するためのコスト等を踏まえ、あらかじめ精度に関する基準を定めておくことが期待される。精度が当該基準を下回った場合には、データの質に留意して改めて学習させる

● なお、ここで言う「精度」には、AI が倫理的に正しい判断を行っているか（例えば、AI が暴力的な表現を行っていないか、ヘイトスピーチ等を行っていないか　等）も含まれる

[具体的な手法]

● データに個人情報、機密情報、著作権等の権利又は法律上保護される利益に関係するものが含まれていないか、確認を実施

　➢　固有表現抽出

　　✧　人名、クレジットカードの番号　等

● 権利又は法律上保護される利益に関係するものが含まれる場合には、個人情報・機密情報・著作権等の適切な取扱いを実施

　➢　差分プライバシー

　　✧　AI 開発者が実際のデータを知ることがないように、データにノイズを加えること

　➢　データ管理コンソール

　　✧　個人情報を提供した者が個人情報の提供の可否、範囲、承諾の撤回等を行う、かつこれらの現状を簡単に把握できるツール及びコンソールを提供すること

　➢　データ暗号化

　　✧　データを転送する際及び保存する際に、強力な暗号化アルゴリズムを使用して情報を保護すること

72

別添 3.AI開発者向け

別添 3.AI 開発者向け
D-2）ⅰ. 適切なデータの学習

● データが適切（正確性及び完全性等の品質が確保されている）かつ安全であることを保証するための対策を実施

　➢ タイムスタンプの確認 等

● 技術的に可能で合理的な範囲で、データの出所を把握するための手段の実施

　➢ データリネージ（来歴メカニズムの構築）

　　✧ データが元々どこから来たのか、どのように収集され、管理され、時間の経過とともに各主体内でどのように移動したのかを知ること

　　✧ 当該データは、コンテンツを作成したサービス又は AI モデルの識別子を含むが、利用者情報を含める必要はない

[参考文献]

● 国立研究開発法人産業技術総合研究所「機械学習品質マネジメントガイドライン 第 4 版」（2023年 12 月）

● NIST, "AI Risk Management Framework Playbook"（2023 年 1 月）

73

第Ⅱ部　AI事業者ガイドライン（第 1.0 版）別添（付属資料）

別添 3.AI 開発者向け

D-3）　i. データに含まれるバイアスへの配慮

[本編の記載内容　（再掲）]

データ前処理・学習時

D-3）　i. データに含まれるバイアスへの配慮

  ✧　学習データ、AI モデルの学習過程によってバイアス（学習データには現れない潜在的なバイアスを含む）が含まれうることに留意し、データの質を管理するための相当の措置を講じる（「3）公平性」）

  ✧　学習データ、AI モデルの学習過程からバイアスを完全に排除できないことを踏まえ、AI モデルが代表的なデータセットで学習され、AI システムに不公正なバイアスがないか点検されることを確保する（「3）公平性」）

[ポイント]

　AI 開発者は、AI システムの判断にバイアスが含まれうることに留意する。また、AI システムの判断によって個人及び集団が不当に差別されないように留意する。なお、AI モデルからバイアスを完全に排除できないことを踏まえ、単一手法ではなく多様な手法に基づく開発を並行して行うことが期待される。

● データは、ある事象又は現象の一部分を切り取ったものでしかなく、現実世界を完全に反映したものではない。そのため、データに偏りが生じたり、特定のコミュニティがデータ上に過少又は過剰に現れたりするリスクがある[62]ことに留意する。また、その基礎となるデータに偏り又は過少代表・過剰代表がないかを確認する

● 現実社会の偏見・偏向がデータに潜在し、結果として既存の差別が継承・再生産されてしまう可能性があるため、「公正さ（fairness）」との関係で留意する

[具体的な手法]

● 学習前

  ➢ 使用しない特徴量[63]の決定

    ✧ 不当なバイアスが AI システムに生じているかを確認するといった限定的な場合を除いて、人種、民族、性別といった偏見及び差別が生じる可能性のある属性を AI モデルに学習させない

    ✧ AI モデルに学習させない属性を決定する際には、憲法 14 条 1 項（すべて国民は、法の下に平等であって、人種、信条、性別、社会的身分又は門地により、政治的、経済的又は社会的関係において、差別されない）が列挙する事由及び国際的な人権に関するルールで言及されている属性を考慮する

    ✧ AI が学習するデータ量が少なすぎてバイアスが生じることを防ぐために、意図した動作をするために必要となるおおよそのデータ量の水準も考慮に入れる

  ➢ データ品質の管理・向上

    ✧ データの再構築

      ● 例えば、データの男女比が AI の開発目的にとって相応しくなるように一部データを削除、アノテーション内容を調整

---

[62] 後者は「過少代表・過剰代表（underrepresentation and overrepresentation）」の問題といわれる。

[63] 特徴量は、データの特徴を数値で表現したもので、機械学習で使用される。例えば、身長や体重等が人の特徴量に該当する。これらの数値はアルゴリズムに供給され、モデルの学習や予測に利用される。

別添 3.AI開発者向け

別添 3.AI 開発者向け

D-3） i. データに含まれるバイアスへの配慮

- ✧ ラベルの見直し
    - ● データの前処理において、学習データのラベルは多くの場合、人間が作成・付与するため、（意図的に又は意図せずに）ラベル付与を行う者のバイアスが入り込むことに留意
- ✧ データの代表性への留意
- ✧ 「ISO/IEC 27001」（情報セキュリティ、サイバーセキュリティ及びプライバシー保護 − 情報セキュリティマネジメントシステム − 要求事項）への準拠
- ✧ 「ISO/IEC 25012」（ソフトウェア工学 − ソフトウェア製品品質要求事項及び評価（SQuaRE） − データ品質モデル）にもとづいた評価
- ● 学習中
    - ➤ 公平性に関するペナルティ項を追加した正則化の実施
        - ✧ 公平性に関する制約条件付きの最適化手法を使用すること
    - ➤ RLHF （Reinforcement Learning from Human Feedback ： 人間による評価を利用した強化学習）の実施
        - ✧ AI モデルの出力に人間の価値基準・嗜好を反映させるための学習プロセス
- ● 学習後
    - ➤ データ及び学習過程・結果のモニタリングの実施
        - ✧ 必要に応じて人間がアルゴリズムを調整したり、定期的に学習させるデータの質及び量を見直す等のデータの再構築を検討
    - ➤ データの適切な保管及びアクセスコントロールの実施
        - ✧ データの暗号化及びセキュアな保管
        - ✧ データの保管及びアクセスに関する「ISO/IEC 27002」（情報セキュリティ、サイバーセキュリティ及びプライバシー保護 − 情報セキュリティ管理）への準拠

[参考文献]
- ● デジタル庁「データ品質ガイドブック（β版）」（2021 年 6 月）
- ● 国立研究開発法人産業技術総合研究所「機械学習品質マネジメントガイドライン 第 4 版」（2023 年 12 月）
- ● AI プロダクト品質保証コンソーシアム 「AI プロダクト品質保証ガイドライン」（2023 年 6 月）
- ● パーソナルデータ+α 研究会「プロファイリングに関する最終提言」（2022 年 4 月）
- ● NIST, "AI Risk Management Framework Playbook"（2023 年 1 月）

75

第Ⅱ部　AI事業者ガイドライン（第1.0版）別添（付属資料）

別添 3.AI 開発者向け

D-3)　i. データに含まれるバイアスへの配慮

コラム 9：データ前処理・学習時における
データに含まれるバイアスへの配慮についての事例[64]

【ユースケース名】

7 分で融資（Loan in 7 minutes）

【スコープ】

　顧客の行動を分析した上で、AI が数分間で与信判断を行い、顧客に最適な融資提案を行う完全自動化ソリューション

【データを取扱うシーン】

　ソリューションは、内部（例えばトランザクションデータ）及び外部（例えば信用情報機関）システムと相互作用の上、顧客に関するすべての詳細情報を収集し、AI 及び機械学習手法にもとづくアルゴリズムの適用によって自動的にリスクの推定を実行し、顧客に対する適切なオファーを計算する。

【実装手段】

　設計段階から公平性を考慮する開発手法 Fairness by Design[65]の活用

● 設計段階からステークホルダーの意見を取り入れる参加型デザイン手法を用いて、ローン審査の判断基準となる収入、勤務先、取引履歴等の属性及び公平性に関わる年齢、性別、国籍等の属性の重みを数値化することで、ビジネス上の要件及び公平性をバランスさせた AI モデルの開発を可能とし、さらに、公平性に関わる属性、文化又はビジネス慣習の違いでは容認されない偏見を除去する手法として、年齢、性別、国籍等の属性が特定の条件で組み合わされた時に現れる交差バイアスを軽減するアルゴリズムも組み込む

　潜在的バイアスへの対策として、Linux Foundation[66]配下の Intersectional Fairness プロジェクトによる OSS 技術の活用[67]

● Intersectional Fairness は、複数の属性の組み合わせによって引き起こされる交差バイアスに対処するためのバイアス検出及び緩和技術であり、既存の単一属性バイアス緩和方法を活用して、交差バイアスに関して機械学習モデルの公平性を確保する

---

[64] データに含まれるバイアス等への配慮に関する事例を示す。この事例は、日本産業標準調査会（JISC）が日本国の代表を担っている国際標準化機関 ISO、及び IEC が共同で設置した専門委員会 ISO/IEC JTC1 配下の分科委員会 SC 42（ISO/IEC JTC 1/SC 42）が策定した技術報告書 ISO/IEC TR 24030（2021）に収集されたユースケースを引用したものである。（https://www.iso.org/standard/77610.html）

[65] 富士通「プレスリリース 文化やビジネス慣習によって異なる公平性を設計段階から考慮する AI 開発手法 Fairness by Design を開発」（2021 年 3 月），https://pr.fujitsu.com/jp/news/2021/03/31-1.html

[66] The Linux Foundation「ホームページ（世界最大で最も普及しているオープンソース ソフトウェア プロジェクト）」，https://www.linuxfoundation.jp/

[67] The Linux Foundation Projects, "Intersectional Fairness", https://lfaidata.foundation/projects/intersectional-fairness-isf/
富士通「プレスリリース富士通の自動機械学習技術と AI 公平性技術が、Linux Foundation のオープンソースプロジェクトとして始動」（2023 年 9 月），https://pr.fujitsu.com/jp/news/2023/09/15.html

76

別添 3.AI開発者向け

別添 3.AI 開発者向け

D-2) ⅱ. 人間の生命・身体・財産、精神及び環境に配慮した開発

[本編の記載内容 （再掲）]

AI 開発時

D-2） ⅱ. 人間の生命・身体・財産、精神及び環境に配慮した開発

✧ ステークホルダーの生命・身体・財産、精神及び環境に危害を及ぼすことがないよう、以下の事項を検討する（「2）安全性」）

● 様々な状況下で予想される利用条件下でのパフォーマンスだけではなく、予期しない環境での利用にも耐えうる性能の要求

● リスク（連動するロボットの制御不能、不適切な出力等）を最小限に抑える方法（ガードレール技術等）

[ポイント]

AI 開発者は、想定される被害の性質・態様等を踏まえ、必要に応じて対応策を講ずることにより、AI システムが人の生命・身体・財産、精神及び環境に危害を及ぼすことのないよう留意する。

なお、AI 開発者は、AI システムの制御可能性に関するリスクを評価するため、あらかじめ検証及び妥当性の確認を行うことが期待される。こうしたリスク評価の手法としては、社会において開発した AI が実用化される前の段階において、実験室内、セキュリティが確保されたサンドボックス等の閉鎖空間において実験を行うことが考えられる。

また、AI 開発者は、仮に、危害を及ぼした場合に講ずるべき措置を、あらかじめ整理しておくよう留意する。

加えて、既存の法令・ガイドラインの遵守に加え、新技術が起こす問題に対しては新技術で対応するという発想も期待される。

[具体的な手法]

● 予期しない環境での利用にも耐えうる性能の要求
  ➢ フェールセーフ機能の実装
    ✧ 障害発生時、安全を優先してシステムを移行する設計
  ➢ フォールトトレラント設計
    ✧ 構成要素の一部が故障、停止等しても予備の系統に切り替える等して機能を保ち、稼動を続行できる設計方針
  ➢ フールプルーフ設計
    ✧ 誤った操作をしても、安全に稼働させる設計
● リスク（連動するロボットの制御不能、不適切な出力等）の最小化
  ➢ AI ガバナンスの構築
  ➢ ガードレールの設定
  ➢ フォールバック設計
    ✧ 問題発生時には、ルールベースでシステムを動かすこと、人間の最終判断を経る等、機能の一部停止及び縮小を可能にする設計方針
  ➢ 特定されたリスク及び脆弱性に対処するための適切な緩和策の検討・実施
  ➢ 段階的な見直しプロセスの導入
    ✧ AI システムに対して、詳細な確認事項を用意

77

第Ⅱ部　AI事業者ガイドライン（第 1.0 版）別添（付属資料）

別添 3.AI 開発者向け
D-2）ii. 人間の生命・身体・財産、精神及び環境に配慮した開発

- ✧ 導入前、市場投入前等、AI ライフサイクル全体において、当該確認事項にもとづいた見直しを実施
- 透明性のある開発戦略の採用
  - ➢ 安全性を損なうことのない開発のために、開発設計等の上流において潜在的なリスクの特定及び開発プロセス全体を通じたリスクの軽減を行うための戦略の立案
- 危害発生時の措置の検討
  - ➢ 初動措置
    - ✧ 当該 AI を含むシステムの急用度等に応じ、必要な手順にて実施
    - ✧ AI システムのロールバック、代替システムの利用等による復旧
    - ✧ AI システムの停止（キルスイッチ）
    - ✧ AI システムのネットワークからの遮断
    - ✧ 危害の内容の確認
    - ✧ 関連するステークホルダーへの報告
  - ➢ （重大な損害が生じた場合）第三者機関による原因調査・分析・提言　等
- リスクに対応する新技術の検討
  - ➢ 新しいサイバー攻撃を検知・防御する AI の開発
  - ➢ AI による不適切な生成物を削除する AI の開発　等

[参考文献]
- 総務省「デジタル空間における情報流通に関する現状と課題」(2023 年 11 月）
- 総務省、経済産業省「DX 時代における企業のプライバシーガバナンスガイドブック ver1.3」（2023 年 4 月）
- 国立研究開発法人産業技術総合研究所「機械学習品質マネジメントガイドライン 第 4 版」（2023 年 12 月）
- 独立行政法人情報処理推進機構「SEC journal Vol.10 No.3 特集「信頼性と安全性」」（2014 年 9 月）
- 独立行政法人情報処理推進機構「ホワイトハッカー勉強会　初級編」（2018 年 9 月）
- パーソナルデータ+α 研究会「プロファイリングに関する最終提言」（2022 年 4 月）
- NIST, "AI Risk Management Framework Playbook"（2023 年 1 月）
- The University of Electro-Communications（国立大学法人電気通信大学）, "Fallback and Recovery Control System of Industrial Control System for Cybersecurity"（2017 年 10 月）
- World Economic Forum, "The Presidio Recommendations on Responsible Generative AI"（2023 年 6 月）

78

別添 3.AI 開発者向け

別添 3.AI 開発者向け
D-2） ii. 人間の生命・身体・財産、精神及び環境に配慮した開発

コラム 10：リスクを最小化するためのガードレールの活用事例

　AI システムのリスクの最小化のためには、そのリスクを抑制するための仕組みとしての「ガードレール」の検討をすることが期待される。当該「ガードレール」には複数の種類があり、開発時に求める事項に応じて活用することが期待される。

例えば、以下が挙げられる
- Topical Rail
  - ➢ 特定のユースケース又は AI 利用者及び業務外利用者の意図に関連しないトピックに触れないようにする手法
- Moderation Rail
  - ➢ 回答に倫理的に不適切な言葉が含まれないようにする手法
- Fact Checking and Hallucination Rail
  - ➢ 虚偽又は幻覚の答えを出力することを避ける手法
- Jailbreaking Rail
  - ➢ 悪意のある攻撃に対する堅牢性を確保する手法

　具体的なガードレール手法の活用事例として、rinna 株式会社では、開発者向けに Profanity Classification API[68]（差別、残虐行為、政治・宗教等にかかわる不適切な表現を検出し、SNS 及びレビュー等の監視に活用できる API）の提供を行っている。また、日本語に特化した画像生成モデルの公開、サービスへの組み込みを行った際には、生成されたコンテンツに対して不適切な画像のチェックを行うために、Safety Checker[69]という安全性のチェックツールを活用した[70]。

---

[68] Profanity Classification API
https://developers.rinna.co.jp/api-details#api=profanity-classification-api&operation=profanity-classification-api
[69] Safety Checker
https://github.com/huggingface/diffusers/blob/main/src/diffusers/pipelines/stable_diffusion/safety_checker.py
[70] 日本語に特化した画像生成モデル（Japanese Stable Diffusion）の公開時のモデルカード: Safety Module の項目参照
https://huggingface.co/rinna/japanese-stable-diffusion

79

第Ⅱ部　AI事業者ガイドライン（第1.0版）別添（付属資料）

別添 3.AI 開発者向け

D-2）　ⅲ. 適正利用に資する開発

[本編の記載内容　（再掲）]

AI 開発時

D-2）　ⅲ. 適正利用に資する開発

 ✧　開発時に想定していない AI の提供・利用により危害が発生することを避けるため、安全に利用可能な AI の使い方について明確な方針・ガイダンスを設定する（「2）安全性」）

 ✧　事前学習済の AI モデルに対する事後学習を行う場合に、学習済 AI モデルを適切に選択する（商用利用可能なライセンスかどうか、事前学習データ、学習・実行に必要なスペック等）（「2）安全性」）

[ポイント]

　AI 開発者は、AI システムを開発するにあたり、AI の活用時に生じうる又は生じたインシデント、セキュリティ侵害・プライバシー侵害等によりもたらされる又はもたらされた被害の性質・態様等に応じて、関係者と協力して予防措置及び事後対応（情報共有、停止・復旧、原因解明、再発防止措置等）に取り組むことが期待される。

[具体的な手法]

- ガードレールの設定
  - Topical Rail
    - ✧　特定のユースケース又は AI 利用者及び業務外利用者の意図に関連しないトピックに触れないようにする手法
  - Moderation Rail
    - ✧　回答に倫理的に不適切な言葉が含まれないようにする手法
- 目的と照らした AI モデルの調整
  - データの特性
    - ✧　元の AI モデルが訓練されたデータと、新しいタスクにおけるデータの特性を比較し、元の AI モデルが学習した特徴が新しいタスクにも適用可能であるかを検討
  - 新しいタスクのドメイン
    - ✧　ファインチューニングが行われる新しいタスクのドメイン（領域）が、元の AI モデルのドメインと一致するか確認する。異なるドメインの場合、一部の層のみをファインチューニングする等の調整を検討
  - 言語の一致
    - ✧　元の AI モデルと新しいデータの言語が一致していることを確認する。異なる場合、トークン化の方法、語彙の拡張等の調整を検討

[参考文献]

- 国立研究開発法人産業技術総合研究所「機械学習品質マネジメントガイドライン 第 4 版」（2023年 12 月）

80

別添 3.AI開発者向け

別添 3.AI 開発者向け
D-3）ⅱ. AI モデルのアルゴリズム等に含まれるバイアス等への配慮

[本編の記載内容 （再掲）]

AI 開発時

D-3） ⅱ. AI モデルのアルゴリズム等に含まれるバイアス等への配慮

- ✧ AI モデルを構成する各技術要素（AI 利用者又は業務外利用者が入力するプロンプト、AI モデルの推論時に参照する情報、連携する外部サービス等）によってバイアスが含まれうることまで検討する（「3) 公平性」）
- ✧ AI モデルからバイアスを完全に排除できないことを踏まえ、AI モデルが代表的なデータセットで学習され、AI システムに不公正なバイアスがないか点検されることを確保する（「3) 公平性」）

[ポイント]

　AI 開発者は、AI に用いられる学習アルゴリズムにより、AI の出力にバイアスが生じる可能性があることに留意する。なお、AI モデルからバイアスを完全に排除できないことを踏まえ、単一手法ではなく多様な手法に基づく開発を並行して行うことが期待される。

　また、AI によりなされた判断結果の公平性を保つため、AI を活用する際の社会的文脈、人々の合理的な期待及び AI を活用した判断の対象となっている者の権利利益に与える重大性を踏まえ、その判断を用いるか否か、あるいは、どのように用いるか等に関し、人間の判断を介在させることが期待される。

[具体的な手法]

- バイアスの検出、監視
  - ➢ AI 利用者が入力するプロンプトに対する留意
    - ✧ AI 提供者に対し、AI 利用者との利用規約等の締結必要性を喚起
  - ➢ 推論時の情報・外部サービスの確認　等
- 特徴量の見直し
  - ➢ 各事業者におけるセンシティブ属性（公平性の観点から排除すべき対象者の性別、人種等の個人の属性）を明確化
    - ✧ このような属性を明確化する際には、憲法 14 条 1 項が列挙する事由及び国際的な人権に関するルールで言及されている属性を考慮
  - ➢ センシティブ属性に関し、確保すべき公平性の内容を明確化
    - ✧ 集団公平性
      - センシティブ属性を取り除き、非センシティブ属性のみにもとづき予測を実施（unawareness）
      - センシティブ属性の値が異なる複数のグループ間で、同じ予測結果を確保（demographic parity）
      - 実際の結果に対する予測結果の誤差の比率を、センシティブ属性の値によらないように調整（equalized odds）
    - ✧ 個人公平性
      - センシティブ属性以外の属性値が等しい個人に対してはそれぞれ同じ予測結果を付与
      - 類似した属性値を持つ個人には類似した予測結果を付与（Fairness through awareness）

81

第Ⅱ部　AI事業者ガイドライン（第 1.0 版）別添（付属資料）

別添 3.AI 開発者向け
D-3）ii. AI モデルのアルゴリズム等に含まれるバイアス等への配慮

- 機械学習モデルにおいて、バイアスを考慮した AI モデルを使用
  - ➤ IPW（Inverse Probability Weighting）の使用
    - ✧ 収集されたデータに対して、グループによる重み付けによって対等性を確保する手法　等
- 機械学習システムにおける公平性の実現（定性的なアプローチから定量的な手法へ）
  - ➤ AI 開発者は、AI 提供者が分析した公平性のリスクについて、必要に応じて実装段階から「結果の均等」等定量的な公平性メトリクスを通じた実現を検討
- 社会的文脈及び人々の合理的な期待を踏まえ、人間の判断を介在
  - ➤ 統計的な将来予測が（不確定性が高く）難しい場合
  - ➤ 特定の個人又は集団に重大な影響を与える場合等、意思決定（判断）に対し納得ある理由を必要とする場合
  - ➤ 学習データにマイノリティ等に対する社会的バイアスが含まれていること等により、人種・信条・性別にもとづく差別が想定される場合　等

[参考文献]
- 国立研究開発法人産業技術総合研究所「機械学習品質マネジメントガイドライン 第 4 版」（2023年 12 月）

別添 3.AI開発者向け

別添 3.AI 開発者向け
D-5） i. セキュリティ対策のための仕組みの導入

[本編の記載内容 （再掲）]

AI 開発時

D-5） i. セキュリティ対策のための仕組みの導入

✧ AI システムの開発の過程を通じて、採用する技術の特性に照らし適切にセキュリティ対策を講ずる
（セキュリティ・バイ・デザイン）（「5）セキュリティ確保」）

[ポイント]

AI のセキュリティに留意し、AI システムの機密性・完全性・可用性を確保するため、その時点での技術水準に照らして合理的な対策を講ずることが期待される。また、セキュリティが侵害された場合に講ずるべき措置について、当該 AI システムの用途、特性、侵害の影響の大きさ等を踏まえ、あらかじめ整理しておくことが期待される。

「情報セキュリティを企画、設計段階から組み込むための方策」で内閣サイバーセキュリティセンター（NISC）により定義されているセキュリティ・バイ・デザイン等を参考にし、開発プロセスの早い段階からセキュリティを考慮することで、開発する AI システムのセキュリティを確保する。後付けでセキュリティ機能を追加したり、出荷直前になってセキュリティツールを実行していては、手戻りが多発し結果的に開発コストが多くかかってしまう可能性がある。開発の早い段階でセキュリティ対策を行うことで、手戻りが少なくなり、保守性の良い AI システム・ソフトウェアの作成及び提供につながる。

LLM を含む機械学習システムは、従来の情報システムに加え、アセット（学習データ・AI モデル・パラメータ等）、ステークホルダー（AI モデル提供者等）という要素及び確率的な出力といった性質があるため、更なる分析手法及び管理策の改善が求められる。よって、機械学習の技術的な特徴を踏まえたセキュリティの分析手法及び対策手法を開発し適用することが重要である。

[具体的な手法]
- セキュリティ・バイ・デザイン
  - セキュリティ対策の実施例
    - 脅威分析（Threat Assessment）
      - ソフトウェアが直面する脅威及び想定される攻撃を明確化、ソフトウェアを「何から守るのか」明確化
    - セキュリティ要件（Security Requirements）
      - ソフトウェア自身のセキュアな動作を定義。要件の種類にはシステムの機能に関する要件、可用性、保守性、性能等がある。セキュリティ要件とは、システム要件のうちセキュリティに関する要件のことであり、システムを安全に運用するために必要な目標の定義を実施。システム要件定義書の一部として、又はセキュリティ要件定義書として、セキュリティ要件を記述
      - 自組織で使用している基準又は他のフレームワークから適切なものを選択し、組織として合理的かつ技術的に可能な範囲で複数の手法を組み合わせ、セキュリティ要件を定義
    - セキュリティアーキテクチャ（Security Architecture）
      - 開発した AI を組み込んだ AI システムに求めるアーキテクチャ情報を AI 提供者に提供する
      - AI システムを搭載するプラットフォーム提供元が推奨しているアーキテクチャをカスタマイズして利用

83

第Ⅱ部　AI事業者ガイドライン（第 1.0 版）別添（付属資料）

別添 3.AI 開発者向け

D-5）　i. セキュリティ対策のための仕組みの導入

- ✧　ソフトウェア部品表（SBOM: Software Bill of Materials）
  - ●　製品に組み込まれるソフトウェア一式を可視化及び構成管理を容易にするために SBOM を作成
- ✧　オープンソースソフトウェアの責任ある利用
  - ●　責任をもって利用するために審査をすること
  - ●　依存関係を明確にすること
  - ●　オープンソースの問題解決、開発、メンテナンス維持に貢献すること
- ●　セキュリティ対策の強化
  - ➢　リスク評価
    - ✧　情報セキュリティに対するリスク評価を実施し、リスクの特定及び優先順位付けを行う
      - ●　ISO/IEC 27001：情報セキュリティ、サイバーセキュリティ及びプライバシー保護 – 情報セキュリティマネジメントシステム – 要求事項
      - ●　SP800-30: リスクアセスメントの実施の手引き
  - ➢　アクセス制御と認証
    - ✧　必要最小限のアクセス権を付与し、AI 開発者又は管理者が AI システムにアクセスする際には、厳格な認証手段を採用
      - ●　ISO/IEC 27001：情報セキュリティ、サイバーセキュリティ及びプライバシー保護 – 情報セキュリティマネジメントシステム – 要求事項
      - ●　SP800-53: 組織と情報システムのためのセキュリティおよびプライバシー管理策
    - ✧　各主体にとって重要な知的財産及び営業秘密に該当する内容については、強固な内部脅威検知プログラムを確立
  - ➢　意識の向上及びトレーニング
    - ✧　関連するポリシー、手順、契約等にもとづいたサイバーセキュリティに関する義務と責任を果たせるように、意識向上の教育及びトレーニングを実施
      - ●　ISO/IEC 27002: 情報セキュリティ、サイバーセキュリティ及びプライバシー保護 – 情報セキュリティ管理策
      - ●　SP800-50: IT セキュリティの意識向上およびトレーニングプログラムの構築
  - ➢　データセキュリティの確保
    - ✧　データの転送時には暗号化を使用し、データの保存及び処理時にもセキュリティプロトコルを適用
      - ●　ISO/IEC 27001: 情報セキュリティ、サイバーセキュリティ及びプライバシー保護 – 情報セキュリティマネジメントシステム – 要求事項
      - ●　SP800-53: 組織と情報システムのためのセキュリティおよびプライバシー管理策
  - ➢　情報を保護するためのプロセス及び手順
    - ✧　セキュリティポリシー、プロセス、手順を整理・確立し、情報システム及び資産を防御
      - ●　ISO/IEC 27001: 情報セキュリティ、サイバーセキュリティ及びプライバシー保護 – 情報セキュリティマネジメントシステム – 要求事項
      - ●　SP800-37: 連邦政府情報システムに対するリスクマネジメントフレームワーク適用ガイド：セキュリティライフサイクルによるアプローチ

84

別添 3.AI 開発者向け

D-5） i. セキュリティ対策のための仕組みの導入

- ➢ オープンソース活用時等の不具合等への留意
  - ✧ オープンソースに含まれるバグ等の情報があった場合には速やかにオープンソースの更新を実施
    - ● ISO/IEC 27009: サプライチェーンのセキュリティ管理
    - ● SP800-161: サプライチェーンリスクマネジメント
- ➢ 保守
  - ✧ 承認・管理されたツールを用いて保守作業の実施及び保守作業の記録
    - ● ISO/IEC 27001: 情報セキュリティ、サイバーセキュリティ及びプライバシー保護－情報セキュリティマネジメントシステム－要求事項
    - ● SP800-40: パッチ及び脆弱性管理プログラムの策定
- ➢ 監視とインシデント対応
  - ✧ 監視システムを構築し、AI システムに異常が検出された場合はインシデント対応プロセスを実施
  - ✧ 生じたインシデントについて適切な文書化を行い、特定されたリスクと脆弱性の軽減を検討
    - ● ISO/IEC 27001: 情報セキュリティ、サイバーセキュリティ及びプライバシー保護－情報セキュリティマネジメントシステム－要求事項
    - ● SP800-61: コンピュータインシデント対応ガイド
- ● 攻撃手法の例としては「表４．機械学習利用システムの被害と脅威の例」を参照のこと

85

第Ⅱ部　AI事業者ガイドライン(第1.0版)別添(付属資料)

別添 3.AI 開発者向け

D-5）　i. セキュリティ対策のための仕組みの導入

表 4. 機械学習利用システムの被害と脅威の例[71]

被害の内容			被害を引き起こす脅威	
			機械学習特有の脅威	その他の脅威
完全性又は可用性の侵害	システムの誤作動	意図に反する機械学習要素の動作による	データポイズニング攻撃 モデルポイズニング攻撃 汚染モデルの悪用 回避攻撃	機械学習要素を実装するソフトウェア・ハードウェアに対する従来型の攻撃
		その他の要因による		システムに対する従来型の攻撃
	計算資源の浪費	機械学習要素による	データポイズニング攻撃（資源枯渇型） モデルポイズニング攻撃（資源枯渇型） 汚染モデルの悪用 スポンジ攻撃	機械学習要素を実装するソフトウェア・ハードウェアに対する従来型の攻撃
		その他の要因による		システムに対する従来型の攻撃
機密性の侵害	AI モデルについての情報の漏洩		モデル抽出攻撃	AI モデルを窃取する従来型の攻撃
	訓練用データに含まれるセンシティブ情報の漏洩		訓練用データに関する情報漏洩攻撃 データポイズニング攻撃（情報埋込型）	データを窃取する従来型の攻撃
	その他の機密情報の漏洩		モデルポイズニング攻撃（情報埋込型）	

[参考文献]

● 経済産業省「OSS の利活用とそのセキュリティ確保に向けた管理手法に関する事例集」（2021 年 4 月）

● 経済産業省「ソフトウェア管理に向けた SBOM の導入に関する手引」（2023 年 7 月）

● 国立研究開発法人産業技術総合研究所「機械学習品質マネジメントガイドライン 第 4 版」（2023 年 12 月）

● 独立行政法人情報処理推進機構「セキュリティ・バイ・デザイン導入指南書」（2022 年 8 月）

● NCSC, "Guidelines for secure AI system development"（2023 年 11 月）

● NIST, "CYBERSECURITY FRAMEWORK"（2018 年 4 月）

● ISO/IEC27000 シリーズ

● NIST, SP800 シリーズ

---

[71] 国立研究開発法人産業技術総合研究所「機械学習品質マネジメントガイドライン 第 4 版」（2023 年 12 月）より引用

86

別添 3.AI開発者向け

別添 3.AI 開発者向け
D-6） i. 検証可能性の確保

[本編の記載内容 （再掲）]

AI 開発時

D-6） i. 検証可能性の確保

✧ AI の予測性能及び出力の品質が、活用開始後に大きく変動する可能性又は想定する精度に
達しないこともある特性を踏まえ、事後検証のための作業記録を保存しつつ、その品質の維持・向
上を行う （「2）安全性」「6）透明性」）

[ポイント]

　AI 開発者は、AI の入出力等の検証可能性を確保するため、開発時のログを記録・保存すること及び AI 提
供者等が入出力のログが取得できるような形で AI システムを開発することが期待される。

　AI 開発者は、AI 提供者が AI システムを理解し適切に AI 利用者へ提供できるように、透明性が担保される
ような手段で AI システムを設計・開発することが期待される。

[具体的な手法]
● ログの記録・保存
　➢ 具体的には、以下のログを記録・保存
　　✧ AI 開発時に何のデータを使用したのか？ 等
　➢ 必要な「ログ」を検討するとき、自組織が認証を受けているマネジメントシステム、契約で求められる
　　「文書」、「記録」等も参考に、適切なログの記録及び保存を行う。具体的には、以下を考慮
　　✧ ログの記録・保存の目的
　　✧ ログの精度
　　✧ ログ取得・記録の頻度
　　✧ ログの時刻・保存期間・保存方法（保存場所、保存容量 等）
　　✧ ログの保護
　　　● 機密性、完全性、可用性等の確保
　　✧ 開示するログの範囲 等
● 説明可能性・解釈可能性を高めるための手法を検討する。なお、以下の検討にあたっては、開発とのトレ
　ードオフが生じる懸念もあるため、留意すること
　➢ 単純な AI モデルの使用
　　✧ 要件に合わせて、できるだけ単純な AI モデルを可能であれば選択
　　　● ロジスティック回帰、決定木 等
　➢ 局所的な説明手法
　　✧ AI モデルの予測を説明する際に、局所的な説明手法を使用
　　✧ 特定のデータポイントに対する AI モデルの挙動を説明する手法であり、LIME （Local
　　　Interpretable Model-agnostic Explanations） 等が代表的
　➢ SHAP 値（SHapley Additive exPlanations）
　　✧ ゲーム理論にもとづいて各特徴が AI モデルの予測にどれだけ寄与しているかを評価することで、
　　　各特徴の相対的な影響を理解しやすくなる
　➢ 特徴の寄与度可視化

87

第Ⅱ部　AI事業者ガイドライン（第 1.0 版）別添（付属資料）

別添 3. AI 開発者向け

D-6）i. 検証可能性の確保

- ✧ AI モデルが重要視している特徴を可視化する手法を使用
  - ● これには、特徴の重要度プロット及び部分依存プロット等が含まれる
- ➤ AI モデル内部の解析
  - ✧ AI モデル内部の構造及び動作を詳細に解析する手法を採用
  - ✧ TensorFlow、PyTorch 等のフレームワークでは、モデルの中間層の出力及び勾配を可視化することも可能
- ➤ AI モデルアーキテクチャの選択
  - ✧ 解釈可能性を重視するために、AI モデルのアーキテクチャの選択にも注意
- ➤ ステークホルダー参加型の手法の検討
  - ✧ ステークホルダー（AI 提供者、AI 利用者等）によるフィードバック及びドメインエキスパートの知識の取り入れ
- ➤ 技術的に可能な場合において、AI を活用した旨を明示する電子透かしの導入
  - ✧ AI 利用者及び業務外利用者が、自身が AI システムと相互作用していることを認識ができるようにするため、ラベリング及び免責事項の表示並びにその他の仕組みの導入も検討
- ● AI に対する複数の入力と出力の組合せをもとにした AI の出力傾向の分析
  - ➤ 例えば、入力パターンを少しずつ変化させたときの出力変化の観測　等

[参考文献]

- ● 国立研究開発法人産業技術総合研究所「機械学習品質マネジメントガイドライン 第 4 版」（2023 年 12 月）
- ● AI プロダクト品質保証コンソーシアム「AI プロダクト品質保証ガイドライン」（2023 年 6 月）
- ● ISO, "ISO/IEC 23894:2023（ Information technology-Artificial intelligence-Guidance on risk management）"（2023 年 2 月）
- ● The White House, "Blueprint for a AI Bill of Rights （Notice and Explanation）"（2023 年 3 月）
- ● World Economic Forum, "The Presidio Recommendations on Responsible Generative AI"（2023 年 6 月）

別添 3.AI開発者向け

別添 3.AI 開発者向け
D-5） ii. 最新動向への留意

[本編の記載内容 （再掲）]
AI 開発後
D-5） ii. 最新動向への留意
✧ AI システムに対する攻撃手法は日々新たなものが生まれており、これらのリスクに対応するため、開発の各工程で留意すべき点を確認する （「5） セキュリティ確保」）

[ポイント]
　AI 開発者は、技術的な洞察を深め、より先進的で持続可能な AI 開発を実施するために、最新動向に留意することが期待される。

　これを通じ、AI 開発者は、AI 提供者と連携して、リスクの程度に見合った適切なタイミングで、AI システムが意図したとおりに活用され、導入後の脆弱性、インシデント、新たなリスク、悪用を監視し、それらに対処するための適切な措置を講じることが期待される。

[具体的な手法]
● 以下を通じた最新動向の確認
　➢ 国際会議、arXiv 等の論文
　➢ JVN iPedia 脆弱性対策情報データベース
　➢ SNS 等の開発者コミュニティ
　➢ オープンソースプロジェクトの参照
　➢ 報道 等

[参考文献]
● 独立行政法人情報処理推進機構「AI（Artificial Intelligence）の推進」[72]
● 独立行政法人情報処理推進機構「JVN iPedia 脆弱性対策情報データベース」[73]
● Cornell University, "arXiv"[74]

---

[72] 独立行政法人情報処理推進機構「AI（Artificial Intelligence）の推進」, https://www.ipa.go.jp/digital/ai/index.html
[73] 独立行政法人情報処理推進機構「JVN iPedia 脆弱性対策情報データベース」, https://jvndb.jvn.jp/index.html
[74] Cornell University, "arXiv", https://arxiv.org

第Ⅱ部 AI事業者ガイドライン（第 1.0 版）別添（付属資料）

別添 3. AI 開発者向け

D-6） ii. 関連するステークホルダーへの情報提供

[本編の記載内容 （再掲）]

AI 開発後

D-6） ii. 関連するステークホルダーへの情報提供

✧ 自らの開発する AI システムについて、例えば以下の事項を適時かつ適切に関連するステークホルダーに（AI 提供者を通じて行う場合を含む）情報を提供する（「6）透明性」）

● AI システムの学習等による出力又はプログラムの変化の可能性 （「1）人間中心」）

● AI システムの技術的特性、安全性確保の仕組み、利用の結果生じる可能性のある予見可能なリスク及びその緩和策等の安全性に関する情報（「2）安全性」）

● 開発時に想定していない提供・利用により危害が発生することを避けるための AI 開発者が意図する利用範囲（「2）安全性」）

● AI システムの動作状況に関する情報並びに不具合の原因及び対応状況（「2）安全性」）

● AI システムの更新を行った場合の内容及びその理由の情報（「2）安全性」）

● AI モデルで学習するデータの収集ポリシー、学習方法及び実施体制等（「3）公平性」、「4）プライバシー保護」、「5）セキュリティ確保」）

[ポイント]

　AI 開発者は、ステークホルダーの納得感及び安心感の獲得、また、そのための AI の動作に対する証拠の提示等を目的として、自らの開発する AI システムについての「共通の指針」の遵守の状況を説明することが期待される （AI 提供者を通じて行う場合も含む）。

　なお、これはアルゴリズム又はソースコード自体の開示を想定したものではなく、プライバシー及び営業秘密へ配慮しつつ、採用する技術の特性及び用途に照らし合理的な範囲で実施することが期待される。

[具体的な手法]

● AI を活用している旨及び AI を活用している範囲の表示

● 倫理に関する AI ポリシーの策定・明確化

　➢ 倫理的な原則及び方針を公表し、AI 開発者の倫理規定に対するコミットメントを明確にする

　　✧ 合理的な範囲での個人データ、ユーザープロンプト、AI システムの出力、プライバシー等に関するポリシーの開示も含まれる

　➢ 詳細は、別添 2. 行動目標 2-1【AI ガバナンス・ゴールの設定】を参照のこと

● ステークホルダーとの対話

　➢ ウェブサイト等を通じてステークホルダーに対して倫理的な取組及び透明性の向上に関する情報を提供しつつ、対話を実施

　　✧ 詳細は、別添 2.行動目標 5-2【社外ステークホルダーの意見の検討】を参照

　➢ 関連するステークホルダーが導入後に問題又は脆弱性を発見した際、AI 開発者に対する報告を促す仕組みを検討

　　✧ 例えば、導入後に、関連するステークホルダーを通じた脆弱性の発見を促進するため、インシデントの発生報告に対して報奨金制度等のインセンティブを設ける 等

　　✧ 詳細は、別添 2.行動目標 3-4-2【インシデント/紛争発生時の対応の事前検討】を参照

90

別添 3.AI 開発者向け
D-6） ⅱ. 関連するステークホルダーへの情報提供

[参考文献]

- EU, "Ethics Guidelines for Trustworthy AI"（2019 年 4 月）
- ISO, "ISO/IEC 23894:2023（Information technology-Artificial intelligence-Guidance on risk management）"（2023 年 2 月）

第Ⅱ部　AI事業者ガイドライン（第 1.0 版）別添（付属資料）

別添 3.AI 開発者向け
D-7)　i. AI 提供者への「共通の指針」の対応状況の説明

> [本編の記載内容 （再掲）]
> AI 開発後
>
> ## D-7)　i. AI 提供者への「共通の指針」の対応状況の説明
> ✧　AI 提供者に対して、AI には活用開始後に予測性能又は出力の品質が大きく変動する可能性、想定する精度に達しないこともある旨、その結果生じうるリスク等の情報提供及び説明を行う。具体的には以下の事項を周知する（「7」アカウンタビリティ」）
> ● AI モデルを構成する各技術要素（学習データ、AI モデルの学習過程、AI 利用者又は業務外利用者が入力すると想定するプロンプト、AI モデルの推論時に参照する情報、連携する外部サービス等）において含まれる可能性があるバイアスへの対応等（「3」公平性」）

[ポイント]

　AI 開発者は、AI 提供者に対して、有意義かつ有用な情報を提供し、社会的文脈及びリスクの大小に応じた説明を行うと同時に、開発内容及び技術的な評価に関する理解可能な形式でのレポート等をできる限り開示することが期待される。

　なお、これはアルゴリズム又はソースコード自体の開示を想定したものではなく、プライバシー及び営業秘密へ配慮しつつ、採用する技術の特性及び用途に照らし合理的な範囲で実施することが期待される。

[具体的な手法]
● 営業秘密等を侵さない範囲内で対応状況の説明を実施しつつ、トレードオフが生じた場合には以下の事項を実施
　➢ 透明性及び倫理等の観点から非開示を許容できるか/どこまで公開すべきか評価すること
　➢ その決定過程を文書化すること
　➢ その決定に意思決定者が責任を持つこと
　➢ 決定内容を適切かつ継続的に監督すること

[参考文献]
● EU, "Ethics Guidelines for Trustworthy AI"（2019 年 4 月）
● ISO, "ISO/IEC 23894:2023（Information technology-Artificial intelligence-Guidance on risk management）"（2023 年 2 月）

92

別添 3.AI開発者向け
D-7) ii. 開発関連情報の文書化

[本編の記載内容 （再掲）]
AI開発後
D-7) ii. 開発関連情報の文書化
✧ トレーサビリティ及び透明性の向上のため、AIシステムの開発過程、意思決定に影響を与える
データ収集及びラベリング、使用されたアルゴリズム等について、可能な限り第三者が検証でき
るような形で文書化する（「7) アカウンタビリティ」）
（注） ここで文書化されたものをすべて開示するという意味ではない

[ポイント]
　AI開発者は、必要に応じてステークホルダーと協力しつつ、AIの開発過程、報告されたインシデント等について、適切に文書化し、これを維持/保持し、第三者による検証可能な状態の確保及び特定されたリスク並びに脆弱性を軽減することに留意することが期待される。

[具体的な手法]
● 文書化の実施
　➢ AI開発過程の文書化
　　✧ データの出所に始まり、どのような意思決定を行ったかについて、合理的な説明を行い、トレーサ
　　　ビリティを確保するため透明性報告書等として記録を残す
　　✧ 上記の実施にあたっては、AIシステムにおいて予期せぬインシデントが発生した際に、AIのバリュ
　　　ーチェーンに連なる者は、すべて何らかの説明を求められる立場に立つ可能性があることを念頭
　　　に置く
　➢ 報告されたインシデントの文書化
　　✧ インシデントについて適切な文書化を行い、特定されたリスク及び脆弱性を軽減するよう検討す
　　　る
● 文書化の方法
　➢ これらの文書は定期的に更新
　➢ 文書化の形式及び媒体は、各主体が選択する。必ずしも紙媒体ではなくてよい
　➢ 活用の文脈に応じて、ステークホルダーが利用できるものとする

[参考文献]
● ISO, "ISO/IEC 23894:2023（Information technology-Artificial intelligence-Guidance on risk
management）" （2023年2月）

第Ⅱ部　AI事業者ガイドライン（第 1.0 版）別添（付属資料）

別添 3.AI 開発者向け
D-10）　i. イノベーションの機会創造への貢献

[本編の記載内容 （再掲）]

AI 開発後

D-10）　i. イノベーションの機会創造への貢献

　　✧　可能な範囲で以下の事項を実施し、イノベーションの機会の創造に貢献することが期待される
　　　　（「10）イノベーション」）

- AI の品質・信頼性、開発の方法論等の研究開発を行う
- 持続的な経済成長の維持及び社会課題の解決策が提示されるよう貢献する
- DFFT 等の国際議論の動向の参照、AI 開発者コミュニティ又は学会への参加の取組等、国際化・多様化及び産学官連携を推進する
- 社会全体への AI に関する情報提供を行う

[ポイント]

　AI 開発者は、AI モデルを直接的に設計し変更を加えることができるため、AI システム・サービス全体においても AI の出力に与える影響力が高く、イノベーションを牽引することが特に社会から期待される

[具体的な手法]

- AI システムの安全性、セキュリティ、信頼性を確保するための情報共有の基準、ツール、メカニズム、ベストプラクティスを開発し、推進し、必要に応じて採用するためのメカニズムを構築
  - 安全性向上及びセキュリティ確保のためのベストプラクティスを組織間で共有
  - 産業界、学術界、政府機関、非営利団体等、ステークホルダーと連携

94

別添 3.AI 開発者向け

別添 3.AI 開発者向け
1）人間中心

B. 本編「第 2 部」の「共通の指針」の解説

ここでは、本編「第 3 部 AI 開発者に関する事項」では触れられていないが、本編「第 2 部」の「共通の指針」のうち、AI 開発者にとって特に重要なものについて、具体的な手法を解説する。

なお、AI 提供者もしくは AI 利用者から要求があった場合に AI 開発者は必要な情報の提供等の措置を講じる。

[本編の記載内容 （再掲）] ※ 柱書のみ抜粋

1）人間中心

　各主体は、AI システム・サービスの開発・提供・利用において、後述する各事項を含む全ての取り組むべき事項が導出される土台として、少なくとも憲法が保障する又は国際的に認められた人権を侵すことがないようにすべきである。また、AI が人々の能力を拡張し、多様な人々の多様な幸せ（well-being）の追求が可能となるように行動することが重要である。

● 「①人間の尊厳及び個人の自律」関連

　[関連する記載内容（本編の記載内容の再掲）]

➤ AI が活用される際の社会的文脈を踏まえ、人間の尊厳及び個人の自律を尊重する

➤ 特に、AI を人間の脳・身体と連携させる場合には、その周辺技術に関する情報を踏まえつつ、諸外国及び研究機関における生命倫理の議論等を参照する

➤ 個人の権利・利益に重要な影響を及ぼす可能性のある分野において AI を利用したプロファイリングを行う場合、個人の尊厳を尊重し、アウトプットの正確性を可能な限り維持させつつ、AI の予測、推奨、判断等の限界を理解して利用し、かつ生じうる不利益等を慎重に検討した上で、不適切な目的に利用しない

　[具体的な手法]

➤ AI 倫理を所管する担当役員及び AI ガバナンスに関する社内組織を設置

➤ AI の開発時に参照可能な諸外国及び研究機関における生命倫理の議論の例は以下のとおり

　◇ 国際連合（UN）、世界保健機関（WHO）等の国際機関が発行するレポート　等

　◇ 大学等の学術機関の出す研究論文

➤ 個人の権利・利益に重要な影響を及ぼす可能性のある分野において AI を利用したプロファイリングを行う場合においては、特に以下の点に留意した開発が有用

　◇ プロファイリングに使用されるデータ又はアルゴリズムに潜在的なバイアスがある場合、これを最小限に抑え、公正かつ平等な結果を得ること

　　● データ及びアルゴリズムの出力のモニタリング

　　● AI での判断だけでなく、当該個人が人間による判断を受ける機会を確保　等

　◇ プロファイリングに使用されるデータに個人情報が含まれている場合、当該個人情報を適切に取扱うこと

　　● データクリーンルームの設置

95

147

第Ⅱ部　AI事業者ガイドライン（第1.0版）別添（付属資料）

別添 3.AI 開発者向け

1）人間中心

- プライバシー保護機械学習の実施　等
  - ✧ 開発した AI システムが適切に機能し、個人に対する潜在的なリスクを適切に管理できるようにすること

- 「②AI による意思決定・感情の操作等への留意」関連

  [関連する記載内容（本編の記載内容の再掲）]

  - ➢ 人間の意思決定、認知等、感情を不当に操作することを目的とした、又は意識的に知覚できないレベルでの操作を前提とした AI システム・サービスの開発・提供・利用は行わない
  - ➢ AI システム・サービスの開発・提供・利用において、自動化バイアス[75]等の AI に過度に依存するリスクに注意を払い、必要な対策を講じる
  - ➢ フィルターバブルに代表されるような情報又は価値観の傾斜を助長し、AI 利用者を含む人間が本来得られるべき選択肢が不本意に制限されるような AI の活用にも注意を払う
  - ➢ 特に、選挙、コミュニティでの意思決定等をはじめとする社会に重大な影響を与える手続きに関連しうる場合においては、AI の出力について慎重に取り扱う

  [具体的な手法]

  - ➢ 自動化バイアス等への AI に過度に依存するリスクへの対応策として、AI 提供者に対し、AI 利用者及び業務外利用者への注意喚起を依頼することが有用
  - ➢ フィルターバブルへの対処法としては、例えば、セレンディピティ（偶然・予想外の発見）の考慮等が有用
    - ✧ 具体的には、多様な情報源の利用、アルゴリズムの見直し　等
  - ➢ 選挙、コミュニティでの意思決定等をはじめとする社会に重大な影響を与える手続きに関連しうる場合においては、例えば、最終的な判断を人間が実施すること、技術的な側面ではなく倫理的な観点からも AI システムの評価を行うことが有用

- 「③偽情報等への対策」関連

  [関連する記載内容（本編の記載内容の再掲）]

  - ➢ 生成 AI によって、内容が真実・公平であるかのように装った情報を誰でも作ることができるようになり、AI が生成した偽情報・誤情報・偏向情報が社会を不安定化・混乱させるリスクが高まっていることを認識した上で、必要な対策を講じる

  [具体的な手法]

  - ➢ 例えば、ファクトチェッキング（真偽検証、事実言明の真実性・正確性を調査し、検証結果を報告する仕組み）等のガードレールのほか、生成 AI による生成物であることを表示すること等が有用

- 「④多様性・包摂性の確保」関連

  [関連する記載内容（本編の記載内容の再掲）]

  - ➢ 公平性の確保に加え、いわゆる「情報弱者」及び「技術弱者」を生じさせず、より多くの人々が AI の恩恵を享受できるよう社会的弱者による AI の活用を容易にするよう注意を払う

---

[75] 人間の判断や意思決定において、自動化されたシステムや技術への過度の信頼や依存が生じる現象を指す。

96

別添 3.AI 開発者向け

別添 3.AI 開発者向け

1）人間中心

[具体的な手法]

➢ 例えば、ユニバーサルデザイン、アクセシビリティの確保、関連するステークホルダーへの教育・フォローアップ等が有用

● 「⑤利用者支援」関連

[関連する記載内容（本編の記載内容の再掲）]

➢ 合理的な範囲で、AI システム・サービスの機能及びその周辺技術に関する情報を提供し、選択の機会の判断のための情報を適時かつ適切に提供する機能が利用可能である状態とする

[具体的な手法]

➢ データの取扱いに関する情報の説明

   ✧ AI 開発者が作成した AI モデルに入力されたデータについて、追加学習等への活用方法

   ✧ 学習に使用されたデータの収集源及び処理の情報

➢ アルゴリズム及び AI モデルの透明性の確保

   ✧ 可能であれば、アルゴリズムロジックの開示

   ✧ 入力・出力の例示

➢ 変更及びアップデートの通知

● 「⑥持続可能性の確保」関連

[関連する記載内容（本編の記載内容の再掲）]

➢ AI システム・サービスの開発・提供・利用において、ライフサイクル全体で、地球環境への影響も検討する

[具体的な手法]

➢ 軽量 AI モデルの採用

   ✧ AI に求める要件に沿う形で、大規模で高精度な AI モデルの代わりに、軽量でリソース効率の高い AI モデルを利用することで、エネルギー効率を向上

➢ AI モデルのサイズの最適化

   ✧ 計算リソースの効率的な利用及びエネルギー消費の最小化を意識した AI モデル設計並びにアルゴリズムの開発を実施

➢ データの効果的な利用

   ✧ データの品質向上、冗長性の排除及び不要なデータの取得の回避

[参考文献]

● 総務省「ファクトチェックをとりまく世界と日本の状況・課題」（2019 年 5 月）

● EU, "Ethics Guidelines for Trustworthy AI"（2019 年 4 月）

● OIS Research Conference, "AI and Citizen Science for Serendipity"（2022 年 5 月）

第Ⅱ部　AI事業者ガイドライン（第1.0版）別添（付属資料）

別添 3.AI 開発者向け

4）　プライバシー保護

[本編の記載内容 （再掲）] ※ 柱書のみ抜粋

4）　プライバシー保護

　各主体は、AI システム・サービスの開発・提供・利用において、その重要性に応じ、プライバシーを尊重し、保護することが重要である。その際、関係法令を遵守すべきである。

- 「①AI システム・サービス全般におけるプライバシーの保護」関連

  [関連する記載内容（本編の記載内容の再掲）]

  ➢ 個人情報保護法等の関連法令の遵守、各主体のプライバシーポリシーの策定・公表等により、社会的文脈及び人々の合理的な期待を踏まえ、ステークホルダーのプライバシーが尊重され、保護されるよう、その重要性に応じた対応を取る

  [具体的な手法]

  ➢ プライバシーの保護のためのセキュリティ対策の強化（機械学習特有の攻撃手法については、「表5.機械学習特有の脅威・攻撃界面・攻撃実行フェーズ・攻撃者・攻撃手段の例」を参照）
    - ✧ 適切な暗号化手法及びアクセス制御の仕組みを導入
    - ✧ 個人情報を漏らさないようにするためのテスト、ファインチューニングを実施
    - ✧ 特に重要性が高いものについては、プライバシー保護機械学習、セキュア機械学習等の導入も検討
  ➢ データのアクセスを管理するデータ管理・制限機能の導入検討
    - ✧ データアクセスへの認可の導入
    - ✧ データマネジメント組織の立ち上げ
      - CDO（Chief Data Officer）の設置
      - プライバシー保護管理者の指名
      - プライバシーの取組に対するリソースの投入
        - ➢ 人員配置、人材育成等
    - ✧ データ運用ルールの策定と周知
  ➢ プライバシーに関するアセスメントの実施
    - ✧ Privacy Impact Assessment （PIA、プライバシー影響評価）
      - AI システムで収集・処理される情報、情報の流れ、ステークホルダーを可視化し、整理
      - AI システムに対してプライバシーリスクを特定
      - 各リスクの影響度、発生可能性を判定し、リスクの大きさを評価
      - リスクの大きさによってリスク対応の方向性（低減・回避・受容・移転）を決定し、対応計画を策定
    - ✧ 品質マネジメントの実施項目（「表6. 品質マネジメント実施項目の概要」を参照）
  ➢ 個人情報の取扱いに関連する ISO 規格の取得
    - ✧ 「ISO/IEC 27001」
      - 情報セキュリティマネジメントシステム（ISMS）に関する国際規格で、情報セキュリティの維持・管理に焦点を当てている
    - ✧ 「ISO/IEC 27701」

98

別添 3.AI 開発者向け

4） プライバシー保護

- ISO/IEC 27001 にもとづく個人情報管理システム（PIMS）のための拡張要件を記載
- プライバシー保護に焦点を当てた標準であり、AI 開発者が個人情報の適切な管理を確保するために利用可能
    - ✧ 「ISO/IEC 29100」
        - プライバシーのための国際規格で、個人情報の保護に関する基本的な原則と要件を提供
    - ✧ 「ISO/IEC 27018」
        - クラウドサービスにおける個人情報の保護に関する国際規格
        - クラウドサービスを提供する AI 開発者が、クラウド環境における個人情報の適切な取扱いを確保するために利用可能

[参考文献]

- 経済産業省「情報セキュリティ管理基準（平成 28 年改訂版）」（2016 年 3 月）
- 独立行政法人情報処理推進機構「SEC journal 第 45 号 巻頭言」（2016 年 7 月）
- 独立行政法人情報処理推進機構「安全なウェブサイトの作り方」（2021 年 3 月）
- ISO, "Guidelines for privacy impact assessment"
- Northwestern University, "Secure Machine Learning over Relational Data"（2021 年 9 月）
- 国立研究開発法人産業技術総合研究所「機械学習品質マネジメントガイドライン 第 4 版」（2023 年 12 月）

99

第Ⅱ部　AI事業者ガイドライン(第 1.0 版)別添(付属資料)

別添 3.AI 開発者向け

4) プライバシー保護

表 5. 機械学習特有の脅威・攻撃界面・攻撃実行フェーズ・攻撃者・攻撃手段の例[76]

脅威	攻撃界面のアセット	攻撃の実行フェーズ	攻撃者の例	攻撃の手法の典型例
データポイズニング攻撃	学習データの採取元	学習データセットの収集・加工時	外部攻撃者	学習データの採取元の改変
	学習データセット	学習データセットの収集・加工時 システム開発時	データ提供者 システム開発者 外部攻撃者	学習データセットの改変
モデルポイズニング攻撃	事前学習モデル	事前学習モデルの学習・提供時 システム開発時	AI モデル提供者 システム開発者 外部攻撃者	事前学習モデルへのバックドアの設置
	学習機構	システム開発時	システム開発者 外部攻撃者	悪意ある訓練用プログラム
	訓練済 AI モデル	システム開発時 システム運用時		AI モデルの改変
モデルの汚染の悪用	運用時入力データの採取元 運用時入力データシステム	システム運用時	システム利用者 システム運用者	バックドアを悪用する運用時入力 （モデルに埋め込まれた情報を窃取するための）運用時の出力情報等の観察
モデル抽出攻撃	運用時入力データの採取元 運用時入力データシステム	システム運用時	システム利用者 システム運用者	運用時のシステムに対するデータの入力 運用時出力情報等の観察
回避攻撃 スポンジ攻撃	訓練済み AI モデル	訓練済み AI モデルの入手時	システム運用者	運用時のシステムに対する悪意あるデータの入力 運用時の出力情報等の観察
	運用時入力データの採取元 運用時入力データ	システム運用時	運用時入力データ提供者 システム運用者	運用時のシステムに対するデータの改変
	システム		システム利用者 システム運用者	運用時のシステムに対する悪意あるデータの入力 運用時の出力情報等の観察

---

[76] 国立研究開発法人産業技術総合研究所「機械学習品質マネジメントガイドライン 第 4 版」（2023 年 12 月）より引用

別添 3.AI 開発者向け

4) プライバシー保護

訓練用データに関する情報漏洩攻撃	事前学習モデル	事前学習モデルの入手後	モデル利用者（システム開発者）	入手した AI モデルの動作時の入出力及び内部情報の観察
	訓練済み AI モデル	訓練済み AI モデルの入手後	システム運用者	
	運用時入力データの採取元 運用時入力データ	システム運用時	運用時入力データ提供者 システム運用者	運用時入力データの改変
	システム		システム利用者 システム運用者	運用時のシステムに対する悪意あるデータの入力 運用時の出力情報等の観察

表 6. 品質マネジメント実施項目の概要

事前分析 （主に AI 提供者）	要保護データ		成果物の取り扱い	
	・準拠法への適合性 ・要配慮個人情報の特定		・再利用成果物の決定 ・同意の取り決めの確認	
方式検討 （主に AI 開発者）	Pre ステージ	In ステージ	Post ステージ	
	・学習データ品質 ・保護加工 ・データ分布（外れ値）	・汎化性能 ・PPML（差分プライバシー）	・セーフガードの設定	
	トレードオフ分析			
	・判断結果の精度 VS 公平性 ・データ保護対策 VS 有用性			

101

第Ⅱ部　AI事業者ガイドライン(第1.0版)別添(付属資料)

別添 3.AI 開発者向け

6)　透明性

[本編の記載内容　（再掲）] ※ 柱書のみ抜粋

6)　透明性

　各主体は、AI システム・サービスの開発・提供・利用において、AI システム・サービスを活用する際の社会的文脈を踏まえ、AI システム・サービスの検証可能性を確保しながら、必要かつ技術的に可能な範囲で、ステークホルダーに対し合理的な範囲で情報を提供することが重要である。

● 「③合理的かつ誠実な対応」関連

[関連する記載内容　（本編の記載内容の再掲）]

➢ （本編記載の）「②関連するステークホルダーへの情報提供」は、アルゴリズム又はソースコードの開示を想定するものではなく、プライバシー及び営業秘密を尊重して、採用する技術の特性及び用途に照らし、社会的合理性が認められる範囲で実施する

➢ 公開されている技術を用いる際には、それぞれ定められている規程に準拠する

➢ 開発した AI システムのオープンソース化にあたっても、社会的な影響を検討する

[具体的な手法]

➢ プライバシー及び営業秘密の保護のためには、例えば、非技術者向けの説明文書の作成が有用

➢ 情報提供は一度すれば完了する訳ではなく、採用する技術の特性及び用途に照らし、可能な範囲でステークホルダーと対話を積み重ねることが有用。また、そのためのコミュニケーションデザインを設計・開発と同じように、プロアクティブにデザインしメンテナンスしていくことが重要

➢ 公開されている技術又はライブラリを使用する際には、ライセンスを確認しこれを遵守
　　✧　特に、商用禁止ライセンス等には留意

➢ 開発した AI システムをオープンソース化する際には、開示されることで生じうる社会的な影響、関連するステークホルダーへのヒアリングを通じたリスクの洗い出し等を行い、対応することが有用

● 「④関連するステークホルダーへの説明可能性・解釈可能性の向上」関連

[関連する記載内容　（本編の記載内容の再掲）]

➢ 関連するステークホルダーの納得感及び安心感の獲得、また、そのための AI の動作に対する証拠の提示等を目的として、説明する主体がどのような説明が求められるかを分析・把握できるよう、説明を受ける主体がどのような説明が必要かを共有し、必要な対応を講じる
　　✧　AI 提供者：AI 開発者に、どのような説明が必要となるかを共有する
　　✧　AI 利用者：AI 開発者・AI 提供者に、どのような説明が必要となるかを共有する

[具体的な手法]

➢ 例えば、AI の動作原理及び意思決定プロセスについて、非技術者向けの説明資料を用意すること等が有用
　　✧　その他、説明時の留意点として、別添 2. 行動目標 4-1【AI マネジメントシステム運用状況の説明可能な状態の確保】を参照

102

別添 3.AI 開発者向け

7) アカウンタビリティ

[本編の記載内容 （再掲）] ※ 柱書のみ抜粋

7） アカウンタビリティ

　各主体は、AI システム・サービスの開発・提供・利用において、トレーサビリティの確保、「共通の指針」の対応状況等について、ステークホルダーに対して、各主体の役割及び開発・提供・利用する AI システム・サービスのもたらすリスクの程度を踏まえ、合理的な範囲でアカウンタビリティを果たすことが重要である。

[関連する記載内容（本編の記載内容の再掲）の抜粋、及び、具体的な手法]

● 「①トレーサビリティの向上」関連

　[関連する記載内容（本編の記載内容の再掲）]

　➢ データの出所、AI システム・サービスの開発・提供・利用中に行われた意思決定等について、技術的に可能かつ合理的な範囲で追跡・遡求が可能な状態を確保する

　[具体的な手法]

　➢ データリネージ（来歴メカニズムの構築）
　　　✧ データがどこから来たのか、どのように収集され、管理され、時間の経過とともに各主体内でどのように移動したのかを知ること
　　　✧ 当該データは、コンテンツを作成したサービス又は AI モデルの識別子を含むが、利用者情報を含める必要はない
　➢ AI で生成したコンテンツである旨の表示（コンテンツ認証）
　➢ AI モデルのバージョン管理
　➢ トレーニングプロセスのログの取得
　➢ バックトラッキングとアップデート履歴の追跡

● 「③責任者の明示」関連

　[関連する記載内容（本編の記載内容の再掲）]

　➢ 各主体においてアカウンタビリティを果たす責任者を設定する

　[具体的な手法]

　➢ 責任者を設定する際には、役割及び責務を明確に定義することが有用
　➢ AI システムの利用に伴うリスク管理及び安全性確保のためのポリシーの策定においては、必要に応じて、AI 提供者と連携
　➢ 上記のポリシー等の公表としては、ステークホルダーが容易にアクセスできるように、各主体のウェブサイト等の活用が有用

● 「④関係者間の責任の分配」関連

　[関連する記載内容（本編の記載内容の再掲）]

　➢ 関係者間の責任について、業務外利用者も含めた主体間の契約、社会的な約束（ボランタリーコミットメント）等により、責任の所在を明確化する

　[具体的な手法]

103

第Ⅱ部　AI事業者ガイドライン（第 1.0 版）別添（付属資料）

別添 3. AI 開発者向け

7)　アカウンタビリティ

> 契約を通じた責任の所在の明確化については、必要に応じ、「別添 6.「AI・データの利用に関する契約ガイドライン」を参照する際の主な留意事項について」を参照することが有用である

> 社会的な約束としては、例えば、業界団体等で連携した倫理規範の策定等といった形式が想定される

● 「⑤ステークホルダーへの具体的な対応」関連

[関連する記載内容（本編の記載内容の再掲）]

> 必要に応じ、AI システム・サービスの利用に伴うリスク管理、安全性確保のための各主体の AI ガバナンスに関するポリシー、プライバシーポリシー等の方針を策定し、公表する（社会及び一般市民に対するビジョンの共有、並びに情報発信・提供を行うといった社会的責任を含む）

> 必要に応じ、AI の出力の誤り等について、ステークホルダーからの指摘を受け付ける機会を設けるとともに、客観的なモニタリングを実施する

> ステークホルダーの利益を損なう事態が生じた場合、どのように対応するか方針を策定してこれを着実に実施し、進捗状況については必要に応じて定期的にステークホルダーに報告する

[具体的な手法]

> ステークホルダーからの指摘を受け付ける機会を設ける際には、ウェブサイト、問い合わせ窓口等のフィードバックの場を設ける
>> ◇　詳細は、別添 2. 行動目標 5-2【社外ステークホルダーの意見の検討】を参照

> 可能な範囲で、AI システムのモニタリング結果を定期的に公開

> ステークホルダーの利益を損なう事態が生じた際に備え、危機管理対応計画の策定等を行うことが有用
>> ◇　詳細は、別添 2. 行動目標 3-4-2【インシデント/紛争発生時の対応の事前検討を参照

[参考文献]

● 国立研究開発法人産業技術総合研究所「機械学習品質マネジメントガイドライン 第 4 版」（2023 年 12 月）

● World Economic Forum, "The Presidio Recommendations on Responsible Generative AI"（2023 年 6 月）

104

別添 3.AI 開発者向け
8） 教育・リテラシー

[本編の記載内容 （再掲）] ※ 柱書のみ抜粋

8） 教育・リテラシー

　各主体は、主体内の AI に関わる者が、AI の正しい理解及び社会的に正しい利用ができる知識・リテラシー・倫理感を持つために、必要な教育を行うことが期待される。また、各主体は、AI の複雑性、誤情報といった特性及び意図的な悪用の可能性もあることを勘案して、ステークホルダーに対しても教育を行うことが期待される。

[関連する記載内容（本編の記載内容の再掲）]

- 各主体内の AI に関わる者が、その関わりにおいて十分なレベルの AI リテラシーを確保するために必要な措置を講じる
- 生成 AI の活用拡大によって、AI と人間の作業の棲み分けが変わっていくと想定されるため、新たな働き方ができるよう教育・リスキリング等を検討する
- 様々な人が AI で得られる便益の理解を深め、リスクに対するレジリエンスを高められるよう、世代間ギャップも考慮した上での教育の機会を提供する
- AI システム・サービス全体の安全性を高めるため、必要に応じて、ステークホルダーに対して教育及びリテラシー向上のためのフォローアップを行う

[具体的な手法]

- AI 開発者への教育
  - ➢ 最新の攻撃手法等、変化を厭わず学び続けるマインド及び文化の醸成
  - ➢ バリューチェーン全体での連携推進と、連携をすることにより生じるトレードオフの把握
  - ➢ 社会的責任の必要性の高まりの訴求　等
- AI 提供者、AI 利用者、業務外利用者等への教育
  - ➢ AI 利用者及び業務外利用者に対して AI システムの適切な利用方法及び潜在的なリスクについて教育
  - ➢ AI 開発者が開発している AI システムについての適切な利用方法、得られる便益、潜在的なリスク、リスクの対応方法等について、リテラシーを高める目的で情報発信

[参考文献]

- 内閣府「AI に関する暫定的な論点整理」（2023 年 5 月）
- 国立研究開発法人産業技術総合研究所「機械学習品質マネジメントガイドライン 第 4 版」（2023 年 12 月）
- NIST, "AI Risk Management Framework Playbook"（2023 年 1 月）

105

第Ⅱ部　AI事業者ガイドライン（第1.0版）別添（付属資料）

別添 3.AI 開発者向け

C. 高度な AI システムの開発にあたって遵守すべき事項

最先端の基盤モデル及び生成 AI システムを含む、高度な AI システムを開発する AI 開発者については、以下の「高度な AI システムを開発する組織向けの広島プロセス国際行動規範」を遵守すべきである[77]。

高度な AI システムを開発する組織向けの広島プロセス国際行動規範（仮訳）（抜粋）

I)　AIライフサイクル全体にわたるリスクを特定、評価、軽減するために、高度なAIシステムの開発全体を通じて、その導入前及び市場投入前も含め、適切な措置を講じる。

● これには、レッドチーミング等の評価方法を組み合わせて、多様な内部テスト手段や独立した外部テスト手段を採用することや、特定されたリスクや脆弱性に対処するために適切な緩和策を実施することが含まれる。テストと緩和策は、例えば、システムが不合理なリスクをもたらさないように、ライフサイクル全体を通じてシステムの信頼性、安全性、セキュリティの確保を目指すべきである。このようなテストを支援するために、開発者は、データセット、プロセス、システム開発中に行われた意思決定に関連して、トレーサビリティを可能にするよう努めるべきである。これらの対策は文書化され、定期的に更新される技術文書によってサポートされるべきである。

● このようなテストは、リスクと脆弱性を特定するため、また、偶発的か意図的かを問わず、セキュリティ、安全性、社会的リスク、その他のリスクに対処するための行動を通知するために、安全な環境で実施されるべきであり、また、特に導入前及び市場投入前等のAIライフサイクル全体におけるいくつかのチェックポイントで実施されるべきである。テスト措置の設計と実施において、組織は以下のリスクに適切に注意を払うことを約束する：

　➢ 高度なAIシステムが、非国家主体も含め、兵器の開発、設計の取得、使用への参入障壁を低くする方法等、化学、生物、放射性、核のリスク。

　➢ 攻撃的サイバー能力とは、システムが脆弱性の発見、悪用、又は作戦上の利用を可能にする方法等であり、そのような能力の有用な防御的応用の可能性があり、システムに含めることが適切であるかもしれないことを念頭に置くこと。

　➢ 健康及び/又は安全に対するリスク。システムの相互作用やツールの使用による影響を含み、例えば物理的なシステムを制御したり、重要なインフラに干渉したりする能力を含む。

　➢ モデルが自分自身のコピーを作ったり、"自己複製"したり、他のモデルを訓練したりすることによるリスク。

　➢ 高度なAIシステムやモデルが有害な偏見や差別を生じさせたり、プライバシーやデータ保護に関連する法令等適用される法的枠組みへの違反につながったりする可能性等、社会的リスクや個人やコミュニティに対するリスク。

　➢ 偽情報の助長やプライバシーの侵害等、民主主義の価値や人権に対する脅威。

　➢ 特定の事象が連鎖反応を引き起こし、都市全体、領域活動全体、地域社会全体にまで重大

---

[77] 全文については、広島 AI プロセスに関する G7 首脳声明「高度な AI システムを開発する組織向けの広島プロセス国際行動規範」（2023 年 10 月）、https://www.mofa.go.jp/mofaj/files/100573472.pdf を参照のこと。なお、同文書は高度な AI システムにおける最近の進展に対応して、既存の OECD AI 原則にもとづいて構築される living document であることに注意が必要である。また、高度な AI システムとは、最先端の基盤モデル及び生成 AI システムを含む、最も高度な AI システムと定義されている。

106

別添 3.AI 開発者向け

な悪影響を及ぼすリスク。

● 各組織は、セクターを超えた関係者と協力して、これらのリスク、特にシステミック・リスクに対処するための緩和策を評価し、採用することを約束する。

● また、これらのコミットメントに取り組む組織は、高度なAIシステムのセキュリティ、安全性、偏見と偽情報、公平性、説明可能性と解釈可能性、透明性に関する研究と投資を促進し、悪用に対する先進的AIシステムの堅牢性と信頼性を高めることに努めるべきである。

II) **市場投入を含む導入後、脆弱性、及び必要に応じて悪用されたインシデントやパターンを特定し、緩和する。**

● 組織は、リスクレベルに見合った適切なタイミングで、AIシステムを意図したとおりに使用し、導入後の脆弱性、インシデント、新たなリスク、悪用を監視し、それらに対処するための適切な措置を講じるべきである。組織は、例えば、責任を持って弱点を開示するインセンティブを与えるための報奨金制度、コンテスト、賞品等を通じて、導入後に第三者やユーザーが問題や脆弱性を発見し報告することを促進することの検討が奨励される。組織はさらに、他の利害関係者と協力して、報告されたインシデントの適切な文書化を維持し、特定されたリスクと脆弱性を軽減することが奨励される。適切な場合には、脆弱性を報告する仕組みは、多様な利害関係者が利用できるものでなければならない。

III) **高度なAIシステムの能力、限界、適切・不適切な使用領域を公表し、十分な透明性の確保を支援することで、アカウンタビリティの向上に貢献する。**

● これには、高度なAIシステムの重要な新規公表全てについて、有意義な情報を含む透明性報告書を公表することが含まれるべきである。

● これらの報告書、使用説明書、及び関連する技術的文書は、適宜、最新に保たれるべきであり、例えば、以下のようなものが含まれるべきである；

  ➢ 潜在的な安全性、セキュリティ、社会的リスク及び人権に対するリスクについて実施された評価の詳細。

  ➢ 適切な使用領域に影響を及ぼすモデル／システムの能力と性能上の重大な限界。

  ➢ 有害な偏見、差別、プライバシー侵害への脅威、公平性への影響等、モデルやシステムが安全性や社会に及ぼす影響やリスクについての議論と評価。

  ➢ 開発段階以降のモデル／システムの適合性を評価するために実施されたレッドチーミングの結果

● 組織は、適切かつ関連性のある導入者及び利用者がモデル/システムのアウトプットを解釈し、利用者がそれを適切に使用できるようにするために、透明性報告書内の情報を十分に明確で理解可能なものにすべきである。また、透明性報告書は、技術文書や使用説明書等の強固な文書化プロセスによってサポートされ、提供されるべきである。

IV) **産業界、政府、市民社会、学界を含む、高度なAIシステムを開発する組織間での責任ある情報共有とインシデントの報告に向けて取り組む**

● これには、評価報告書、セキュリティや安全性のリスク、危険な意図的又は意図しない能力、AIのライフサイクル全体にわたるセーフガードを回避しようとするAI関係者の試みに関する情報等を含むが、これらに限定されない、適切な情報の責任ある共有が含まれる。

107

第Ⅱ部　AI事業者ガイドライン（第1.0版）別添（付属資料）

別添 3.AI 開発者向け

- 各組織は、高度なAIシステムの安全性、セキュリティ、信頼性を確保するための共有の基準、ツール、メカニズム、ベストプラクティスを開発し、推進し、必要に応じて採用するためのメカニズムを構築するか、それに参加すべきである。

- これには、特に安全性と社会に重大なリスクをもたらす高度なAIシステムに関して、AIのライフサイクル全体にわたって適切な文書化と透明性を確保することも含まれるべきである。

- 組織は、高度なAIシステムの安全性、セキュリティ、信頼性を向上させる観点から、AIのライフサイクル全体にわたって他の組織と協力し、関連情報を共有し、社会に報告すべきである。また、組織は、必要に応じて、関連する公的機関とも連携し、前述の情報を共有すべきである。

- このような報告は、知的財産権を保護すべきである。

Ⅴ) 個人情報保護方針及び緩和策を含む、リスクベースのアプローチにもとづくAIガバナンス及びリスク管理方針を策定し、実施し、開示する

- 組織は、AIのライフサイクルを通じて、実現可能であれば、リスクを特定し、評価し、予防し、対処するための説明責任とガバナンスのプロセス等を含む、リスク管理とガバナンスの方針を策定し、開示し、実施するための適切な組織的メカニズムを導入すべきである。

- これには、個人データ、ユーザープロンプト、高度なAIシステムのアウトプットを含め、適切な場合にはプライバシーポリシーを開示することが含まれる。組織は、リスクベースのアプローチに従って、AIガバナンス方針と、これらの方針を実施するための組織的メカニズムを確立し、開示することが期待される。これには、AIのライフサイクルを通じて実行可能な場合には、リスクを評価し、軽減するための説明責任とガバナンス・プロセスが含まれるべきである。

- リスク管理方針は、リスクベースのアプローチに従って策定されるべきであり、AIシステムに関連する様々なリスクに対処するために、適切かつ関連するAIのライフサイクル全体にわたってリスク管理の枠組みを適用すべきであり、また、方針は定期的に更新されるべきである。

- 組織は、職員が自らの責任及び組織のリスク管理慣行を熟知していることを確保するための方針、手順及び研修を確立すべきである。

Ⅵ) AIのライフサイクル全体にわたり、物理的セキュリティ、サイバーセキュリティ、内部脅威に対する安全対策を含む、強固なセキュリティ管理に投資し、実施する。

- これには、情報セキュリティのための運用上のセキュリティ対策や、適切なサイバー／物理的アクセス制御等を通じて、モデルの重み、アルゴリズム、サーバー、データセットを保護することが含まれる。

- また、高度なAIシステムのサイバーセキュリティが関連する環境及び関連するリスクに照らして適切であることを確保するため、サイバーセキュリティリスクの評価を実施し、サイバーセキュリティポリシー及び適切な技術的・制度的解決策を実施することも含まれる。また、組織は、高度AIシステムのモデルの重みの保管と作業を、アクセスが制限された適切で安全な環境で行うことを義務付け、無許可で公開されるリスクと不正アクセスされるリスクの両方を低減するための対策を講じる必要がある。これには、脆弱性管理プロセスを導入し、セキュリティ対策を定期的に見直して、それらが高い水準に維持され、リスクに対処するのに適切であり続けることを保証するコミットメントが含まれる。

- これにはさらに、例えば、非公開のモデルの重みへのアクセスの制限等の、最も貴重な知的財産や企業秘密に対する保護と整合性のある、強固な内部脅威検知プログラムの確立も含まれる。

108

別添 3.AI 開発者向け

VII) 技術的に可能な場合は、電子透かしやその他の技術等、ユーザーがAIが生成したコンテンツを識別できるようにするための、信頼できるコンテンツ認証及び来歴のメカニズムを開発し、導入する。

● これには、適切かつ技術的に実現可能な場合、組織の高度なAIシステムで作成されたコンテンツのコンテンツ認証及び来歴メカニズムが含まれる。来歴データには、コンテンツを作成したサービス又はモデルの識別子を含めるべきであるが、ユーザー情報を含める必要はない。組織はまた、透かし等を通じて、特定のコンテンツが高度なAIシステムで作成されたかどうかをユーザーが判断できるツールやAPIの開発に努めるべきである。組織は、この分野の状況を前進させるために、必要に応じて、協力し、研究に投資すべきである。

● 組織はさらに、可能かつ適切な場合には、利用者がAIシステムと相互作用していることを知ることができるよう、ラベリングや免責事項の表示等、その他の仕組みを導入することが奨励される。

VIII) 社会的、安全、セキュリティ上のリスクを軽減するための研究を優先し、効果的な軽減策への投資を優先する。

● これには、AIの安全性、セキュリティ、信頼性の向上を支援し、主要なリスクに対処する研究の実施、協力、投資及び適切な緩和ツールの開発への投資が含まれる。

● 組織は、AIの安全性、セキュリティ、信頼性の向上を支援し、民主的価値の維持、人権の尊重、子どもや社会的弱者の保護、知的財産権とプライバシーの保護、有害な偏見、偽・誤情報、情報操作の回避等の重要なリスクに対処する優先的な研究を実施し、協力し、投資することにコミットする。組織はまた、適切な緩和ツールの開発に投資することにコミットし、環境や気候への影響を含む高度なAIシステムのリスクを積極的に管理し、その便益が実現されるよう努力する。

● 組織は、リスク緩和に関する研究とベストプラクティスを共有することが奨励される。

IX) 世界の最大の課題、特に気候危機、世界保健、教育等（ただしこれらに限定されない）に対処するため、高度なAIシステムの開発を優先する。

● これらの取組は、国連の持続可能な開発目標の進捗を支援し、グローバルな利益のためにAIの開発を奨励するために行われる。

● 組織は、信頼できる人間中心のAIの責任あるスチュワードシップを優先し、また、高度なAIシステムの利用から利益を得ることができるようにし、個人や地域社会がこれらの技術の性質、能力、限界、影響をよりよく理解できるようにするデジタル・リテラシーのイニシアティブを支援するため、学生や労働者を含む一般市民の教育と訓練を促進すべきである。組織は、市民社会やコミュニティ・グループと協力して、優先課題を特定し、世界最大の課題に取り組むための革新的な解決策を開発すべきである。

X) 国際的な技術規格の開発を推進し、適切な場合にはその採用を推進する。

● 組織は、組織のテスト方法、コンテンツの認証及び来歴メカニズム、サイバーセキュリティポリシー、公開報告、その他の手段を開発する際にも、電子透かしを含む国際的な技術標準とベストプラクティスの開発に貢献し、適切な場合にはそれを利用し、標準開発組織（SDO）と協力することが奨励される。特に、AIが生成したコンテンツとAI以外が生成したコンテンツを利用者が区別できるようにするための、相互運用可能な国際的な技術標準や枠組みの開発に取り組むことが奨励される。

109

第Ⅱ部　AI事業者ガイドライン（第 1.0 版）別添（付属資料）

別添 3.AI 開発者向け

XI)　適切なデータインプット対策を実施し、個人データ及び知的財産を保護する。

- 組織は、有害な偏見を軽減するために、訓練データやデータ収集等、データの質を管理するための適切な措置を講じることが奨励される。
- 適切な対策には、透明性、プライバシーを保護するトレーニング技術、及び／又はシステムが機密データや機微データを漏らさないようにするためのテストとファインチューニングが含まれる。
- 組織は、著作権で保護されたコンテンツを含め、プライバシーや知的財産に関する権利を尊重するために、適切なセーフガードを導入することが奨励される。
- 組織はまた、適用される法的枠組みを遵守すべきである。

110

別添 4.AI 提供者向け
P-2）ⅰ. 人間の生命・身体・財産、精神及び環境に配慮したリスク対策

別添 4.AI 提供者向け

　本章では、まず、本編「第 4 部　AI 提供者に関する事項」に記載されている内容について、「ポイント」及び「具体的な手法」を解説する。その後、本編「第 2 部　AI により目指すべき社会及び各主体が取り組むべき事項」の「C. 共通の指針」のうち、AI 提供者が特に意識すべき具体的な手法を解説する。

　なお、ここで述べる「具体的な手法」は、あくまで一例である。従来からある AI 及び生成 AI の双方について書かれているもの、あるいは一方のみに当てはまるものもある。具体的な対応の検討にあたっては、提供予定の AI システムのもたらすリスクの程度及び蓋然性、技術特性、各主体の資源制約等に配慮することが重要である。

　また、高度な AI システムを取り扱う AI 提供者は、本編「第 2 部　AI により目指すべき社会及び各主体が取り組むべき事項」の「D. 高度な AI システムに関係する事業者に共通の指針」の記載を参照の上、Ⅰ）〜Ⅺ）を適切な範囲で遵守すべきであり、Ⅻ）を遵守すべきである。

A. 本編「第 4 部　AI 提供者に関する事項」の解説

[本編の記載内容　（再掲）]
● 　AI システム実装時
P-2）ⅰ. 人間の生命・身体・財産、精神及び環境に配慮したリスク対策
　　　✧　AI 利用者を含む関連するステークホルダーの生命・身体・財産、精神及び環境に危害を及ぼすことがないよう、提供時点で予想される利用条件下でのパフォーマンスだけでなく、様々な状況下で AI システムがパフォーマンスレベルを維持できるようにし、リスク（連動するロボットの制御不能、不適切な出力等）を最小限に抑える方法（ガードレール技術等）を検討する（「2）安全性」）

[ポイント]
　想定される被害の性質・態様等を踏まえ、AI 開発者等からの情報をもとに、必要に応じて対応策を講ずることにより、AI がアクチュエータ等を通じて人の生命・身体・財産に危害を及ぼすことがなくなることが期待される。

　AI がアクチュエータ等を通じて人の生命・身体・財産に危害を及ぼした場合に講ずるべき措置について、あらかじめ整理しておくことが期待される。加えて、当該措置について、AI 利用者又は業務外利用者に対し、必要な情報提供を行うことが期待される。

　既存の法令・ガイドラインの遵守に加え、新技術が起こす問題に対しては新技術で対応するという発想も重要である。

[具体的な手法]
● 　人間の不利益への配慮
　　➢　個人に生じうる不利益への配慮（個人の権利・利益に重要な影響を及ぼす可能性のある分野において AI を活用したプロファイリングを行う場合等。以下は配慮が必要な不利益の例）
　　　✧　プロファイリング結果が事実と異なることにより誤った判断が下されること
　　　✧　個人の特定の特徴のみがプロファイリングで用いられることにより、個人が過小又は過大に評価されてしまうこと

111

第Ⅱ部　AI事業者ガイドライン（第 1.0 版）別添（付属資料）

別添 4.AI 提供者向け

P-2）ⅰ．人間の生命・身体・財産、精神及び環境に配慮したリスク対策

- ✧ 個人のプロファイリング結果の一部が特定の集団の特徴と共通である場合に、当該集団にネガティブな判断が下されると、当該個人も同様にネガティブな判断が下されうること
- ✧ プロファイリングの結果、特定の個人又は集団に対する不当な差別を助長する等、人の権利・利益を損なう取扱いがなされること
- ✧ プロファイリング結果をもとに不確実な未来を予測する過程で、ネガティブな判断が入り込むこと
- ✧ 匿名の個人に関する情報にもとづくプロファイリング結果と、特定の個人に関する情報にもとづくプロファイリング結果とを突合することにより、匿名の個人が特定されてしまうこと
- インシデントの未然防止
  - ➢ AI システム全体で安全を確保できる仕組みの構築（フェールセーフの実現）
  - ➢ AI 開発者も気づいていないようなリスクの存在を認識した場合に、速やかな AI 開発者への通知及び対応策の相談・検討
  - ➢ 安全確認等の事前及び動作時の人間関与、並びに事後における再発防止策の検討
  - ➢ AI 利用者側の適正利用申告等による AI 利用者の信頼性の確認

[参考文献]

- 内閣府「AI に関する暫定的な論点整理」（2023 年 5 月）
- The White House, "Executive Order on the Safe, Secure, and Trustworthy Development and Use of Artificial Intelligence"（2023 年 10 月）

112

別添 4.AI提供者向け

別添 4.AI 提供者向け
P-2） ⅱ. 適正利用に資する提供

[本編の記載内容 （再掲）]
● AI システム実装時
P-2） ⅱ. 適正利用に資する提供
　　　　✧　AI システム・サービスの利用上の留意点を正しく定める（「2）安全性」）
　　　　✧　AI 開発者が設定した範囲で AI を活用する（「2）安全性」）
　　　　✧　提供時点で AI システム・サービスの正確性・必要な場合には学習データの最新性（データが適切であること）等を担保する（「2）安全性」）
　　　　✧　AI 開発者が設定した AI の想定利用環境と AI システム・サービスの利用者の利用環境に違い等がないかを検討する（「2）安全性」）
● AI システム・サービス提供後
　　　　✧　適切な目的で AI システム・サービスが利用されているかを定期的に検証する（「2）安全性」）

[ポイント]
　AI 提供者は、AI システム・サービスを提供するにあたり、AI の活用により生じうる又は生じたインシデント、セキュリティ侵害・プライバシー侵害等によりもたらされる又はもたらされた被害の性質・態様等に応じて、関連するステークホルダーと協力して予防措置及び事後対応（情報共有、停止・復旧、原因解明、再発防止措置等）に取り組むことが期待される。

[具体的な手法]
● ステークホルダーとの協力及び予防措置及び事後対応
　　➢　適正な範囲・方法による AI の利用のための情報提供
　　➢　AI が人間の生命・身体・財産に危害を及ぼした場合に講ずるべき措置の対応項目のリストアップ、手順化等の準備
　　➢　セキュリティが侵害された場合に講ずるべき措置の実施
　　➢　個人のプライバシーを侵害した場合に講ずるべき措置の実施
　　➢　新たなリスクを認識した場合のステークホルダーとの情報共有
　　➢　潜在的利用者を含む社会一般への啓発活動
　　➢　定期的な適正利用の確認

[参考文献]
● 総務省、経済産業省「DX 時代における企業のプライバシーガバナンスガイドブック ver1.3」（2023 年 4 月）

113

第Ⅱ部　AI事業者ガイドライン（第1.0版）別添（付属資料）

別添 4. AI 提供者向け
P-3）ⅰ. AI システム・サービスの構成及びデータに含まれるバイアスへの配慮

[本編の記載内容 （再掲）]
● 　AI システム実装時
P-3）ⅰ. AI システム・サービスの構成及びデータに含まれるバイアスへの配慮[78]

　　　✧　提供時点でデータの公平性の担保及び参照する情報、連携する外部サービス等のバイアス
　　　　　を検討する（「3）公平性」）
　　　✧　AI モデルの入出力及び判断根拠を定期的に評価し、バイアスの発生をモニタリングする。ま
　　　　　た、必要に応じて、AI 開発者に AI モデルを構成する各技術要素のバイアスの再評価、評価
　　　　　結果にもとづく AI モデル改善の判断を促す（「3）公平性」）
　　　✧　AI モデルの出力結果を受け取る AI システム・サービス、ユーザーインタフェースにおいて、ビジネ
　　　　　スプロセス及び AI 利用者又は業務外利用者の判断を恣意的に制限するようなバイアスが含
　　　　　まれてしまう可能性を検討する（「3）公平性」）

[ポイント]
　AI 提供者は、AI システム・サービスの判断にバイアスが含まれる可能性があることに留意し、また、AI システ
ム・サービスの判断によって個人及び集団が不当に差別されないよう配慮することが期待される。
（注）「公平性」には集団公平性・個人公平性等、複数の基準があることに留意することが重要である。

[具体的な手法]
● 　各種バイアスによって AI の出力が決定づけられることへの留意
　　➢ 　データの代表性[79]によるバイアス
　　　✧　データの代表性が確保されないことによってバイアスが生じる可能性がある
　　　✧　社会的バイアスが内在するデータを用いることによってバイアスが生じる可能性がある
　　　✧　前処理の方法により利用時の入力データに意図せずバイアスが生じる可能性がある
　　➢ 　データに含まれる個人情報の扱い
　　　✧　データの代表性を満たすために個人情報を含む大量のデータを集めようとする場合に、個人情
　　　　　報のマスキング、削除等プライバシーに配慮して扱う
　　➢ 　アルゴリズムによるバイアス
　　　✧　アルゴリズム次第でセンシティブ属性（公平性の観点から排除すべき対象者の性別、人種等の
　　　　　個人の属性）によるバイアスが生じる可能性がある
　　➢ 　センシティブ属性の明確化
　　　✧　このような属性を明確化する際には、憲法 14 条 1 項が列挙する事由及び国際的な人権に関
　　　　　するルールで言及されている属性を考慮する
　　➢ 　センシティブ属性に関し確保すべき公平性の内容の明確化
　　➢ 　公平性の基準を満たす制約の機械学習アルゴリズムへの付加
　　➢ 　バイアスをチェックするためのツール（ソフトウェア）の活用

---

[78] NIST の Proposal for Identifying and Managing Bias in Artificial Intelligence (SP 1270) では、AI において、Systemic （既存のルール
や規範、慣行等によるもの）、Statistical and Computational (統計的・計数的なもの)、Human （認知・知覚、習性等によるもの）という 3
つのカテゴリと、それぞれに属する典型的なバイアスがある旨が説明されている
[79] 測定等によって得られたデータが一部の偏ったものではなく、母集団の全体を代表するのにふさわしいと考えられること

114

別添 4.AI 提供者向け
P-3） ⅰ. AI システム・サービスの構成及びデータに含まれるバイアスへの配慮

● 公平性の基準の確認（「コラム 11：集団公平性及び個人公平性」参照）
　➤ 集団公平性の基準（以下は基準例）
　　✧ センシティブ属性を取り除き、非センシティブ属性のみにもとづき予測を行う（unawareness）
　　✧ センシティブ属性の値が異なる複数のグループ間で、同じ予測結果を確保する（demographic parity）
　　✧ 実際の結果に対する予測結果の誤差の比率を、センシティブ属性の値によらないように調整する（equalized odds）
　➤ 個人公平性の基準（以下は基準例）
　　✧ センシティブ属性以外の属性値が等しい個人に対してはそれぞれ同じ予測結果を与える
　　✧ 類似した属性値を持つ個人には類似した予測結果を与える（Fairness through awareness）

コラム 11：集団公平性及び個人公平性

　一般に公平性要求においては、人種、性別等「不公平」を生じかねない属性（要配慮属性：センシティブ属性と同義）についての扱いが問われる。この際、ある要配慮属性値について、異なる集団の間で差別（例：女性に不利な扱い）を起こさないことが集団公平性であり、一方で必ずしもそうした特定の属性による分類に限定せず「似た人」の間で差別を起こさないことが個人公平性である。現時点で汎用的に使える機械学習要素の公平性評価（メトリクス）及び施策は、「要配慮属性」を要とする集団公平性を前提とするものが主流であって、断りが無い限り集団公平性視点を前提としている。前述したような「当事者個人」にとっての「正当性」が要求される場合は、個人公平性視点が求められる為、一般的なメトリクスが定義しづらく AI システム毎に要求を満たすための施策を検討せねばならない。個人公平性については、距離学習を用いた「似た度合い」の研究等も提案されており今後に期待したい。

● 定性的なアプローチ・定量的な手法のプロセスを介した公平性の実現（「コラム 12：公平性品質の確保に関するプロセス」参照）
　➤ 社会的要請、AI システム・サービス利用時の品質に関するデータ等を定性的に扱い、公平性の欠如の発生をリスクと捉えるリスク分析アプローチ
　　✧ まずは定性的に公平性を担保することを要求するが、必要に応じて実装段階から「結果の均等」等定量的な公平性メトリクスを用い、システム又は AI 要素の中身の具体化が進むに伴って、定量的なアプローチも盛り込んでいく
　　✧ 公平性メトリクスの設定及び選択の妥当性を、分析又は設計のアプローチによって担保しようとするもので、「リスク回避性」、機能安全性等の実現におけるリスク分析ベースのアプローチとも類似していると考えられる（「図 19. 公平性品質の確保に関するプロセス構造の例示」参照）

[参考文献]
● 国立研究開発法人産業技術総合研究所「機械学習品質マネジメントガイドライン 第 4 版」（2023 年 12 月）

別添 4.AI 提供者向け
P-3) ⅰ. AI システム・サービスの構成及びデータに含まれるバイアスへの配慮

コラム 12：公平性品質の確保に関するプロセス

「図 19. 公平性品質の確保に関するプロセス構造の例示」は、社会的要請、利用時品質等高い抽象度の段階における「取扱いの平等」を定性的に扱い、不公平性の発生（公平性が損なわれることと同義）をリスクと捉えたリスク分析アプローチにより具体化し、必要に応じて開発のいずれかの段階から「結果の均等」等定量的な公平性メトリクスを通じて実現する一連のプロセスの一例を図示したものである。この図は個々の開発の考え方又は段階の設定を拘束するものではなく、定性的なアプローチから定量的な手法に至る流れを整理するモデルである。

① 最も抽象度の高い公平性要求：「正義」あるいは「人権」のようなレベルでは、「平等」「平等な取扱い」であることが求められる。
② 社会的要求：法制度・あるいは暗黙の倫理的行動等の社会ルールのレベルでは「取扱いが平等である」ことを要求する場合と、数値目標等の形で「結果が平等である」ことを求められる
③ ④ システム要求/AI 要素への要求：システム全体の設計及び、機械学習要素の設計に対応するレベルとして、目標設定に結果の数値的な均等性又は取扱いの平等性のいずれかが求められる。
⑤ 内部品質検討：内部品質の一部システムの構築プロセスの中でも、目標設定に結果の数値的な均等性又は取扱いの平等性のいずれかが求められる。
⑥ 内部品質実現：品質の確認手段及び対応する内部品質のレベルでは、結果の統計的分布を分析する方法、結果分布以外の統計的・分析的指標をモニタリングする方法又は実装の論理的構造から取扱いの平等性を説明する方法が考えられる。

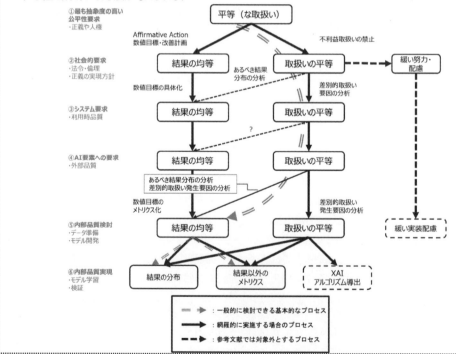

図 10. 公平性品質の確保に関するプロセス構造の例示

別添 4.AI提供者向け

別添 4.AI 提供者向け
P-4）ⅰ.プライバシー保護のための仕組み及び対策の導入

> [本編の記載内容 （再掲）]
> ● AI システム実装時
> **P-4）ⅰ.プライバシー保護のための仕組み及び対策の導入**
> ✧ AI システムの実装の過程を通じて、採用する技術の特性に照らし適切に個人情報へのアクセスを管理・制限する仕組みの導入等のプライバシー保護のための対策を講ずる（プライバシー・バイ・デザイン）（「4）プライバシー保護」）

[ポイント]

プライバシー・バイ・デザイン は、三つの側面に幅広く適用されるべきである。

1） IT システム
2） 責任あるビジネス・プラクティス
3） 物理的設計及びネットワーク基盤

プライバシー・バイ・デザインの目標である「プライバシーを確保すること、そして、組織のために、持続可能な競争的利点を獲得することが重要である。」は、次に掲げる「プライバシー・バイ・デザイン 7 つの基本原則」を実践することで達成することができる。

① 事後的ではなく事前的、救済的でなく予防的
② 初期設定としてのプライバシー
③ デザインに組み込まれるプライバシー
④ 全機能的 ― ゼロサムではなく、ポジティブサム（トレードオフの関係を作ってしまうゼロサムアプローチではなく、全ての正当な利益及び目標を収めるアプローチ）
⑤ 最初から最後までのセキュリティ―すべてのライフサイクルを保護
⑥ 可視性及び透明性―公開の維持
⑦ 利用者のプライバシーの尊重―利用者中心主義を維持する

[具体的な手法]

● プライバシー・バイ・デザインにもとづくプライバシー対策の実施
> ➤ 品質マネジメントの実施（「表 6. 品質マネジメント実施項目の概要」参照）
> > ✧ 保護が必要なデータが準拠する法令等に適合しているか確認する
> > ✧ 法令が規定する要配慮個人情報を特定する
> > ✧ 再利用可能な成果物を決定する
> > ✧ データ提供者との同意の取り決めを確認し、取り決めに従いデータを扱う

117

第Ⅱ部　AI事業者ガイドライン（第 1.0 版）別添（付属資料）

別添 4.AI 提供者向け
P-4）ⅰ.プライバシー保護のための仕組み及び対策の導入

- 関連するステークホルダー及び個人のプライバシーの尊重
  - 個人のプライバシーを侵害する情報の消去、AI のアルゴリズムの更新等（AI 利用者等関連するステークホルダー又は個人のプライバシーを侵害する情報を取得した場合）
  - 個人のプライバシーを侵害する情報の消去の依頼、AI のアルゴリズムの更新等（AI 利用者等関連するステークホルダー又は個人のプライバシーを侵害する情報を拡散した場合）

[参考文献]
- 総務省、経済産業省「DX 時代における企業のプライバシーガバナンスガイドブック ver1.3」（2023 年 4 月）
- 国立研究開発法人産業技術総合研究所「機械学習品質マネジメントガイドライン 第 4 版」（2023 年 12 月）
- Ann Cavoukian, "Privacy by Design: The 7 Foundational Principles"（2011 年 9 月）

118

別添 4.AI提供者向け

別添 4.AI 提供者向け
P-5）ⅰ．セキュリティ対策のための仕組みの導入

[本編の記載内容 （再掲）]
● 　AI システム実装時
P-5）ⅰ．セキュリティ対策のための仕組みの導入
　　　✧　AI システム・サービスの提供の過程を通じて、採用する技術の特性に照らし適切にセキュリ
　　　　ティ対策を講ずる（セキュリティ・バイ・デザイン）（「5）セキュリティ確保」）

[ポイント]
　AI のセキュリティに留意し、AI システムの機密性・完全性・可用性を確保するため、その時点での技術水準に照らして合理的な対策を講ずることが期待される。また、セキュリティが侵害された場合に講ずるべき措置について、当該 AI システムの用途、特性、侵害の影響の大きさ等を踏まえ、あらかじめ整理しておくことが期待される。
　「情報セキュリティを企画、設計段階から組み込むための方策」で内閣サイバーセキュリティセンター （NISC）により定義されているセキュリティ・バイ・デザイン等を参考にし、開発プロセスの早い段階からセキュリティを考慮することで、開発する AI システムのセキュリティを確保する。後付けでセキュリティ機能を追加したり、出荷直前になってセキュリティツールを実行していては、手戻りが多発し結果的に開発コストが多くかかってしまう可能性がある。開発の早い段階でセキュリティ対策を行うことで、手戻りが少なくなり、保守性の良い AI システムの実装及び提供につながる。

[具体的な手法]
● セキュリティ・バイ・デザインにもとづくセキュリティ対策の実施
　➢ 脅威分析（Threat Assessment）の実施
　　✧ AI システムが直面する脅威及び想定される攻撃を明らかにする。AI システムを「何から守るのか」明らかにする
　➢ セキュリティ要件（Security Requirements）の定義
　　✧ AI システム自身のセキュアな動作を定義する。要件の種類にはシステムの機能に関する要件、可用性、保守性、性能等がある。セキュリティ要件とは、システム要件のうちセキュリティに関する要件のことであり、システムを安全に運用するために必要な目標を定義する。システム要件定義書の一部として、又はセキュリティ要件定義書として、セキュリティ要件を記述する
　➢ セキュリティアーキテクチャ（Security Architecture）の選択
　　✧ AI 開発者が提供する AI システムに求めるアーキテクチャ情報をもとにする
　　✧ 自組織で独自のアーキテクチャを考えるよりも、AI システムを搭載するプラットフォームの提供元が推奨しているアーキテクチャをカスタマイズし利用する
● AI に対する攻撃の分類
　➢ システムの誤作動
　　✧ リスク回避性の低下として、自動運転における物体検知の失敗、運転補助における運転者の異常の見逃し、情報セキュリティ対策におけるマルウェア検知のすり抜け、防犯システムにおける侵入検知の失敗、異常行動検知の失敗、病理診断システムにおける偽陽性・偽陰性の増加等が被害例として挙げられる

119

171

第Ⅱ部　AI事業者ガイドライン（第 1.0 版）別添（付属資料）

別添 4.AI 提供者向け
P-5）ⅰ. セキュリティ対策のための仕組みの導入

- ✧ AI システムのパフォーマンスの低下として、交通・物流における配車割当の効率低下、交通渋滞及び物流コストの増加、小売分野における商品推薦、需要予測及び店舗状況把握の正解率の低下、入学・雇用・人材配置の適切性の低下等が被害例として挙げられる
- ✧ 公平性の低下として、与信審査システムによる不公平・差別的な融資、人材評価システムによる不公平・差別的な入学・雇用・人材配置、防犯システムによる不公平・差別的な犯罪リスク判定等が被害例として挙げられる
- ➤ AI モデル情報の漏洩
    - ✧ AI モデルのパラメータ、機能等の非公開情報を漏洩させる攻撃は、AI モデルの機能に関する営業秘密等の漏洩を生じる場合がある
- ➤ 訓練用データに含まれるセンシティブ情報の漏洩
    - ✧ センシティブ情報が訓練用データに含まれている場合、訓練用データの情報を漏洩させる攻撃によって、プライバシーの侵害、営業秘密の漏洩、法規制・契約への違反等が生じる場合がある
    - ✧ 医療情報等の個人情報、顧客別売上情報、撮影禁止の軍事施設の画像データ等が訓練用データセットに含まれている場合、訓練用データの情報を漏洩させる攻撃によって、個人に被害が及ぶ可能性がある（「表 4. 機械学習利用システムの被害及び脅威の例」参照）
- ● セキュリティ侵害発生時の措置の検討
    - ➤ 初動措置
        - ✧ AI システムのロールバック、代替システムの利用等による復旧
        - ✧ AI システムの停止（キルスイッチ）
        - ✧ AI システムのネットワークからの遮断
        - ✧ セキュリティ侵害の内容の確認
        - ✧ 関連するステークホルダーへの報告
    - ➤ 補償・賠償等を円滑に行うための保険の利用
    - ➤ 第三者機関の設置及びその機関による原因調査・分析・提言

[参考文献]
- ● 国立研究開発法人産業技術総合研究所「機械学習品質マネジメントガイドライン 第 4 版」（2023 年 12 月）
- ● 独立行政法人情報処理推進機構「セキュリティ・バイ・デザイン導入指南書」（2022 年 8 月）
- ● NCSC, "Guidelines for secure AI system development"（2023 年 11 月）
- ● ACSC, "Engaging with Artificial Intelligence（AI）"（2024 年 1 月）

120

別添 4.AI提供者向け

別添 4.AI 提供者向け

P-6） ⅰ. システムアーキテクチャ等の文書化

> [本編の記載内容 （再掲）]
> ● AI システム実装時
> **P-6） ⅰ. システムアーキテクチャ等の文書化**
>> ✧ トレーサビリティ及び透明性の向上のため、意思決定に影響を与える提供するAIシステム・サービスのシステムアーキテクチャ、データの処理プロセス等について文書化する（「6）透明性」）

[ポイント]

　AI 提供者は、AI の入出力等の説明可能性を確保するため、AI システムの入出力等のログを記録・保存し、解釈可能な内容で文書化すると、プロセス自体の改善も容易になり、関連するステークホルダーとのコミュニケーション及び対話が強化される。必要に応じて、リスク管理文書を公開する。文書化により透明性が高まり、人によるレビュープロセスが可能になることで説明可能性の確保につながる。

[具体的な手法]

- 説明可能性確保
  - ➢ AI システム・サービスのログの記録・保存
    - ✧ ログの記録・保存の目的 （人の生命・身体・財産に危害を及ぼしうる分野におけるインシデントの原因究明、再発防止を目的としたものであるか等）
    - ✧ ログ取得の取得頻度・ログの精度・ログの保存期間
    - ✧ ログの保護 （機密性、完全性、可用性等の確保）
    - ✧ ログ保存容量
    - ✧ ログの時刻の記録 （時刻同期による正確性確保等）
    - ✧ 開示するログの範囲
    - ✧ ログの保存方法 （サーバー内に格納、記録メディアへ保存等）
    - ✧ ログの保存場所 （ローカル、クラウド等）
    - ✧ ログの確認手順 （ログへのアクセス方法等）
  - ➢ 解釈可能なアルゴリズムを実装する AI システムの採用
    - ✧ 利用する AI システムには、予め可読性の高い解釈可能な AI モデルを採用する
  - ➢ アルゴリズムによる判断結果の説明を一定程度行うための技術的手法の採用
    - ✧ 「AI の予測・認識プロセスの可読化」等、解釈可能な AI モデルに置き換えて説明を行う大域的な説明法 （例えば、AI モデルの推論結果をデータセットに含まれるインスタンス（事例） 又はそれらを加工したデータにより説明する。例えば SHAP 等）
    - ✧ 「重要な特徴の提示」、「重要な学習データの提示」、「自然言語による表現」等、特定の入力に対する予測の根拠を提示する局所的な説明法 （例えば、「～ならば～」といったルールをもとに推論ロジック及び判断根拠を説明する、入力データのうち推論に大きく影響を与える重要な要素を重みづけする等）
  - ➢ データ来歴の管理
    - ✧ AI の学習等に利用されたデータが、いつ、どこで、どういう目的で集められたデータなのかを管理 （data provenance） する

121

第Ⅱ部 AI事業者ガイドライン(第1.0版)別添(付属資料)

別添 4.AI 提供者向け

P-6) ⅰ. システムアーキテクチャ等の文書化

- ➢ AI モデルの入出力傾向の分析
  - ✧ AI に対する複数の入力と出力の組合せをもとに、AI の出力傾向を分析する（例えば、入力パターンを少しずつ変化させたときの出力の変化の観測等）
- ➢ 技術的文書の適宜アップデート

[参考文献]

- AI プロダクト品質保証コンソーシアム「AI プロダクト品質保証ガイドライン」（2023 年 6 月）
- OECD, "Advancing accountability in AI"（2023 年 2 月）

別添 4.AI提供者向け

別添 4.AI 提供者向け
P-4) ⅱ．プライバシー侵害への対策

[本編の記載内容 （再掲）]
● AI システム・サービス提供後
P-4）ⅱ．プライバシー侵害への対策
✧ AI システム・サービスにおけるプライバシー侵害に関して適宜情報収集し、侵害を認識した場合等は適切に対処するとともに、再発の防止を検討する（「4）プライバシー保護」）

[ポイント]
　プライバシー侵害は個人的な感じ方の相違又は社会受容性がコンテキスト又は時間の経過で移り変わることから、常に関連する情報（市場動向、技術、制度等）を収集することが期待される。また、プライバシー侵害に詳しい有識者（学識者、コンサルタント、弁護士、消費者団体等）との関係性を構築し必要に応じて相談することも期待される。さらに、実際の事業においてプライバシー侵害が発生してしまった場合における初動対応、その後の被害救済等の事後対応、原因解明、再発防止措置の検討及び改善対応も重要である。

[具体的な手法]
● プライバシー保護組織による対応
　➢ 企業内の各部門の新規事業及びサービス内容に関する様々な情報の集約（プライバシー侵害が消費者又は社会に発現するリスクを漏れなく見つけることを目的とする）
　➢ プライバシー保護責任者を中心とした初動対応、その後の被害救済等の事後対応、原因解明及び再発防止措置（プライバシー侵害が発生した場合）
　➢ 企業内の各部門との関係構築
　　✧ 事業部門等から寄せられるプライバシーに関連した相談を幅広く受けるだけでなく、AI システム・サービスを扱う部門に対して能動的に問題意識の共有を働き掛ける等、日ごろから常に接点を持つことが期待される。新規事業又は新規技術の開発部門が悩みを抱え込まずに、自由に相談できる体制及び環境が形成されることが重要である
　➢ プライバシー保護組織の体制構築（体制のパターン例を以下に記載）
　　✧ プライバシー保護組織はないが、AI システム・サービスを扱う部門毎に責任者を設定
　　✧ プライバシー保護組織（兼務）を設置し、AI システム・サービスを扱う部門と連携
　　✧ プライバシー保護組織（専任）を設置し、AI システム・サービスを扱う部門と連携

[参考文献]
● 総務省、経済産業省「DX 時代における企業のプライバシーガバナンスガイドブック ver1.3」（2023 年 4 月）

123

175

第Ⅱ部　AI事業者ガイドライン（第 1.0 版）別添（付属資料）

別添 4.AI 提供者向け
P-5）ⅱ. 脆弱性への対応

> [本編の記載内容 （再掲）]
> ● 　AI システム・サービス提供後
> **P-5）ⅱ. 脆弱性への対応**
> 　　　✧　AI システム・サービスに対する攻撃手法も数多く生まれているため、最新のリスク及びそれに対
> 　　　　　応するために提供の各工程で気を付けるべき点の動向を確認する。また、脆弱性に対応す
> 　　　　　ることを検討する（「5）セキュリティ確保」）

[ポイント]

　AI 提供者は、自ら提供する AI システム・サービスについて、AI 利用者又は業務外利用者にセキュリティ対策のためのサービスを提供するとともに、過去のインシデント情報を共有することが重要となる。

　AI 提供者は、AI モデルの管理、改善及び調整において、セキュリティ上に脆弱性が存在するリスクに留意することが期待される。また、AI 利用者又は業務外利用者に対し、そのようなリスクが存在することを予め周知することが期待される。

　「脅威分析」では AI システム・サービスが直面する脅威及び想定される攻撃を整理し、「何から守るのか」を明らかにする。

[具体的な手法]
● 　AI モデルに対する脆弱性に関するリスクへの留意 （以下はリスク例）
> ➢ 　学習が不十分であること等の結果、AI モデルが正確に判断することができるデータに、人間には判別
> 　　できない程度の微少な変動を加え、そのデータを入力すること等により、作為的に AI モデルが誤動作
> 　　するリスク （例：Adversarial example 攻撃）
> ➢ 　教師あり学習において、不正確なラベリング等がなされたデータを混在させることで、誤った学習が行
> 　　われるリスク
> ➢ 　AI モデルが容易に複製できるリスク
> ➢ 　AI モデルから学習に用いられたデータをリバースエンジニアリングできるリスク

● 　機械学習特有の各種攻撃への対策 （「表 5. 機械学習特有の脅威・攻撃界面・攻撃実行フェーズ・攻撃者・攻撃手段の例」参照）
> ➢ 　データポイズニング攻撃
> > ✧ 　データセットの真正性及びデータセットの収集・加工プロセスの信頼性の確認
> > ✧ 　データセットにおけるデータポイズニングの検知技術の利用
> > ✧ 　データポイズニングに対するデータセットの頑健性を向上させる技術の利用 （データ数を増加さ
> > 　　せることで、ポイズニングの影響を抑える等）
> > ✧ 　データポイズニングに対して頑健な学習方法による訓練 （ランダムスムージング、アンサンブル学
> > 　　習等）
> > ✧ 　訓練済みモデルからのポイズニングの除去・軽減
> > ✧ 　開発用ソフトウェア・開発環境の脆弱性に対する従来型のセキュリティ対策
> ➢ 　妥当性確認データ・評価用データの改変 （manipulation of validation/test data）
> > ✧ 　データセットの収集・加工プロセスの信頼性の確認
> > ✧ 　開発用ソフトウェア・開発環境の脆弱性に対する従来型のセキュリティ対策

124

別添 4.AI 提供者向け

P-5）ⅱ. 脆弱性への対応

- ➤ モデルポイズニング攻撃
  - ✧ AI モデルの学習・提供プロセスの信頼性の確認
  - ✧ モデルポイズニングの検知技術の利用
  - ✧ 事前学習モデル及び AI モデルのポイズニングの除去・軽減
  - ✧ ポイズニングを除去・軽減する学習機構の利用
  - ✧ 開発用ソフトウェア・開発環境の脆弱性に対する従来型のセキュリティ対策
  - ✧ 運用時システム環境・運用体制の脆弱性に対する従来型のセキュリティ対策
- ➤ 回避攻撃
  - ✧ 敵対的データに対する AI モデルの頑健性の向上・評価の手法
  - ✧ AI モデルへの入力の制限（アクセス権の制限及びアクセス回数・頻度の制限）
  - ✧ 敵対的データの検知技術の利用
  - ✧ 複数の異なる AI モデル又はシステムの併用
  - ✧ モデル抽出攻撃を防止・軽減する技術的対策
- ➤ モデル抽出攻撃
  - ✧ モデル抽出攻撃の検知技術の利用
  - ✧ AI モデルの出力情報等の加工
  - ✧ アンサンブル学習
  - ✧ モデル抽出リスクの評価技術の利用
- ➤ 訓練用データに関する情報漏洩攻撃
  - ✧ プライバシー保護学習
  - ✧ プライバシー保護データ生成

[参考文献]
- 国立研究開発法人産業技術総合研究所「機械学習品質マネジメントガイドライン 第 4 版」（2023年 12 月）
- 独立行政法人情報処理推進機構「セキュリティ・バイ・デザイン導入指南書」（2022 年 8 月）

第Ⅱ部　AI事業者ガイドライン（第1.0版）別添（付属資料）

別添 4.AI 提供者向け
P-6) ⅱ. 関連するステークホルダーへの情報提供

[本編の記載内容 （再掲）]
● 　AI システム・サービス提供後

P-6）ⅱ. 関連するステークホルダーへの情報提供

　　✧ 　提供する AI システム・サービスについて、例えば以下の事項を平易かつアクセスしやすい形
で、適時かつ適切に情報を提供する（「6）透明性」）

　　　● 　AIを利用しているという事実、活用している範囲、適切/不適切な使用方法等（「6）
透明性」）

　　　● 　提供する AI システム・サービスの技術的特性、利用によりもたらす結果より生じる可能
性のある予見可能なリスク及びその緩和策等の安全性に関する情報（「2）安全
性」）

　　　● 　AI システム・サービスの学習等による出力又はプログラムの変化の可能性（「1）人間
中心」）

　　　● 　AI システム・サービスの動作状況に関する情報、不具合の原因及び対応状況、インシ
デント事例等（「2）安全性」）

　　　● 　AI システムの更新を行った場合の更新内容及びその理由の情報（「2）安全性」）

　　　● 　AI モデルにて学習するデータの収集ポリシー、学習方法、実施体制等（「3）公平
性」、「4）プライバシー保護」、「5）セキュリティ確保」）

[ポイント]

　AI 提供者は、個人の権利・利益に重大な影響を及ぼす可能性のある分野において AI を利用する場合等、
AI を活用する際の社会的文脈を踏まえ、AI 利用者の納得感及び安心感の獲得、また、そのための AI の動作
に対する証拠の提示等を目的として、AI の出力結果の説明可能性を確保することが期待される。その際、どの
ような説明が求められるかを分析・把握し、必要な対応を講じることが期待される。

　リスクを評価して対処した後、AI システムが規制、AI ガバナンス及び倫理基準に準拠しているかどうかを検証
し、関連するステークホルダーと共有することが重要となる。これにより、リスク又は意思決定及び行動の背後にあ
る論理的根拠の理解が促進される。モニタリング及びレビューのプロセス並びにツールを確立するだけでなく、定期
的なコミュニケーション及びレビューを実施して、AI の望ましくない動作及びインシデントに関する情報についても
関連するステークホルダーと確実に共有することが重要である。

[具体的な手法]
● 　AI システム・サービスについての情報共有
　　➤ 　提供する AI システム・サービスが AI を用いたものであること及びその用途・方法
　　➤ 　AI を活用している範囲
　　➤ 　AI の性質、利用の態様等に応じた便益及びリスク
　　➤ 　提供する AI システム・サービスの活用の範囲・方法に関する定期的な確認方法（特に、AI システム
が自律的に更新される場合の観測及び確認方法）、確認の重要性・頻度、未確認によるリスク等
　　➤ 　活用の過程における、AI の機能を向上させ、リスクを抑制するために実施する AI システムのアップデー
ト、点検、修理等
　　➤ 　安全性、セキュリティ、並びに社会的リスク及び人権に対するリスクについて実施された評価の詳細

126

別添 4.AI提供者向け

別添 4.AI 提供者向け
P-7） ⅰ. AI 利用者への「共通の指針」の対応状況の説明

➢ 適切な使用領域、その使用に影響を及ぼす AI モデル又は AI システム・サービスの能力及び性能上の限界

➢ 有害な偏見、差別、プライバシー侵害の脅威、公平性への影響等、AI モデル又は AI システム・サービスが安全性や社会に及ぼす影響及びリスクについての議論及び評価

➢ 開発段階以降の AI モデル又は AI システム・サービスの適合性を評価するために実施されたレッドチーミングの結果

➢ 情報提供に際しての留意点

✧ AI 利用者が必要な情報を適切なタイミングで共有する

✧ AI システム・サービスについて提供すべき情報を利用前に提供する

✧ AI システム・サービスの利用前に上記の情報を提供できない場合には、AI の性質、利用の態様等にもとづき想定されるリスクに応じ、AI 利用者又は業務外利用者からのフィードバックに対応する体制を整備する

[参考文献]

● 総務省、経済産業省「DX 時代における企業のプライバシーガバナンスガイドブック ver1.3」（2023 年 4 月）

● NIST, "Artificial Intelligence Risk Management Framework（AI RMF 1.0）"（2023 年 1 月）

● OECD, "Advancing accountability in AI"（2023 年 2 月）

[本編の記載内容 （再掲）]

● AI システム・サービス提供後

P-7） ⅰ. AI 利用者への「共通の指針」の対応状況の説明

✧ AI 利用者に適正利用を促し、以下の情報を AI 利用者に提供する（「7）アカウンタビリティ」）

● 正確性・必要な場合には最新性（データが適切であること）等が担保されたデータの利用についての注意喚起（「2）安全性」）

● コンテキスト内学習による不適切な AI モデルの学習に対する注意喚起（「2）安全性」）

● 個人情報を入力する際の留意点（「4）プライバシー保護」）

✧ 提供する AI システム・サービスへの個人情報の不適切入力について注意喚起する（「4）プライバシー保護」）

[ポイント]

AI 提供者は、人々と社会から AI への信頼を獲得することができるよう、他の「共通の指針」の趣旨に鑑み、AI 利用者又は業務外利用者に対し、利用する AI の性質、目的等に照らして、それぞれが有する知識及び能力の多寡に応じ、AI システムの特性について情報提供並びに説明を行うこと、多様なステークホルダーとの対話を行うこと等により、相応のアカウンタビリティを果たすことが期待される。

127

第Ⅱ部 AI事業者ガイドライン(第1.0版)別添(付属資料)

別添 4.AI 提供者向け

P-7) ⅰ. AI 利用者への「共通の指針」の対応状況の説明

　　人の生命・身体・財産に危害を及ぼしうる分野で AI を活用する場合には、AI 提供者は、想定される被害の性質・態様等を踏まえ、AI 開発者等からの情報をもとに、必要に応じて対応策を講じ、その内容を合理的な範囲で AI 利用者又は業務外利用者に説明することが期待される。

[具体的な手法]

- AI 利用者又は業務外利用者への AI システム・サービス利用に際しての注意喚起及び関連する対応
    - AI の点検・修理及び AI システムのアップデート、また AI 利用者又は業務外利用者への対応促進（AI がアクチュエータ等を通じて人の生命・身体・財産に危害を及ぼすことのないようにすることを目的とする。問題が発見されてからアップデートが提供されるまでの間は、問題点を適時適切に情報提供及び注意喚起する）
    - 人間の生命・身体・財産に危害を及ぼした場合に講ずるべき措置の情報提供（必要な場合）
    - 入出力等のログの記録・保存等による確認と不適切入力についての注意喚起（AI 利用者又は業務外利用者による悪意ある利用を抑止することを目的とする）
    - AI 利用者、業務外利用者等の関連するステークホルダー又は個人のプライバシーを侵害した場合に講ずるべき措置
    - AI システム・サービスの適正な利用範囲及び利用方法（AI 開発者等からの情報提供及び説明を踏まえ、AI を利用する目的、用途、性質、能力等を確認した上で情報提供）

[参考文献]

- The White House, "Blueprint for an AI Bill of Rights （Making Automated Systems Work for The American People）"（2022 年 10 月）

128

180

別添 4.AI提供者向け

別添 4.AI 提供者向け
P-7）ⅱ. サービス規約等の文書化

> [本編の記載内容 （再掲）]
> ● 　AI システム・サービス提供後
> **P-7）ⅱ. サービス規約等の文書化**
> 　　　　✧ 　AI 利用者又は業務外利用者に向けたサービス規約を作成する（「7）アカウンタビリティ」）
> 　　　　✧ 　プライバシーポリシーを明示する（「7）アカウンタビリティ」）

[ポイント]

　AI サービス提供における不透明さを解消し、適正なサービスレベルの維持・管理を実現する上で、サービス内容・範囲・品質等に関する保証基準の共通認識であるサービスレベル合意（Service Level Agreement：以下 SLA）の活用が有効である。SLA により、サービスの範囲・内容・前提事項及びサービスレベルへの要求水準の明確化を行い、AI 利用者又は業務外利用者及び AI 提供者双方で共通認識を形成することが期待される。

　AI 利用者又は業務外利用者との信頼関係を構築し事業活動に対する社会の信頼を確保するためには、「個人情報保護に関する考え方及び方針（いわゆる、プライバシーポリシー、プライバシーステートメント等）」を策定・公表することが期待される。

[具体的な手法]
● 　サービス規約の作成
　➢ 　対象となる AI サービス及び要求水準の設定
　　✧ 　設定にあたっては、万一インシデントが発生した場合に業務に与える影響を考慮した上で優先順位を見極め、重要度が高いものを中心に定義を行う
　　✧ 　サービスレベルを決定する際、AI 利用者又は業務外利用者及び AI 提供者の間で認識の相違が起こらないように、客観的な項目（定量的な数値、数式による測定等）を定める
● 　個人情報保護に関する考え方及び方針（プライバシーポリシー、プライバシーステートメント等）の策定・公表
　➢ 　委託処理の明確化
　　✧ 　委託の有無、委託する事務の内容を明らかにする等、委託処理の透明化を進める
　➢ 　公表
　　✧ 　方針を策定した後、それをホームページへの掲載等により公表し、あらかじめ、対外的にわかりやすく説明する
● 　文書の適宜アップデート

[参考文献]
● 　経済産業省「SaaS 向け SLA ガイドライン」（2008 年 1 月）
● 　The White House, "Blueprint for an AI Bill of Rights （Making Automated Systems Work for The American People）"（2022 年 10 月）

129

第Ⅱ部　AI事業者ガイドライン（第 1.0 版）別添（付属資料）

別添 4.AI 提供者向け

1）人間中心

B.本編「第 2 部」の「共通の指針」の解説

　ここでは、本編「第 4 部 AI 提供者に関する事項」では触れられていないが、本編「第 2 部」の「共通の指針」のうち、AI 提供者にとって特に重要なものについて、具体的な手法を解説する

[本編の記載内容　（再掲）] ※ 柱書のみ抜粋

1）人間中心

　各主体は、AI システム・サービスの開発・提供・利用において、後述する各事項を含む全ての取り組むべき事項が導出される土台として、少なくとも憲法が保障する又は国際的に認められた人権を侵すことがないようにすべきである。また、AI が人々の能力を拡張し、多様な人々の多様な幸せ（well-being）の追求が可能となるように行動することが重要である。

● 「①人間の尊厳及び個人の自律」関連

　[関連する記載内容]

➢ AI が活用される際の社会的文脈を踏まえ、人間の尊厳及び個人の自律を尊重する

　[具体的な手法]

➢ 社会的、安全及びセキュリティ上のリスク軽減の研究の推進

　✧ 社会的、安全及びセキュリティ上のリスクを軽減するための研究、効果的な軽減策への投資（以下は研究内容の例）

● 民主的価値の維持

● 人権の尊重

● 子供及び社会的弱者の保護

● 知的財産権及びプライバシーの保護

● 有害な偏見の回避

● 偽・誤情報の回避

● 情報操作の回避　等

　✧ リスク緩和に関する研究及びベストプラクティスの共有（可能な範囲で実施する）

● 「②AI による意思決定・感情の操作等への留意」関連

　[関連する記載内容]

➢ 人間の意思決定、認知等、感情を不当に操作することを目的とした、又は意識的に知覚できないレベルでの操作を前提とした AI システム・サービスの開発・提供・利用は行わない

　[具体的な手法]

➢ 意思決定・感情の操作等への対策

　✧ AI 利用者又は業務外利用者への注意喚起

　✧ 教育現場等における AI への依存、意思決定、感情の操作等のリスクの存在の共有及び認識の促進

130

別添 4.AI提供者向け

別添 4.AI 提供者向け

1）人間中心

- ◇ 導入後の脆弱性発見及び報告を促進するためのインセンティブの検討（報奨金制度、コンテスト、商品等）

● 「③偽情報等への対策」関連

[関連する記載内容]

➢ 生成 AI によって、内容が真実・公平であるかのように装った情報を誰でも作ることができるようになり、AI が生成した偽情報・誤情報・偏向情報が社会を不安定化・混乱させるリスクが高まっていることを認識した上で、必要な対策を講じる

[具体的な手法]

➢ 偽情報・誤情報・偏向情報等のリスク回避策の考慮
  - ◇ 電子透かし、その他の技術等、AI 利用者又は業務外利用者が AI の生成した情報であることを識別できるための技術の開発及び導入
  - ◇ 幅広い年代への情報リテラシー教育の実施

● 「④多様性・包摂性の確保」関連

[関連する記載内容]

➢ 公平性の確保に加え、いわゆる「情報弱者」及び「技術弱者」を生じさせず、より多くの人々が AI の恩恵を享受できるよう社会的弱者による AI の活用を容易にするよう注意を払う

[具体的な手法]

➢ 誰一人取り残さない AI 活用への心がけ
  - ◇ UI（ユーザーインタフェース）・UX（ユーザーエクスペリエンス）の改善
  - ◇ 安全安心な利用環境の整備
  - ◇ 公共デジタルプラットフォームの整備

● 「⑥持続可能性の確保」関連

[関連する記載内容]

➢ AI システム・サービスの開発・提供・利用において、ライフサイクル全体で、地球環境への影響も検討する

[具体的な手法]

➢ グローバル共通の課題への考慮
  - ◇ 国連の持続可能な開発目標の進捗を支援し、グローバルな利益のための AI 開発・活用の奨励（以下はグローバル課題の例）
    - ● 気候変動対策
    - ● 人類の健康及び福祉（世界保健）
    - ● 質の良い教育
    - ● 貧困の撲滅・飢餓のない世界
    - ● 衛生の維持
    - ● 手ごろな価格でのクリーンエネルギー

131

第Ⅱ部　AI事業者ガイドライン（第 1.0 版）別添（付属資料）

別添 4.AI 提供者向け

1）人間中心

- 不平等の撲滅
- 責任ある消費、生産　等

[参考文献]

- 総務省「令和 3 年版 情報通信白書」（2021 年 7 月）
- 国際連合「持続可能な開発目標」（2015 年 9 月）

別添 4.AI提供者向け

別添 4.AI 提供者向け
2）安全性

[本編の記載内容 （再掲）] ※ 柱書のみ抜粋

2）安全性

　各主体は、AI システム・サービスの開発・提供・利用を通じ、ステークホルダーの生命・身体・財産に危害を及ぼすことがないようにすべきである。加えて、精神及び環境に危害を及ぼすことがないようにすることが重要である。

- 「①人間の生命・身体・財産、精神及び環境への配慮」関連

  [関連する記載内容]

  ➢ AI システム・サービスの安全性を損なう事態が生じた場合の対処方法を検討し、当該事態が生じた場合に速やかに実施できるよう整える

  [具体的な手法]

  ➢ インシデント対策の整理及び発生時の措置の検討
    ✧ インシデント対策の整理
      - 危害発生時の連絡体制の事前整備
      - 原因調査方法及び復旧作業方法の整理
      - 再発防止策の検討・対応方針の整理
      - インシデントに関する情報共有方法の設定
    ✧ 初動措置
      - AI システムのロールバック、代替システムの利用等による復旧
      - AI システムの停止（キルスイッチ）
      - AI システムのネットワークからの遮断
      - 危害の内容の確認
      - 関連するステークホルダーへの報告
    ✧ 補償・賠償等を円滑に行うための保険の利用
    ✧ 第三者機関の設置及びその機関による原因調査・分析・提言

[参考文献]

- 総務省、経済産業省「DX 時代における企業のプライバシーガバナンスガイドブック ver1.3」（2023 年 4 月）

133

第Ⅱ部　AI事業者ガイドライン（第 1.0 版）別添（付属資料）

別添 4.AI 提供者向け

3）公平性

> [本編の記載内容　（再掲）] ※ 柱書のみ抜粋
>
> ## 3）公平性
>
> 　各主体は、AIシステム・サービスの開発・提供・利用において、特定の個人ないし集団への人種、性別、国籍、年齢、政治的信念、宗教等の多様な背景を理由とした不当で有害な偏見及び差別をなくすよう努めることが重要である。また、各主体は、それでも回避できないバイアスがあることを認識しつつ、この回避できないバイアスが人権及び多様な文化を尊重する観点から許容可能か評価をした上で、AI システム・サービスの開発・提供・利用を行うことが重要である。

- 「②人間の判断の介在」関連

  [関連する記載内容]

  ➢ AI の出力結果が公平性を欠くことがないよう、AI に単独で判断させるだけでなく、適切なタイミングで人間の判断を介在させる利用を検討する

  [具体的な手法]

  ➢ 人間の判断の介在要否に関する判断（以下は判断基準の例）
    ✧ AI の出力に影響を受ける AI 利用者又は業務外利用者の権利・利益の性質及び AI 利用者又は業務外利用者の意向
    ✧ AI の出力の信頼性の程度（人間による判断の信頼性との優劣）
    ✧ 人間の判断に必要な時間的猶予
    ✧ 判断を行う AI 利用者又は業務外利用者に期待される能力
    ✧ 判断対象の要保護性（例えば、人間による個別申請への対応か、AI システム・サービスによる大量申請への対応か等）
    ✧ 統計的な将来予測の不確定性
    ✧ 意思決定（判断）に対し納得ある理由の必要性及び程度
    ✧ 学習データにマイノリティ等に対する社会的バイアスが含まれていること等により、人種・信条・性別にもとづく差別の想定度合い
  ➢ 人間の判断の実効性の確保
    ✧ 説明可能性を有する AI から得られる説明を前提として、人間が判断すべき項目を事前に明確化しておく（AI の出力に対し、人間が最終判断をすることが適当とされている場合）
    ✧ AI 利用者又は業務外利用者が AI の出力を適切に判断ができるよう、必要な能力及び知識を習得できるよう情報提供及び説明を実施する（AI の出力に対し、人間が最終判断をすることが適当とされている場合）
    ✧ 人間の判断の実効性を確保するための対応を事前に整理しておく

[参考文献]

- 国立研究開発法人産業技術総合研究所「機械学習品質マネジメントガイドライン 第 4 版」（2023 年 12 月）

134

別添 4.AI 提供者向け

6) 透明性

> [本編の記載内容 （再掲）] ※ 柱書のみ抜粋
>
> **6） 透明性**
>
> 各主体は、AI システム・サービスの開発・提供・利用において、AI システム・サービスを活用する際の社会的文脈を踏まえ、AI システム・サービスの検証可能性を確保しながら、必要かつ技術的に可能な範囲で、ステークホルダーに対し合理的な範囲で情報を提供することが重要である。

● 「④関連するステークホルダーへの説明可能性・解釈可能性の向上」関連
　[関連する記載内容]
　➢ 関連するステークホルダーの納得感及び安心感の獲得、また、そのための AI の動作に対する証拠の提示等を目的として、説明する主体がどのような説明が求められるかを分析・把握できるよう、説明を受ける主体がどのような説明が必要かを共有し、必要な対応を講じる

　[具体的な手法]
　➢ 説明可能性の確保
　　✧ AI 利用者又は業務外利用者のニーズ、意見等も踏まえた説明不足部分の明確化及び AI 開発者と連携した説明内容検討
　　✧ AI 開発者を含むステークホルダーとの連携によるコンテキスト分析及び潜在的なリスク（影響を被る対象、影響が起こりうる状況等）の調査・文書化
　　✧ リスクを追跡するための監視並びにレビューインターフェース、実施頻度、機能及び有効性の確保
　　✧ ステークホルダーが苦情を提起できるプロセス等の救済メカニズムの確立及び伝達

[参考文献]
● NIST, "Artificial Intelligence Risk Management Framework（AI RMF 1.0）"（2023 年 1 月）
● OECD, "Advancing accountability in AI"（2023 年 2 月）

> [本編の記載内容 （再掲）] ※ 柱書のみ抜粋
>
> **8） 教育・リテラシー**
>
> 各主体は、主体内の AI に関わる者が、AI の正しい理解及び社会的に正しい利用ができる知識・リテラシー・倫理感を持つために、必要な教育を行うことが期待される。また、各主体は、AI の複雑性、誤情報といった特性及び意図的な悪用の可能性もあることを勘案して、ステークホルダーに対しても教育を行うことが期待される。

[関連する記載内容]
● 各主体内の AI に関わる者が、その関わりにおいて十分なレベルの AI リテラシーを確保するために必要な措置を講じる
● 生成 AI の活用拡大によって、AI と人間の作業の棲み分けが変わっていくと想定されるため、新たな働き方ができるよう教育・リスキリング等を検討する

[具体的な手法]

135

第Ⅱ部　AI事業者ガイドライン（第 1.0 版）別添（付属資料）

別添 4.AI 提供者向け

10）イノベーション

- AI リテラシー確保
  - ➢ 役割と責任を明確にした AI ポリシーの策定及び主体内の AI に関わる者への周知
  - ➢ 信頼できる AI の特性についての定義及び主体内の AI に関わる者への周知
  - ➢ AI システムに適用される法令についての情報収集及び主体内の AI に関わる者への周知
  - ➢ AI システムから生じる可能性のある潜在的な悪影響の収集及び主体内の AI に関わる者への周知
  - ➢ AI を含むデータ・デジタル技術が様々な業務で利用されていることを主体内の AI に関わる者への周知
- 教育・リスキリング
  - ➢ AI リスク管理の技術的及び社会技術的側面に包括的に対応したトレーニングの実施
  - ➢ 環境変化等へのレジリエンス向上のための教育
    - ✧ 「垂直思考」と「水平思考」を柔軟に切り替えるメンタル・ローテーション
    - ✧ 組織評価に求められるモデリングスキルの強化
    - ✧ アジャイル思考で苦手なスキル領域の学習水平線の延伸
    - ✧ 過去の経験及びノウハウでは予測が難しい不確実性を分析するための評価スキルの向上
    - ✧ 組織評価の「重要ポイント」の変換（機動力のある"瞬発力＋持続力"へ）
    - ✧ AI ガバナンスの形態が中央集権型、分散型のハイブリッド化が進む中、複雑、高度化するマネジメントの再同期化（Configuration、Architecture、Synthesis、Dissemination）の評価方法

[参考文献]

- 経済産業省、独立行政法人情報処理推進機構「デジタルスキル標準 ver.1.1」（2023 年 8 月）
- NIST, "AI Risk Management Framework Playbook"（2023 年 1 月）

[本編の記載内容 （再掲）] ※ 柱書のみ抜粋

10）イノベーション

　各主体は、社会全体のイノベーションの促進に貢献するよう努めることが期待される。

[関連する記載内容]

- 自らの AI システム・サービスと他の AI システム・サービスとの相互接続性及び相互運用性を確保する
- 標準仕様がある場合には、それに準拠する

[具体的な手法]

- データ形式、プロトコル等の標準化
  - ➢ AI の入出力等におけるデータ形式（構文（syntax）及び意味（semantics））
  - ➢ AI システム・サービス間の連携のための接続方式（特にネットワークを介す場合は各レイヤにおけるプロトコル）
  - ➢ 複数の AI モデルの実装又は新しいデータセットの活用にあたり、言語が一致していることを確認する。異なる場合、トークン化の方法、語彙の拡張等の調整を検討

[参考文献]

136

別添 4.AI提供者向け
10）イノベーション

● 国立研究開発法人産業技術総合研究所「機械学習品質マネジメントガイドライン 第 4 版」（2023年 12 月）

コラム 13：日本デジタルヘルス・アライアンス
「ヘルスケア事業者のための生成 AI 活用ガイド」

日本デジタルヘルス・アライアンス[80]（以下、「JaDHA」という。）は、ヘルスケアサービスを提供する事業者が生成 AI による多様なサービスを創出し、AI 利用者及び業務外利用者が安心してサービス選択できる環境を構築することを目的に、2024 年 1 月 18 日に「ヘルスケア事業者のための生成 AI 活用ガイド（ヘルスケア領域において生成 AI を活用したサービスを提供する事業者が参照するための自主ガイドライン）」[81]を策定した。

本ガイドは、AI 事業者ガイドラインに全業種共通の内容が盛り込まれることを前提としつつ、ヘルスケア領域が他の領域と比較して要配慮個人情報の取扱いが多くなる点や、不確かな情報がもたらす個人への影響が極めて大きい点等を踏まえ検討を行い、AI 提供者が、ヘルスケア領域において、生成 AI を活用して安全安心に AI サービスの提供を行うためのチェックポイントをまとめている。

具体的には、生成 AI を取り巻く主体やバリューチェーンの整理を行ったうえで、AI 事業者ガイドラインで示されている「3)公平性」や「4)プライバシー保護」に関する AI 提供者として留意すべき各場面でのデータの取扱いについて、より実践的かつ具体的な注意事項を定めている。加えて、「7) アカウンタビリティ」を踏まえた AI 利用者及び業務外利用者への説明・表示等について体系的に取りまとめられているとともに、AI 提供者が活用可能なチェックリストや参考事例なども併せて公表している。

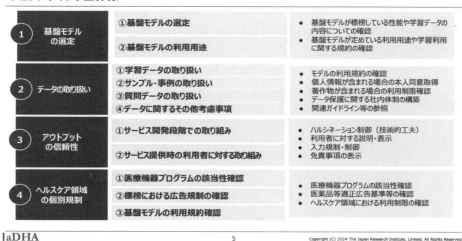

（出典：JaDHA「ヘルスケア事業者のための生成 AI 活用ガイド」）

JaDHA では、本ガイドを業界内でいち早く策定することで、新技術である生成 AI を活用したサービス推進や業界内でのイノベーション促進を期待している。加えて、スタートアップ企業や中小企業をはじめとする生成

---

[80] 日本におけるデジタルヘルス産業の発展や課題を検討する業界団体として 2022 年 3 月に設立。現在、医薬品・医療機器メーカーからヘルステックスタートアップ企業まで、多様な属性の企業が参画している。
[81] https://jadha.jp/news/news20240118.html

第Ⅱ部　AI事業者ガイドライン(第 1.0 版)別添(付属資料)

別添 4.AI 提供者向け

10）イノベーション

AI を活用したサービスを検討している企業が本ガイドを参照・セルフチェックを行うことで、AI 利用者及び業務外利用者が安心して AI サービスを利用できる環境構築を目指している。

なお、急速な新技術の進歩に伴い、生成 AI の技術特性や関連制度等の変化が想定されることから、本ガイドは適宜見直しを図り、ヘルスケア領域において AI を活用する事業者がタイムリーに適正な AI サービスを提供できるよう今後も業界全体の後押しを行っていく予定である。

別添 5.AI利用者向け
U-2）ⅰ. 安全を考慮した適正利用

別添 5.AI 利用者向け

　本章では、まず、本編「第 5 部　AI 利用者に関する事項」に記載されている内容について、「ポイント」及び「具体的な手法」を解説する。その後、本編「第 2 部　AI により目指すべき社会及び各主体が取り組むべき事項」の「C. 共通の指針」のうち、AI 利用者が特に意識すべき具体的な手法を解説する。

　なお、ここで述べる「具体的な手法」は、あくまで一例である。従来からある AI 及び生成 AI の双方について書かれているもの、あるいは一方のみに当てはまるものもある。具体的な対応の検討にあたっては、利用予定の AI システム・サービスのもたらすリスクの程度及び蓋然性、技術特性、各主体の資源制約等に配慮することが重要である。

　また、高度な AI システムを取り扱う AI 利用者は、本編「第 2 部　AI により目指すべき社会及び各主体が取り組むべき事項」の「D. 高度な AI システムに関係する事業者に共通の指針」の記載を参照の上、Ⅰ）〜Ⅺ）を適切な範囲で遵守すべきであり、Ⅻ）を遵守すべきである。

A.本編「第 5 部　AI 利用者に関する事項」の解説

[本編の記載内容　（再掲）]
● 　AI システム・サービス利用時
U-2）ⅰ. 安全を考慮した適正利用
　　✧　AI 提供者が定めた利用上の留意点を遵守して、AI 提供者が設計において想定した範囲内で AI システム・サービスを利用する（「2）安全性」）
　　✧　正確性・必要な場合には最新性（データが適切であること）等が担保されたデータの入力を行う（「2）安全性」）
　　✧　AI の出力について精度及びリスクの程度を理解し、様々なリスク要因を確認した上で利用する（「2）安全性」）

[ポイント]
　AI 利用者は、AI 提供者からの情報提供（AI 開発者の情報を含む）及び説明を踏まえ、AI を活用する際の社会的文脈にも配慮して、AI を利用すべきである。

　また、アクチュエータ等を通じて稼働する AI の活用において、一定の条件に該当することにより人間による稼働に移行することが予定されている場合には、AI 利用者又は業務外利用者は、移行前、移行中、移行後等の各状態における責任の所在を予め認識しておくことが期待される。また、AI 提供者から、移行条件、移行方法等についての説明を受け、必要な能力及び知識を習得しておくことが期待される。

　AI 利用者は、AI を利用するにあたり、AI 提供者からの情報提供（AI 開発者の情報を含む）を踏まえ、AI の活用により生じうる又は生じたインシデント、セキュリティ侵害・プライバシー侵害等によりもたらされる又はもたらされた被害の性質・態様等に応じて、関連するステークホルダーと協力して予防措置及び事後対応（情報共有、停止・復旧、原因解明、再発防止措置等）に取り組むことが重要である。

[具体的な手法]
● 　AI システム・サービスについての情報取得

139

191

第Ⅱ部　AI事業者ガイドライン（第 1.0 版）別添（付属資料）

別添 5. AI 利用者向け
U-2）ⅰ．安全を考慮した適正利用

> ➤ 利用する AI システム・サービスの適正用途・方法
> ➤ AI の性質、利用の態様等に応じた便益及びリスク
> ➤ AI の活用の範囲・方法に関する定期的な確認方法（特に、AI が自律的に更新される場合の観測及び確認方法）、確認の重要性・頻度、未確認によるリスク等
> ➤ 活用の過程を通じて、AI の機能を向上させ、リスクを抑制するために実施する AI システムのアップデート、AI の点検・修理等

● 適正な範囲・方法での利用
> ➤ AI の性質、利用の態様等に応じた便益及びリスクの認識、並びに適正な用途の理解（利用前）
> ➤ 適正利用のための必要な知識・技能の習得（利用前）
> ➤ AI の活用が適正な範囲・方法で行われているかについての定期的な確認（利用中）
> ➤ AI システムのアップデート及び AI の点検・修理又はそれらを AI 提供者へ実施を依頼（活用の過程を通じて、AI の機能を向上させ、リスクを抑制することを目的とする）（利用中）
> > ✧ ただし、アップデートにより連携する他の AI に影響を及ぼしうることも考慮する
> ➤ AI 提供者（又は AI 提供者を通じて AI 開発者）に対するインシデント情報のフィードバック（何らかインシデントが発生した場合、インシデントが起こる予兆があった場合を含む）

● 関係するステークホルダーと協力して行う予防措置及び事後対応
> ➤ 適正な範囲・方法による利用のための情報の提供
> ➤ AI が人間の生命・身体・財産に危害を及ぼした場合に講ずるべき措置の実施
> ➤ セキュリティが侵害された場合に講ずるべき措置の実施
> ➤ 個人のプライバシーを侵害した場合に講ずるべき措置の実施
> ➤ 潜在的利用者を含む社会一般への啓発活動
> ➤ インシデント等の情報の AI 提供者、AI 開発者との迅速な共有及び対策検討

[参考文献]
● 総務省、経済産業省「DX 時代における企業のプライバシーガバナンスガイドブック ver1.3」（2023 年 4 月）

140

別添 5.AI利用者向け

別添 5.AI 利用者向け
U-3）ⅰ. 入力データ又はプロンプトに含まれるバイアスへの配慮

[本編の記載内容 （再掲）]
● AI システム・サービス利用時

U-3）ⅰ. 入力データ又はプロンプトに含まれるバイアスへの配慮

◇ 著しく公平性を欠くことがないよう公平性が担保されたデータの入力を行い、プロンプトに含まれるバイアスに留意して、責任をもって AI 出力結果の事業利用判断を行う（「3）公平性」）

[ポイント]

AI 利用者は、AI の出力結果について疑義がある場合には、必要に応じて、AI 提供者（又は AI 提供者を通じて AI 開発者）に問い合わせを行うことが期待される。

AI 利用者は、AI の出力が学習時のデータによって決定づけられる可能性があることを踏まえ、AI を活用する際の社会的文脈に応じて、AI の学習等に用いられるデータの代表性、データに内在する社会的なバイアス等に留意することが期待される。

AI 利用者は、AI によりなされた判断結果の公平性を保つため、AI を活用する際の社会的文脈及び人々の合理的な期待を踏まえ、その判断を用いるか否か、あるいは、どのように用いるか等、人間の判断を介在させることが期待される。

[具体的な手法]
● 各種バイアスによって AI の出力が決定づけられることへの留意（AI 提供者への問合せ要否判断時のポイント）
  ➢ データの代表性によるバイアス
    ◇ データの代表性が確保されないことによってバイアスが生じる可能性がある
    ◇ 社会的バイアスを内在するデータを用いることによってバイアスが生じる可能性がある
    ◇ 前処理の方法により利用時の入力データに意図せずバイアスが生じる可能性がある
  ➢ データに含まれる個人情報の扱い
    ◇ データの代表性を満たすために個人情報を含む大量のデータを集めようとする場合に、個人情報のマスキング、削除等プライバシーに配慮して扱う
  ➢ アルゴリズムによるバイアス
    ◇ アルゴリズム次第でセンシティブ属性（公平性の観点から排除すべき対象者の性別、人種等の個人の属性）によるバイアスが生じる可能性がある
  ➢ センシティブ属性の明確化
  ➢ センシティブ属性に関し確保すべき公平性の内容の明確化
  ➢ 公平性の基準を満たす制約の機械学習アルゴリズムへの付加
● 公平性の基準の確認 （「コラム 11：集団公平性及び個人公平性」参照）
  ➢ 集団公平性の基準の確認（以下に基準例を記載）
    ◇ センシティブ属性を取り除き、非センシティブ属性のみにもとづき予測を行う（unawareness）
    ◇ センシティブ属性の値が異なる複数のグループ間で、同じ予測結果を確保する（demographic parity）

141

第Ⅱ部　AI事業者ガイドライン（第 1.0 版）別添（付属資料）

別添 5.AI 利用者向け
U-3）ⅰ. 入力データ又はプロンプトに含まれるバイアスへの配慮

　　　◇　実際の結果に対する予測結果の誤差の比率を、センシティブ属性の値によらないように調整する（equalized odds）

　　➢　個人公平性の基準例の確認（以下に基準例を記載）

　　　◇　センシティブ属性以外の属性値が等しい個人に対してはそれぞれ同じ予測結果を与える

　　　◇　類似した属性値を持つ個人には類似した予測結果を与える（Fairness through awareness）

[参考文献]

● 国立研究開発法人産業技術総合研究所「機械学習品質マネジメントガイドライン 第 4 版」（2023 年 12 月）

別添 5.AI利用者向け

別添 5.AI 利用者向け
U-4）ⅰ. 個人情報の不適切入力及びプライバシー侵害への対策

[本編の記載内容 （再掲）]
● AI システム・サービス利用時

U-4）ⅰ. 個人情報の不適切入力及びプライバシー侵害への対策

✧ AI システム・サービスへ個人情報を不適切に入力することがないよう注意を払う（「4）プライバシー保護」）

✧ AI システム・サービスにおけるプライバシー侵害に関して適宜情報収集し、防止を検討する（「4）プライバシー保護」）

[ポイント]

AI システム・サービスの利用に際しての個人情報の取扱いに関しては、個人情報保護委員会の「生成 AI サービスの利用に関する注意喚起等」等も参照の上、個人情報保護法の規律に従って、個人情報を適正に取り扱うべきである。

プライバシー保護組織を設けることで、社内の新規事業部門を含む AI システム・サービスを利用する部門の密なコミュニケーションを醸成したり、関連情報を社外有識者等から収集したり、多角的に対応策を検討する等を、実質的に行っていくことができる。技術革新及び消費者のプライバシー意識の高まりによって、日々、プライバシー保護の観点で考慮すべき範囲は拡大している。そのため、プライバシー問題に対して、技術革新、消費者の意識等社会の要請に対して多角的な検討・機敏な対応を担保できるようなプライバシー保護組織を構築することが重要となる。加えて、消費者等の個人情報をグローバルに取り扱う場合には、プライバシー保護に対応するために諸外国の法令の適用に関して十分な配慮をするこ及びグローバルな体制を構築すべきである。

[具体的な手法]
● プライバシー保護組織による対応
  ➢ 企業内の各組織の新規事業及びサービス内容に関する様々な情報の集約（プライバシー侵害が消費者又は社会に発現するリスクを漏れなく見つけることを目的とする）
  ➢ プライバシー保護責任者を中心とした初動対応その後の被害救済等の事後対応、原因解明及び再発防止措置（プライバシー侵害が発生した場合）
  ➢ 企業内の各組織との関係構築
    ✧ 各組織から寄せられるプライバシーに関連した相談を幅広く受けるだけでなく、AI システム・サービスを利用する組織に対して能動的に問題意識の共有を働き掛ける等、日ごろから常に接点を持つことが期待される。新規事業又は新規技術の開発・利用する組織が悩みを抱え込まずに、自由に相談できる体制及び環境が形成されることが重要である
  ➢ プライバシー保護組織の体制構築（体制のパターン例を以下に記載）
    ✧ プライバシー保護組織はないが、AI システム・サービスを利用する組織毎に責任者を設定
    ✧ プライバシー保護組織（兼務）を設置し、AI システム・サービスを利用する組織と連携
    ✧ プライバシー保護組織（専任）を設置し、AI システム・サービスを利用する組織と連携
● プライバシー侵害時に講ずるべき措置の事前整理及び実施
  ➢ プライバシー侵害時の講ずるべき措置の事前整理
    ✧ 個人のプライバシーを侵害した場合の措置について、AI 提供者から情報提供（AI 開発者からのものを含む）があった場合には、留意の上措置を検討する

143

第Ⅱ部　AI事業者ガイドライン（第 1.0 版）別添（付属資料）

別添 5.AI 利用者向け

U-4）ⅰ. 個人情報の不適切入力及びプライバシー侵害への対策

- ➢ 個人のプライバシー侵害につながりうる情報の消去、AI のアルゴリズムの更新等（個人のプライバシーを侵害につながりうる情報を取得した場合）
- ➢ AI 提供者等への個人のプライバシー侵害につながりうる情報の消去の依頼、AI 開発者・AI 提供者等への AI のアルゴリズムの更新の依頼等（個人のプライバシーを侵害につながりうる情報を取得した場合）
- ● 個人情報を含むプロンプトの入力
  - ➢ 例えば、生成 AI サービスの利用にあたって、入力する個人データが生成 AI サービスの提供者において AI の学習データとして利用されることが予定されている場合には、同意を得られていない個人データを含むプロンプトを入力しないよう留意する
  - ➢ AI に入力する情報への留意
    - ✧ AI に過度に感情移入すること等により、特に秘匿性の高い情報（自己の情報のみならず他者の情報を含む）をむやみに AI に与えないようにする
  - ➢ プライバシーの尊重
    - ✧ 自らデータを収集して、利用する AI の学習等を行う場合には、収集等において個人のプライバシーを尊重する

[参考文献]

- ● 個人情報保護委員会「生成 AI サービスの利用に関する注意喚起等」（2023 年 6 月）
- ● 総務省、経済産業省「DX 時代における企業のプライバシーガバナンスガイドブック ver1.3」（2023 年 4 月）

144

別添 5.AI利用者向け

別添 5.AI 利用者向け

U-5）ⅰ. セキュリティ対策の実施

> [本編の記載内容 （再掲）]
> ● AI システム・サービス利用時
>
> ## U-5）ⅰ. セキュリティ対策の実施
>
>   ✧ AI 提供者によるセキュリティ上の留意点を遵守する（「5）セキュリティ確保」）
>   ✧ AI システム・サービスに機密情報等を不適切に入力することがないよう注意を払う（「5）セキュリティ確保」）

[ポイント]

  AI 利用者は、セキュリティが侵害された場合に講ずるべき措置について、AI 提供者から情報提供（AI 開発者の情報も含む）があった場合には、AI システム・サービスの利用にあたり留意することが望ましい。また、AI システム・サービスを利用するにあたり、セキュリティ上の疑問を感じた場合は、AI 提供者（又は AI 提供者を通じて AI 開発者）にその旨を報告することが期待される。

  AI 利用者は、業務外利用者側でセキュリティ対策を実施することが想定されている場合には、AI 提供者からの情報提供（AI 開発者の情報も含む）を踏まえ、AI システムのセキュリティに留意し、業務外利用者と連携して必要なセキュリティ対策を講ずることが期待される。

[具体的な手法]
● 脆弱性に関するリスクの認識
　➤ 学習が不十分であること等の結果、AI モデルが正確に判断することができるデータに、人間には判別できない程度の微少な変動を加え、そのデータを入力すること等により、作為的に AI モデルが誤動作するリスク（例：Adversarial example 攻撃）
　➤ 教師あり学習において不正確なラベリング等がなされたデータを混在させることで、誤った学習が行われるリスク
　➤ AI モデルが容易に複製されるリスク
　➤ AI モデルから学習に用いられたデータをリバースエンジニアリングされるリスク
● セキュリティ侵害発生時の措置の検討
　➤ 初動措置
　　✧ AI システムのロールバック、代替システムの利用等による復旧
　　✧ AI システムの停止（キルスイッチ）
　　✧ AI システムのネットワークからの遮断
　　✧ セキュリティ侵害の内容の確認
　　✧ 関連するステークホルダーへの報告
　➤ 補償・賠償等を円滑に行うための保険の利用
　➤ 第三者機関の設置及びその機関による原因調査・分析・提言
● 機密情報等を含むプロンプトの入力
　➤ 例えば、生成 AI サービスの利用にあたって、入力する機密情報が生成 AI サービスの提供者において AI の学習データとして利用されることが予定されている場合には、機密情報を含むプロンプトを入力しないよう留意する
　➤ AI に入力する情報への留意

145

別添 5.AI 利用者向け

U-5）ⅰ．セキュリティ対策の実施

      ✧ AI に過度に感情移入すること等により、機密情報をむやみに AI に与えないようにする

[参考文献]

- 独立行政法人情報処理推進機構「セキュリティ関係者のための AI ハンドブック」（2022 年 6 月）
- 独立行政法人情報処理推進機構「セキュリティ・バイ・デザイン導入指南書」（2022 年 8 月）
- ACSC, "Engaging with Artificial Intelligence（AI）"（2024 年 1 月）

別添 5.AI 利用者向け
U-6） ⅰ. 関連するステークホルダーへの情報提供

> [本編の記載内容 （再掲）]
> ● AI システム・サービス利用時
> ## U-6） ⅰ. 関連するステークホルダーへの情報提供
> ✧ 著しく公平性を欠くことがないよう公平性が担保されたデータの入力を行い、プロンプトに含まれるバイアスに留意して AI システム・サービスから出力結果を取得する。そして、出力結果を事業判断に活用した際は、その結果を関連するステークホルダーに合理的な範囲で情報を提供する（「3）公平性」、「6）透明性」）

[ポイント]
　AI 利用者は、個人の権利・利益に重大な影響を及ぼす可能性のある分野において AI を利用する場合等には、AI を活用する際の社会的文脈を踏まえ、業務外利用者の納得感及び安心感の獲得、また、そのための AI の動作に対する証拠（AI システムが、予測、推奨、若しくは決定の基礎となる要因又は意思決定プロセスに関する平明で理解しやすい情報）の提示等を目的として、AI の出力結果の説明可能性を確保することが期待される。その際、個人の信頼を構築し維持するためにどのような説明が AI 利用者に求められるかを分析・把握し、必要な対応を講じることにより、AI の出力結果の説明可能性を向上することが期待される。

[具体的な手法]
● 関連するステークホルダーへの情報提供
　➤ 説明対象の明確化
　　✧ AI 提供者が不開示とする範囲を限定した形（AI 開発者が設定するものを含む）での AI 提供者と契約の締結等を通じて、不開示範囲の明確化を行う
　➤ AI システム・サービスの導入前の説明方法及び説明自体のテスト
　➤ 説明に関するフィードバックの取得
　　✧ 業務外利用者を含むステークホルダー及び影響を受ける可能性のある個人又はグループから、説明の正確性、明確性等のフィードバックを取得する
　➤ AI モデルについての情報提供
　　✧ 入力データの種類及びソース、ハイレベルのデータ変換プロセス、意思決定の基準及び根拠、リスク及びその緩和策等の情報提供を含める
　➤ 情報提供に際しての留意点
　　✧ 業務外利用者が必要な情報を適切なタイミングで共有する
　　✧ AI システム・サービスについて提供すべき情報を利用前に提供する
　　✧ AI システム・サービスの利用前に上記の情報を提供できない場合には、AI の性質、利用の態様等にもとづき想定されるリスクに応じ、業務外利用者からのフィードバックに対応する体制を整備する

[参考文献]
● NIST, "Artificial Intelligence Risk Management Framework（AI RMF 1.0）"（2023 年 1 月）
● OECD, "Advancing accountability in AI"（2023 年 2 月）

147

第Ⅱ部　AI事業者ガイドライン（第 1.0 版）別添（付属資料）

別添 5.AI 利用者向け
U-7）ⅰ. 関連するステークホルダーへの説明

[本編の記載内容（再掲）]

● 　AI システム・サービス利用時

U-7）ⅰ. 関連するステークホルダーへの説明

　　✧　関連するステークホルダーの性質に応じて合理的な範囲で、適正な利用方法を含む情報提供を平易かつアクセスしやすい形で行う（「7）アカウンタビリティ」）

　　✧　関連するステークホルダーから提供されるデータを用いることが予定されている場合には、AI の特性及び用途、データの提供元となる関連するステークホルダーとの接点、プライバシーポリシー等を踏まえ、データ提供の手段、形式等について、あらかじめ当該ステークホルダーに情報提供する（「7）アカウンタビリティ」）

　　✧　当該 AI の出力結果を特定の個人又は集団に対する評価の参考にする場合は、AI を利用している旨を評価対象となっている当該特定の個人又は集団に対して通知し、当ガイドラインが推奨する出力結果の正確性、公正さ、透明性等を担保するための諸手続きを遵守し、かつ自動化バイアスも鑑みて人間による合理的な判断のもと、評価の対象となった個人又は集団からの求めに応じて説明責任を果たす（「1）人間中心」、「6）透明性」、「7）アカウンタビリティ」）

　　✧　利用する AI システム・サービスの性質に応じて、関連するステークホルダーからの問合せに対応する窓口を合理的な範囲で設置し、AI 提供者とも連携の上説明及び要望の受付を行う（「7）アカウンタビリティ」）

U-7）ⅱ. 提供された文書の活用及び規約の遵守

　　✧　AI 提供者から提供された AI システム・サービスについての文書を適切に保管・活用する（「7）アカウンタビリティ」）

　　✧　AI 提供者が定めたサービス規約を遵守する（「7）アカウンタビリティ」）

[ポイント]

　　AI 利用者は、業務外利用者が AI の活用について適切に認識できるよう、AI に関する利用方針を作成・公表し、通知を行うことが期待される。

[具体的な手法]

● 　以下の事項を盛り込んだ AI に関する利用方針の開示

　　➢　AI を利用している旨（具体的な機能・技術を特定できるのであれば、その名称、内容等）

　　➢　AI 活用の範囲及び方法

　　➢　AI の出力の根拠

　　➢　AI 活用に伴うリスク

　　➢　相談窓口

　　➢　利用方針の開示・通知時の留意点

　　　　✧　AI の出力が直接に業務外利用者又は第三者に対して影響を及ぼす態様により AI を活用する場合には、業務外利用者又は第三者が AI の活用について適切に認識することができるよう、AI に関する利用方針を作成・開示し、問い合わせがあった場合には説明を行う

148

別添 5.AI 利用者向け
U-7）ⅱ. 提供された文書の活用及び規約の遵守

　　　◇　業務外利用者又は第三者の権利・利益に重大な影響を及ぼす可能性のある場合には積極的に通知を行う。（AI 提供者及び AI 利用者が、AI に関する利用方針を公表することが求められるのは、利用する AI の出力が、業務外利用者又は第三者に直接の影響を及ぼす場合であると考えられる。すなわち、人間の思考に供するための分析道具として AI を活用するにとどまる場合又は、AI が原案を作成しつつも、最終的に人間が判断することが実質的に担保されている場合には、AI に関する利用方針の公表が必ずしも求められるわけではない。（ただし、自主的に公表されることが期待される））

　　　◇　通知又は公表は、利用開始前だけではなく、AI の動作に変更が生じたとき及び利用終了時も含め（特に AI の動作変更に伴い想定されるリスクに変更が生じる場合等）実施することが期待される

　　　◇　詐欺的行為の検出のための AI の活用の場合又は悪用のリスクが懸念される場合は、開示・通知の要否・内容・方法を検討の上、実施を判断する

[参考文献]
- NIST, "Artificial Intelligence Risk Management Framework（AI RMF 1.0）"（2023 年 1 月）
- The White House, "Blueprint for an AI Bill of Rights （Making Automated Systems Work for The American People）"（2022 年 10 月）

第Ⅱ部 AI事業者ガイドライン（第 1.0 版）別添（付属資料）

別添 5.AI 利用者向け
人間中心

B.本編「第 2 部」の「共通の指針」の解説

　ここでは、本編「第 5 部 AI 利用者に関する事項」では触れられていないが、本編「第 2 部」の「共通の指針」のうち、AI 利用者にとって特に重要なものについて、具体的な手法を解説する

[本編の記載内容 （再掲）] ※ 柱書のみ抜粋

1）人間中心

　各主体は、AI システム・サービスの開発・提供・利用において、後述する各事項を含む全ての取り組むべき事項が導出される土台として、少なくとも憲法が保障する又は国際的に認められた人権を侵すことがないようにすべきである。また、AI が人々の能力を拡張し、多様な人々の多様な幸せ（well-being）の追求が可能となるように行動することが重要である。

- 「④多様性・包摂性の確保」関連
  [関連する記載内容]
  - 公平性の確保に加え、いわゆる「情報弱者」及び「技術弱者」を生じさせず、より多くの人々が AI の恩恵を享受できるよう社会的弱者による AI の活用を容易にするよう注意を払う

  [具体的な手法]
  - 誰一人取り残さない AI 活用への心がけ
    - AI リテラシーの向上
    - デジタル・AI 人材の確保・育成
    - 安全安心な AI 利用環境の整備

[参考文献]
- 総務省「令和 3 年版 情報通信白書」（2021 年 7 月）

150

別添 5.AI利用者向け

別添 5.AI 利用者向け
2）安全性

[本編の記載内容 （再掲）] ※ 柱書のみ抜粋

2）安全性

　各主体は、AI システム・サービスの開発・提供・利用を通じ、ステークホルダーの生命・身体・財産に危害を及ぼすことがないようにすべきである。加えて、精神及び環境に危害を及ぼすことがないようにすることが重要である。

● 「①人間の生命・身体・財産、精神及び環境への配慮」関連
　[関連する記載内容]
　➢ AI システム・サービスの安全性を損なう事態が生じた場合の対処方法を検討し、当該事態が生じた場合に速やかに実施できるよう整える

　[具体的な手法]
　➢ インシデント対策の整理及び発生時の措置の検討
　　✧ インシデント対策の整理
　　　● 危害発生時の連絡体制の事前整備
　　　● 原因調査方法及び復旧作業方法の整理
　　　● 再発防止策の検討・対応方針の整理
　　　● インシデントに関する情報共有方法の設定
　　✧ 初動措置
　　　● AI システムのロールバック、代替システムの利用等による復旧
　　　● AI システムの停止（キルスイッチ）
　　　● AI システムのネットワークからの遮断
　　　● 危害の内容の確認
　　　● 関連するステークホルダーへの報告
　　✧ 補償・賠償等を円滑に行うための保険の利用
　　✧ 第三者機関の設置及びその機関による原因調査・分析・提言

[参考文献]
● 総務省、経済産業省「DX 時代における企業のプライバシーガバナンスガイドブック ver1.3」（2023 年 4 月）

[本編の記載内容 （再掲）] ※ 柱書のみ抜粋

3）公平性

　各主体は、AI システム・サービスの開発・提供・利用において、特定の個人ないし集団への人種、性別、国籍、年齢、政治的信念、宗教等の多様な背景を理由とした不当で有害な偏見及び差別をなくすよう努めることが重要である。また、各主体は、それでも回避できないバイアスがあることを認識しつつ、この回避できないバイアスが人権及び多様な文化を尊重する観点から許容可能か評価した上で、AI システム・サービスの開発・提供・利用を行うことが重要である。

● 「②人間の判断の介在」関連

151

第Ⅱ部　AI事業者ガイドライン（第1.0版）別添（付属資料）

別添 5.AI 利用者向け

8）教育・リテラシー

[関連する記載内容]

➢　AI の出力結果が公平性を欠くことがないよう、AI に単独で判断させるだけでなく、適切なタイミングで人間の判断を介在させる利用を検討する

[具体的な手法]

➢　人間の判断の介在要否に関する判断及び実効性の確保

    ✧　人間の判断の介在要否に関する判断（以下に判断基準の例を記載）

- AI の出力に影響を受ける AI 利用者又は業務外利用者の権利・利益の性質及び AI 利用者又は業務外利用者の意向
- AI の出力の信頼性の程度（人間による判断の信頼性との優劣）
- 人間の判断に必要な時間的猶予
- 判断を行う AI 利用者又は業務外利用者に期待される能力
- 判断対象の要保護性（例えば、人間による個別申請への対応か、AI システム・サービスによる大量申請への対応か等）
- 統計的な将来予測の不確定性
- 意思決定（判断）に対し納得ある理由の必要性及び程度
- 学習データにマイノリティ等に対する社会的バイアスが含まれていること等により、人種・信条・性別にもとづく差別の想定度合い

➢　人間の判断の実効性の確保

    ✧　説明可能性を有する AI から得られる説明を前提として、人間が判断すべき項目を事前に明確化しておく（AI の出力に対し、人間が最終判断をすることが適当とされている場合）

    ✧　AI 利用者又は業務外利用者が AI の出力を適切に判断ができるよう、必要な能力及び知識を習得する（AI の出力に対し、人間が最終判断をすることが適当とされている場合）

    ✧　人間の判断の実効性を確保するための対応を事前に整理しておく

[参考文献]

- 国立研究開発法人産業技術総合研究所「機械学習品質マネジメントガイドライン 第 4 版」（2023 年 12 月）

[本編の記載内容 （再掲）] ※ 柱書のみ抜粋

8）教育・リテラシー

　各主体は、主体内の AI に関わる者が、AI の正しい理解及び社会的に正しい利用ができる知識・リテラシー・倫理感を持つために、必要な教育を行うことが期待される。また、各主体は、AI の複雑性、誤情報といった特性及び意図的な悪用の可能性もあることを勘案して、ステークホルダーに対しても教育を行うことが期待される。

[関連する記載内容]

- 各主体内の AI に関わる者が、その関わりにおいて十分なレベルの AI リテラシーを確保するために必要な措置を講じる

152

別添 5.AI 利用者向け

8) 教育・リテラシー

- 生成 AI の活用拡大によって、AI と人間の作業の棲み分けが変わっていくと想定されるため、新たな働き方ができるよう教育・リスキリング等を検討する

[具体的な手法]

- AI を活用するためのリテラシー教育及びスキルとして含めるべき事項
  - ➢ AI、数理及びデータサイエンスに係る知識
  - ➢ データにバイアスが含まれること、使い方によってはバイアスを生じさせる可能性があること等の AI 及びデータの特性への理解
  - ➢ AI 又はデータの持つ公平性及びプライバシー保護に関わる課題があること、並びにセキュリティ及び AI 技術の限界に関する内容への理解
  - ➢ AI を含むデータ・デジタル技術が様々な業務で利用されていることの理解
  - ➢ AI を「問いを立てる」「仮説を立てる・検証する」等のスキルと掛け合わせることによる、生産性向上等への適切な利用
- 環境変化等へのレジリエンス向上のための教育
  - ➢ 「垂直思考」と「水平思考」を柔軟に切り替えるメンタル・ローテーション
  - ➢ 組織評価に求められるモデリングスキルの強化
  - ➢ アジャイル思考で苦手なスキル領域の学習水平性の延伸
  - ➢ 過去の経験又はノウハウでは予測が難しい不確実性を分析するための評価スキルの向上
  - ➢ 組織評価の「重要ポイント」の変換（機動力のある"瞬発力＋持続力"へ）
  - ➢ AI ガバナンスの形態が中央集権型、分散型のハイブリッド化が進む中、複雑、高度化するマネジメントの再同期化（Configuration、Architecture、Synthesis、Dissemination）の評価方法

[参考文献]

- 経済産業省、独立行政法人情報処理推進機構「デジタルスキル標準 ver.1.1」（2023 年 8 月）

153

第Ⅱ部　AI事業者ガイドライン（第1.0版）別添（付属資料）

別添 6.「AI・データの利用に関する契約ガイドライン」を参照する際の主な留意事項について

別添 6.「AI・データの利用に関する契約ガイドライン」を参照する際の主な留意事項について

　本編「第2部」でも説明したとおり、AIの開発・提供・利用には、それぞれの場面で複数の主体が関連する。そのため、AIの開発・提供・利用に関する各取引について、当事者間の権利と義務をできる限り明確に契約に定め、万が一紛争が生じた際の解決の指針を備えておくことが、それぞれの取引を円滑に進め、またこれらに伴う無用の紛争を予防するためにも期待される。

　2018年6月に初版が策定・公表された「AI・データの利用に関する契約ガイドライン」[82]（2019年12月に内容を一部更新した1.1版が公表。以下、「契約ガイドライン」という。）は、当時の課題を背景に、AIを利用したソフトウェアの開発・利用に関する契約やデータの提供/利用に関する契約、またこれらの契約の前提としてあらかじめ理解しておくべき事項等について、基本的な考え方を整理したものである。

　契約ガイドラインが策定されたのは、AIの開発がこれから進み、実用化に向かう流れの中であり、AIの開発・利用を促すガイドラインの目的のもと、これを通じて解決すべき課題として以下のものが挙げられていた。

- ● 　AIやデータの提供/利用に関する契約について、実務の蓄積が乏しいこと
- ● 　AIの技術的な特性や、データやAIの開発ノウハウの価値等について、当事者の間に認識・理解のギャップがあること

　また、契約ガイドラインの策定時には、AIを活用したソフトウェアを開発する者と、その開発の成果を利用する者との間で行われる取引を円滑にすることでAIの開発や実用化を促すという狙いのもと、そうした取引の障害となるものを取り除くことに問題意識が置かれていた。

　契約ガイドラインの初版の策定・公表から既に5年が経過したが、その間のAIの開発や利用に関する状況の進展は目覚ましく、新たな技術や利用の方法が日々生み出されており、また、AIに関連する多くの技術が社会への普及に向かうフェーズに入っている。こうした経緯により、契約ガイドラインには、参照することが変わらず有益である内容と、公表後の状況の変化を考慮すべき内容とがあることに留意することが重要となる。

　一例として、契約ガイドラインの記述のうち、主としてAI編第2（AI技術の解説）・第3（基本的な考え方）とデータ編第3（データ契約を検討するにあたっての法的な基礎知識）で言及されている以下の内容については、従前と同様に参照することが一般に有益な場合もあると考えられる。

（AI編）
- ● 　AIを利用したソフトウェア開発の特徴とAIの特性
- ● 　知的財産権等に関する整理
- ● 　権利の帰属や利用条件の設定に関する基本的な視点

---

[82] 経済産業省「AI・データの利用に関する契約ガイドライン 1.1 版」（2019年12月），
https://warp.da.ndl.go.jp/info:ndljp/pid/12685722/www.meti.go.jp/press/2019/12/20191209001/20191209001-1.pdf

別添 6. 「AI・データの利用に関する契約ガイドライン」を参照する際の主な留意事項について

別添 6.「AI・データの利用に関する契約ガイドライン」を参照する際の主な留意事項について
（1） AI の開発と利用の概念について

● 責任の分配に関する基本的な視点

（データ編）
● データの法的性質やデータに対する保護手段

　また、契約ガイドラインで扱われている各種契約モデルについても、その解説を参照することは変わらず有益であると考えられるが、AI の開発・提供・利用に関する取引は、契約ガイドラインの策定時と比べて多様化しており、各種契約モデルと実際に行われる取引との差分については慎重に検討される必要がある。

　他方、契約ガイドライン公表後の状況の変化を考慮すべき事項として、特に以下の点に留意することが重要である。

（1） AI の開発と利用の概念について

　契約ガイドラインでは、AI の開発を行う者（ベンダ）と AI を利用する者（ユーザー）の二分論を前提に、①ユーザーが AI の開発をベンダに委託する取引と、②ベンダが開発した AI をユーザーに利用させる取引の各類型について、開発契約と利用契約という二つのモデル契約を提供し、その解説を行っている。

　AI の開発や利用に関する取引には、現在においても、こうした整理がそのまま当てはまるものも変わらず存在する場合もあると考えられる。しかし、昨今、AI の開発から実用化へ、普及から応用へと向かう流れの中で、社会の関心は、どのような技術を開発するかから、技術をどのように利用するかへ、その比重を移しており、契約ガイドラインが整理した類型に収まらない取引の重要性が増してきている。

（取引の例）
● AI を組み込んだソフトウェアの開発に関する取引
● AI の保守や運用に関する取引
● 特定の目的のための AI の最適化に関する取引
● AI やデータの活用に関するコンサルティングを中心とする取引

　契約ガイドラインのモデル契約は、こうした取引との関係でそのまま用いることはできず、それぞれの取引の実態に即した検討を行う必要がある。例えば、AI の開発を行う者と、開発成果の保守運用を行う者とが異なる場合、AI の開発のノウハウを守ることと、開発成果の保守運用を実施することとが、トレードオフの関係に立つことがありうる。こうした事態への対処については、関連する限りで契約ガイドラインの記述を参照しながらも、実態に沿った解決策を見出していく必要がある。

（2） AI の開発・提供・利用と責任の分配について

　契約ガイドラインでは、①ユーザーが AI の開発をベンダに委託する取引と、②ベンダが開発した AI をユーザーに利用させる取引のいずれの類型においても、ベンダとユーザーの二者間で調整が可能なシンプルな利害関係モ

155

第Ⅱ部　AI事業者ガイドライン（第 1.0 版）別添（付属資料）

別添 6.「AI・データの利用に関する契約ガイドライン」を参照する際の主な留意事項について
（3）　AI の開発・提供・利用とアカウンタビリティについて

デルを念頭に、ベンダとユーザーの法律関係、特に成果の帰属や利用関係、当事者の損害や第三者の知的財産権等の権利侵害のリスクの負担等に関する考え方を整理することに記述が割かれている。

　しかし、最近では、以下のような様々な事業者が AI の開発・提供・利用に関与するようになっており、AI のバリューチェーンは、契約ガイドラインの策定時と比べ、多様化ないし複雑化している。また、AI の普及が進んだことにより業務外利用者の存在を意識せざるを得なくなり、これらの結果、ベンダとユーザーの二者間の関係に注目するだけでは十分に捉えることができない問題も生じてきている。

（事業者の例）
- AI を開発する事業者　（本ガイドラインでは AI 開発者）
- 開発された AI を組み込んだソフトウェアを開発する事業者　（本ガイドラインでは AI 開発者）
- そのソフトウェアを外部に提供する事業者　（本ガイドラインでは AI 提供者）
- 提供されたソフトウェアを利用したサービスを外部に提供する事業者（本ガイドラインでは AI 提供者）
- そのサービスを利用する事業者　（本ガイドラインでは AI 利用者）

　AI のバリューチェーン上で責任をどのように分配すべきかは、そうした問題の一つである。例えば、AI を組み込んだソフトウェアを利用したサービスが業務外利用者に提供されるケースでは、AI に起因する損害に関して当該業務外利用者に発生するリスクを引き受けるべきなのは誰かが問題となりうる。そうしたリスクの内容や程度は、AI の質だけではなく、ソフトウェアの提供方法や、サービスの提供や利用のあり方にも大きく影響を受けるものであり、ベンダとユーザーという二者間の関係を超えて、バリューチェーンにおける各当事者の役割に目を向けなければ、その責任範囲に合理的な境界を設けることは難しい場合もありうる。

　この境界の合理性との関係では、リスクを直接コントロールできない当事者によるリスクの引き受けという問題もある。上述のケースを例にとると、仮に、その提供や利用の方法にかかわらず、AI に起因する損害に対する責任の一切を AI 開発者が負うとすれば、自身では直接コントロールできないリスクも AI 開発者が引き受けることになる。このような事態は、交渉力に格差のある当事者間で起こりやすい一方で、影響力の大きい AI であれば、その AI 開発者がコントロールすべきリスクの範囲を広く捉えるべき場合もある。

　契約ガイドラインでは、ベンダとユーザーの二者間の取引に焦点を当てており、このように多様化ないし複雑化したバリューチェーンを前提とした責任分配のあり方については、個別の状況に応じて検討を行う必要がある。この点については、別添 2 の 3.システムデザイン（AI マネジメントシステムの構築）に関する実践例も参考になると思われる。

（3）　AI の開発・提供・利用とアカウンタビリティについて

　AI の普及や応用が進むにつれ、AI の開発・提供・利用に伴うリスクが増えるとともに、そうしたリスクが顕在化するケースも今後増えていくことが予想される。

　そうしたリスクの中に、AI を組み込んだソフトウェアや、これを利用したサービスに関連して何らかの事故が起こり、それにより AI の開発・提供・利用の当事者や第三者に損害を生じさせるリスクがある。このケースで問題となるのは、事故を回避するために尽くすべき注意を尽くしていたかや、事故がそもそも AI に起因していたかの証明に

156

別添 6. 「AI・データの利用に関する契約ガイドライン」を参照する際の主な留意事項について

別添 6.「AI・データの利用に関する契約ガイドライン」を参照する際の主な留意事項について
（3） AI の開発・提供・利用とアカウンタビリティについて

関する問題がある。AI の開発・提供・利用の当事者には、それぞれのプロセスにどのような関与を行ったかについて、合理的な説明を行うことが求められる可能性がある。

こうした説明に対する責任は、AI の開発・提供・利用のすべての当事者の間でどのような契約が締結されていたとしても、事故について一次的な責任を負う当事者に発生する可能性があるものである。契約で定めることができるのは、契約の当事者限りでの責任の分担に限定される。契約の当事者以外の者により責任追及をされた場合に、AI のバリューチェーンに連なる者はすべて、一定の説明を求められる立場に立つ可能性がある。

説明の合理性との関係で問題となるのは、説明の内容に加えてその客観的な根拠であり、AI の開発・提供・利用に関する契約を締結の前後で、そうした根拠を整理しておくことが期待される。契約ガイドラインでは触れていないが、別添 2 の 3.システムデザイン（AI マネジメントシステムの構築）に関する実践例を参照の上、契約締結後の対応を検討することは有益である。

なお、AI に関する技術の進展や普及は目覚ましく、新たな技術や利用方法が日々生み出されており、それに伴い、契約において留意すべき点も変化している。契約を考える上で重要なことは、AI の開発・提供・利用のそれぞれの取引の実態に即した契約のあり方やリスクの検討を行うことであり、上述の留意事項も踏まえ、「AI・データの利用に関する契約ガイドライン」を参照されたい。

157

第Ⅱ部　AI事業者ガイドライン（第1.0版）別添（付属資料）

別添7 A

チェックリスト
[全主体向け]

令和6年4月19日

本チェックリストは、AI事業者ガイドライン「第2部C.共通の指針」を要約したものです。
事業者に求められる重要な取組事項のチェックにご活用ください
※**高度なAIシステムに関係する事業者**は、
「**チェックリスト[別添7 B.高度なAIシステムに関係する事業者向け]**」も実施ください

チェック項目

☐ **人間中心**の考え方を基に、憲法が保障する又は国際的に認められた
人権を侵すことがないようにしているか？

☐ AIに関わる全ての者の生命・身体・財産、精神及び環境に危害を及ぼす
ことがないよう**安全性**を確保しているか？

☐ 潜在的なバイアスをなくすよう留意し、それでも回避できないバイアスがある
ことを認識しつつ、回避できないバイアスが人権及び多様な文化を尊重す
る**公平性**の観点から許容可能か評価しているか？

☐ **プライバシー**を尊重・保護し、関係法令を遵守しているか？

☐ 不正操作によってAIの振る舞いに意図せぬ変更又は停止が生じることの
ないように、**セキュリティ**を確保しているか？

☐ **透明性**を確保するために、AI自体やAIシステム・サービスの情報をステーク
ホルダーに対し合理的で技術的に可能な範囲で提供しているか？

☐ データの出所、AIの意思決定等のトレーサビリティに関する情報やリスクへ
の対応状況等について、関連するステークホルダーに対して合理的な範囲
で**アカウンタビリティ**を果たしているか？

☐ **AIガバナンスやプライバシーに関するポリシー**等を策定しているか？

☐ 上記の実現のため、各事業者の状況に応じた**具体的なアプローチは
検討**しているか？

検討には「**具体的なアプローチ検討のためのワークシート**」をご活用ください

別添 7B.チェックリスト[高度なAIシステムに関係する事業者向け]

| 別添7 B | チェックリスト | 令和6年4月19日 |

[高度なAIシステムに関係する事業者向け]

本チェックリストは、AI事業者ガイドライン「第2部D. 高度なAIシステムに関係する事業者に共通の指針」を要約したものです。
高度なAIシステムに関係する事業者に該当する事業者に求められる重要な取組事項のチェックにご活用ください(高度なAIシステムを開発するAI開発者にのみ適用される内容もあるため、AI提供者及びAI利用者は適切な範囲でご活用ください)

チェック項目

☐ 高度なAIシステムの市場導入前及び開発全体を通じて、 AIライフサイクル全体にわたる**リスクを特定、評価、軽減するための適切な措置を講じている**か?

☐ 市場投入後に**脆弱性、インシデント、悪用パターンを特定し、緩和**しているか?

☐ 十分な透明性の確保やアカウンタビリティの向上のため高度なAIシステムの**能力、限界、適切・不適切な使用領域を公表**しているか?

☐ 産業界、政府、市民社会、学界を含む関係組織間で、**責任ある情報共有とインシデントの報告**に努めているか?

☐ **リスクベースのアプローチにもとづくAIガバナンス及びリスク管理方針を策定、実施、開示**しているか?

☐ AIのライフサイクル全体にわたり、**物理的セキュリティ、サイバーセキュリティ、内部脅威を含む、強固なセキュリティ管理に投資し、実施**しているか?

☐ 技術的に可能な場合は、AIが生成したコンテンツを識別できるように、**電子透かしやその他の技術等、信頼性の高いコンテンツ認証及び来歴のメカニズムを開発、導入**しているか?

☐ 社会的、安全、セキュリティ上の**リスクを軽減するための研究を優先し、効果的な軽減策に優先的に投資**しているか?

☐ **気候変動、健康・教育などの世界の最大の課題**に対処するため、**高度なAIシステムの開発を優先**しているか?

☐ 国際的な**技術規格の開発を推進**しているか?

☐ **適切なデータ入力措置**と、個人データ及び知的財産の保護を実施しているか?

☐ **誤情報の拡散等のAI固有リスクに関するデジタルリテラシーの向上や脆弱性の検知への協力と情報共有**等、高度な AI システムの**信頼でき責任ある利用**を促進し、貢献しているか?

☐ 上記の実現のため、各事業者の状況に応じた**具体的なアプローチは検討**しているか?

検討には「**具体的なアプローチ検討のためのワークシート**」をご活用ください

211

別添

パネルディスカッション▶

AI事業者ガイドライン

　2024年5月13日、AIに関する法律および倫理を研究する自主団体であるAI法研究会（2020年設立）〈https://www.aiandlawsociety.org/〉により、「AI事業者ガイドラインセミナー」が開催され、同研究会に多数所属する同ガイドラインの検討委員およびワーキンググループ委員を中心に解説・パネルディスカッションがなされた。以下はその記録である。

　なお、セミナー冒頭、経済産業省担当課長である須賀千鶴氏より、セミナー登壇者のガイドライン作成への関与について、感謝の意の表明がなされ、今後の継続的な議論とガイドラインのアップデートの必要性が述べられた。また、ガイドライン作成時の経済産業省担当者である橘均憲氏（現特許庁）よりも、感謝の意の表明がなされた。

　また、セミナー最後に、ガイドライン策定の総務省担当参事官である山野哲也氏より、今後、社会においてガイドラインが活用されることを期待する旨が述べられ、AIに関する国際的な交渉などを担当される総務省の飯田陽一氏より国際的なルールメイキングの状況に関するコメントがなされた。

・・・・・・・・・**第 1 部　AI事業者ガイドラインの解説**・・・・・・・・・

デロイトトーマツコンサルティング合同会社
シニアスペシャリストリード

松本敬史　MATSUMOTO Takashi

弁護士（森・濱田松本法律事務所）

岡田　淳　OKADA Atsushi

弁護士（アンダーソン・毛利・友常法律事務所外国法共同事業）

中崎　尚　NAKAZAKI Takashi

Ⅰ　概要（松本氏）

1.　背景

松本　第1部は今回発表されたAI事業者ガイドライン（以下「本ガイドライン」ともいう）の概要を解説し、その後に岡田さん、中崎さんから、特に重要なポイントを解説いただきます。

　本ガイドラインの具体的な話に入る前に、まず背景についてお話しさせてください。わが国は、従来からソフトローをベースとしたアプローチとして、AIのガイドラインを策定しております。なぜそうしているのか、検討会でどんな議論が行われていたのかをお話ししたいと思います。

　LLM（Large Language Model：大規模言語モデル）が世界的に進展しました。皆様の中にも、ChatGPT等の生成AIを日常的に使われている方が多いのではないかと思います。この1〜2年で、一気に一般の方まで広がる状況となりました。そして企業においては、LLMベースの生成AIを産業機械などに組み込んで言葉でロボットを操作したり、社内用の生成AIサービスとして多くの従業員が様々な業務へ日常的に利用していたり、多種多様な取組が行われています。また、「女子大生が100日連続でChatGPTでプログラムを開発した」というニュースも話題になりましたが、プログラミングの自動化も行われています。最近では「男子高校生が日本語能力の最も高い7ビリオンのLLMを開発した」というニュースも話題になりましたが、基盤モデルの独自開発も進められています。そして「ケアマネジャーの人材不足を補うために、生成AIを

使って心の悩みの相談を受ける」といった社会課題の解決を目的としたAIの利活用も取り組まれています。このようなAIに対する期待が社会的に広がってきています。

その一方で、ご存じの方も多いかと思いますが、既に「無人運転車による人命に関わる事故」、「不動産仲介会社の価格推定AIサービスが、パンデミックの際にビジネス環境の変化にAIの予測が対応できずに大きな損失を出した」、「AIによる差別的な判断が行われてしまった」「プライバシーの侵害」といった問題が起きています。また、悪意のある一般人がAIを使ってフェイク情報を作成して、個人の名誉を毀損したり、フェイクニュースを拡散して世論操作を図るといった問題も発生しています。

このように、誰もが人間の言葉でAIを操ることができるようになったことで、企業であっても個人であっても、様々なシチュエーションにAIを活用してイニシアチブを握りたいというモチベーションが高まるにつれて、AIに関わるリスクへの懸念も高まり、AIへの規制が世界中で検討されています。「AIへの規制」というと、誤解されがちですが、日本に限らず多くの国では、「AIを禁止するため」ではなく、あくまで「AIを正しく積極的に活用していくため」に、AIへの規制やガイドラインが検討されています。

従来から、国際機関であればOECDやG7等が各加盟国に対してAIを社会実装していく上での重要な留意点を提言として発信してきまして、日本やEUを含む様々な国が、国際機関のポリシーに呼応して自主的にルールを作成してきました。日本のようにソフトローをベースとして検討する国もあれば、EUのように強制力のあるハードローをベースとして検討している地域もあります。あるいは、AI規制やAIガイドラインといった包括的なルールではなく、たとえば道路交通法のように従来から存在する法規制をAIが進展した社会にあわせて改正することも行われています。

各国・地域でAIに対するルールや法規制が検討されるなかで、様々な企業では自主的にAIに関するポリシー等を作成されています。特に進んでいる企業は、実際にビジネスで開発・利活用しているAIサービスにおいて、リスクのモニタリング、継続的な改善、ステークホルダーとの連携といった実践が行われています。

これもよくある誤解なので一言申し上げておきたいのですが、「ハードローのほうが進んでいて、ソフトローのほうが遅れている」といった誤解を主張されている方が結構います。しかし、どちらのアプローチも現在試行中に過ぎず、継続的に見直すことを想定しています。日本のようにソフトローを方針としていれば、どうしてもハードローを方針とする国に比べると、リスクが顕在化しやすい状況が生まれるかもしれません。そうすると、たとえば特定のユースケースに対して限定的なハードローでの規制も考えられますし、反対にEUのようにハードローを方針としていれば、たとえば欧州AI規制には職場や教育現場における感情認識を禁止すると定められているのですが、そうすると仮にストレスフルな職場での従業員の健康管理のために感情を予測したいという社会的なニーズが高くなった際には、限定的なユースケース等に対して規制を緩和するという可能性も考えられます。もしかしたら、どちらのアプローチからスタートしても、限定的な規制強化もしくは規制緩和が行われ、将来的に近いようなルールになっていくことも考えられるわけです。すなわち、「日本はソフトローだから早くEUのようなハードローにしなければいけない」という主張は大きな誤解で、どちらのアプローチであっても、AIに対する適切なルールの在り方は世界中で試行中というのが正しい理解です。

今の話にもつながりますが、本ガイドラインはリビングドキュメントであり、今後発生するであろう様々な社会環境の変化や技術確信に応じて継続的にアップデートしていくものです。この点について、よくこういう質問を受けます。「いつアップデートするんですか?」と。これは全く予定されていません。むしろ既に予定されていたら、おかしいわけです。冒頭、経済産業省からのコメントにありましたが「AIの進化が早過ぎて、政策側もキャッチアップしきれない」。言い換えれば、政策側は「よくわからないものに対して、適切なルールを形成すること」が要求されている状況なのです。「民間の経験やフィードバックを受け取って、継続的に改善していくこと」が必要となります。本ガイドラインはリビングドキュメントとして、様々な企業のプラクティスを失敗事例も含めて継続的に収集して改善し

ていく必要があります。これは日本に限らず、世界各国でもまだプラクティスに基づいた検討ができている状況ではありませんので、社会実装されたAIサービスを参考にアジャイルな検討を繰り返すことが政策側に求められています。

2. 内容

ここから、本ガイドラインの具体的な話に入っていこうと思います。

従来から、わが国は「人間中心のAI社会原則」を策定しておりまして、総務省が「AI開発ガイドライン」と「AI利活用ガイドライン」、経済産業者が「AI原則実践のためのガバナンスガイドライン」を策定してきました。これらの従来の検討を統合しつつ、LLMを含む最新のAI技術やG7広島サミット等で国際的に議論された論点を含めて、「AI事業者ガイドライン」が策定されました。

注意点としては、本ガイドラインの対象者は事業者であり、消費者は含まれていません。

本ガイドラインは、大きく2つの構成となっていまして、「基本理念」と「指針」があります。「基本理念」は従来の「人間中心のAI社会原則」を踏襲しています。AIを使いながらどういう社会を目指したいのかというビジョンで、人間のDignityが尊重され、Diversity & Inclusionが実現され、Sustainabilityも確保される社会を目的としています。この目的に対して、10個の「指針」が掲げられています。これは、従来のAIに関わるガイドラインの検討も再整理したものになっています。

これを企業の活動に照らしてみます。多くの企業では、経営者がDXやAIの戦略を策定しています。その戦略を前提として、どのビジネスに向けて、どんなAIを開発していきたいのか、AIにどんな活躍をさせたいのかを検討しています。そうすると、その会社にとっての重要なAIサービスが決まり、どのようなAIガバナンスを実現していくべきかが明確になってきます。たとえば、ある会社では、顧客の分析や従業員のパフォーマンス評価にAIを用いたいのであれば、予測される人の公平性とかプライバシーが重要になりますし、ある会社では、ドローンやロボットの操作にAIを活用したいのであれば安全性や頑健性が重要になります。企業のAI戦略にとって重要なAIガバナンスの指針を踏まえてポ

リシーを策定しています。実際に、このポリシーを従業員や一緒にビジネスを行う取引先等の様々な関係者に実施してもらうために、企業内ではAIガバナンスに関わる活動を取り纏めている部門で、重要な指針を社内ルールを作って実践しています。このルールも所謂「アジャイルガバナンス」として、企業の事業環境・採用する技術・ステークホルダー・法規制等の様々な環境変化に応じて見直していく必要があります。多くの企業では、昔の人が一度作ったルールを今の人たちが変更できないという状況もあるようですが、ルールは固定されたものではなく、自分たちの判断で見直していくべきです。

最終的に、個別のAIサービスでどのように実践していくかが最も重要です。先進的な企業はこのステージで実践に取り組んでいます。AIサービスによって重要なリスクをアセスメントしながら、決して開発者だけに依存せずにビジネス側や利用者側と連携してリスク対策を実践しています。

今回発表された本ガイドラインには多くの付属資料がありますが、その中にチェックリストとワークシートが含まれています。チェックリストは、自社にとって重要なガバナンスのゴールや論点が何かを簡易的に検討することを目的としたものです。是非使ってみていただきたいのですが、チェックリストが完全な正解を与えてくれているわけではないので、自社で独自に重要なリスクを検討・判断していくことも当然あっていいということです。また、ワークシートを使って、具体的なAIサービスに対して、本ガイドラインの各指針に照らしてみるとどんな対策を実践するべきかということも是非検討いただけたらと思っています。

重ねて申し上げますが、チェックリストとワークシートは、絶対の正解ではなく、これこそリビングドキュメントとして、様々な実例を基にアップデートしていくべきものです。あくまで参考の一つとして活用してください。逆に、今チェックリストに含まれていないものの重要なアップデートがあれば、フィードバックをいただくことが今後必要になってくると考えられています。

10個の指針はこちらの内容になっています。上から7つ、「人間中心」、「安全性」、「公平性」、「プライバシー保護」、「セキュリティ確保」、「透明性」、「アカウンタビリティ」、この7つは各主体で連携し

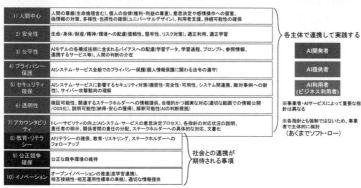

て実践するものです。その主体を大きく3つに分類しています。全てのAIサービスがこの3つの主体に必ず分かれているわけではないと思います。AIサービスによっては、1つの事業者どころか1人の人間がAI開発者もAI提供者も担うことも考えられます。大きな役割としての3つの分類です。AIシステム自体を開発する方と、あとビジネスにAIシステムを組み込んでAIサービスとして提供していく方、そして実際にAIサービスを使っていく方が入ってきます。

重要なのは、この三者の責任分担というよりも、多くの指針に対して三者が連携してリスク対策を行っていくことです。今回「人材採用AI」とのケースでワークシートにおける三者のリスク対策の例をサンプルとして載せていますので、そちらも参考にしていただけると良いと思います。また、どの指針が重要かというと、企業のAI戦略や個別のAIサービスによって異なってきますので、企業で実践する皆さんが考えるべきものですということは申し上げさせていただきたい。

残りの3つ、「教育・リテラシー」、「公正競争確保」、「イノベーション」は社会との連携が期待される事項ということで、従来の社会原則を踏襲している指針になります。

3. 小括

ここまでの話をまとめます。

まず、本ガイドラインは、AIを禁止するためのものではなく、安全安心な活用を促進するためのものです。日本は従来から独自に検討を積み重ねており、外国のコピーをやっているわけではないことも申し上げておきます。

さらに、ソフトローなので、事業者の方が主体的に検討いただくことを前提にしています。政策側は、リビングドキュメントとして事業者のフィードバックを得て更新していくことが求められます。

本ガイドラインを実践していく上で認識しておいていただきたいのですが、盲目的に皆さんの会社の社内規定等に本ガイドラインをペーストする前に、まず、そもそもあなたの会社では「AIにどんな仕事をさせたいですか？ AIどんな貢献をしてもらいたいですか？」ということを具体化してから、適切な社内ルールを検討してください。全ての指針を盲目的に強制するのではなく、リスクフォーカスで重要な指針を守っていくということです。これをアジャイルに回して、AI開発者、AI提供者、AI利用者で連携して実践していく。そんなことが期待されています。

II 追加コメント1（岡田氏）

岡田 私からもいろいろお話ししたいことがありますが、時間の関係で3点に絞ってお話ししたいと思います。

まず1点目ですが、今回、AI事業者ガイドラインのWhat（指針）の項目で10項目が挙げられております。これは、出来上がった文章をみると、所与の前提かのように思われるかもしれませんが、そうではなく、そもそもどの概念を挙げるべきか、それぞれの定義、スコープをどうすべきか、それぞれの概念の関係性をどうするかといった点を含め、ワーキンググループの場をはじめとして相当の議論がありました。

たとえば、「人間中心」というのが1つ目の指針として出てきますが、そもそもこのような抽象的で包括的な概念を他の項目と同列に挙げてよいのかという点も議論の的でしたし、また、確かに他の項目

にうまくあてはめ難いものを入れるためには、この人間中心というコンセプトは非常に有用ですが、これをいきなり1つ目に持ってくるのが適切であるのかといった点も含めて色々な議論がありました。

また、7番目の「アカウンタビリティ」という項目がありますが、これも論者によって理解の分かれる概念でありまして、本ガイドラインでは、脚注21で若干説明を補足しており、「アカウンタビリティを説明可能性と定義することもあるが、本ガイドラインでは情報開示は「透明性」で対応することとし、アカウンタビリティとはAIに関する事実上・法律上の責任を負うこと及びその責任を負うための前提条件の整備に関する概念とする」と整理し直しております。これに対し、たとえば、過去の人間中心のAI社会原則をみると、「説明責任（アカウンタビリティ）」との記載があり、説明責任に寄った説明がされている箇所もありますが、今回、改めて諸外国での文書における概念の整理なども踏まえて、このように一旦整理し直したことになっています。

さらに、2つ目の「安全性」という項目と5つ目の「セキュリティ確保」という項目があり、これらは別の概念なんですけれども、それぞれ重複するところも一部にはあって、どうやって振り分けるのかも議論になりました。

有識者の間で、それぞれの概念のうちどれをピックアップして指針として挙げるべきかというのは、今考えても百人百様の考え方があると思います。これは、そういう意味ではよくも悪くもソフトローなので、各事業者において、ある概念をどう解釈するかとか、あるコンセプトをどこに振り分けていくのかとかを厳密に分析することに労力を費やし過ぎる必要はなく、柔軟に対応すればいいと思います。

2点目ですが、本ガイドラインでは、知財に関する記載というのはあくまで限定的な内容にとどまっています。生成AIをめぐっては、著作権をはじめとする知財をめぐる懸念も非常に大きいですが、そういった点については、文化審議会の「AIと著作権に関する考え方」や、内閣府の「AI時代の知的財産権検討会中間取りまとめ」などを参照するのが有益かと思っております。特に後者の中間取りまとめについては、各主体に期待される取組例というものでガイドライン的なことを列挙しておりまして、

このなかで特に知財について、各主体に応じて取り組む事項の検討材料を提供していますので、このAI事業者ガイドラインと併せて参照されると有益なのかなと思っております。

最後に3点目として組織体制整備のポイントですが、生成AIは非常に利用の用途が幅広いこともありまして、どういった形でリスク管理をしていくのか、色々な組織体制のあり方が考えられます。少なくともいえるのは、やはり技術、法務、コンプライアンスから事業の各部門に至るまで多様な視点から様々な知見を持ち寄って、横断的に情報収集をして検討しておくことが大事です。また、そういった部門同士での連携を実効的に確保するためには、部門同士での調整に任せるのではなくて、経営層が適切なリーダーシップを発揮していくことが重要だと思っております。また、そういった体制、人材を社内のみで実現することが難しいのであれば、積極的に外部の人材も活用していただければと思っております。

Ⅲ 追加コメント2（中崎氏）

中崎 私、中崎のほうからは、手短ですが3点ほどご紹介をさせていただきます。

まず1点目、コーポレートガバナンスとAIガバナンスの差異ですね。本ガイドラインでAIガバナンスという言葉がかなり出てきていて、聞き慣れない方、また、ガバナンスという言葉があると、コーポレートガバナンスという言葉と何か関係があるのかと思われる方もおられるかと思いますので、簡単にご説明します。

このあたり、コーポレートガバナンスについては、コストがかかっている、かつ、どうしてもやらないといけないという場面が多いと思うのですが、それに対して、AIガバナンスに関しては、従前の捉え方としては、コストがかかるけれども、どれだけ事業の役に立つのかがはっきりしないという評価もあったかと思います。そういう意味で、一部においては、CSRに近いものではないかとの見方もありました。これについてはむしろ、AI原則、AI指針、いずれも直接的な収益には確かに結びつかない面はあるんですが、事業者様のリスクをコントロー

ルする意味では、サイバーセキュリティのほうに近いものと捉えるのがわかりやすいかと思います。

参考資料として挙げています「グループ・ガバナンスシステムに関する実務指針（グループガイドライン）」のほうでは、サイバーセキュリティは、内部統制システム上の重要な項目として位置づけられています。同様に、AI原則・指針の実施も、コーポレートガバナンスの課題として認識されるべきではないか、その意味では、経営者の方も含めて、必須の責務として取り組むべきものではないかということが指摘されているところです。この点は後ほどまた触れます。

2点目は、AIにたずさわる事業者の位置づけのいずれに自社が該当するかという問題です。「開発者」、「提供者」、「利用者」という概念が今回は採用されていますが、たとえば、うちでは海外の大規模な言語モデルを採用して、それを改良してサービスを提供していますよというときに、それは開発者なのか、提供者なのかを検討しないといけないので、そこの点はまずご注意ください。

この問題は、各国の法制との関係でも気をつける必要があります。たとえばEUのAI法では、開発者（Developer）に当たる言葉は出てこなくて、Provider、Distributor、Deployerという概念を採用しています。中国の生成AIの管理弁法においても、やはり提供者ということを主な規制対象として採用している。そうしますと、自社が、たとえば開発者・提供者のいずれなのか、あるいは双方なのか、いずれの規制が適用されるのかは、まず入り口の確認事項としてご注意いただければと思います。

また、今回のガイドラインでは、冒頭でも言及がありましたが、データ提供者という概念自体は採用しているんですが、気をつけないといけない点についてはさほど具体的には説明していません。実務ではデータ提供者という立場は非常に重要ですし、色々なデータ提供に関わる契約というのも、実務上、かなり多くなっております。そこで、データ提供を法的にもビジネス的にも倫理面からも問題なく行うことが求められています。以前に経済産業省から公表されたAI・データの利用に関する契約ガイドライン等、有用な資料がありますので、そのあたりもご参考にしていただくのがよいかと思います。

3点目、ガイドラインの読み方・使い方ですが、別添資料を含めると300頁近くもありますので、それを頭から、一から読んでいただく必要はないと考えております。このあたりは、ガイドラインのワーキンググループの段階でも、どういう形がベストなのか、読み手にとって何がいいのかということはさんざっぱら議論させていただいたところであります。その過程を踏まえて、様々な意見が出ていたのですが、最終的には現在の形がベストだと考えております。

一つ、読みこむコツがあるとすれば、経営層も含めて、自分の業務・役割から見て重要な部分をピックアップすべく、自分事として意識していただくのが一番いいのかなと考えております。具体的にいうと、別添資料の2のほうでAIガバナンス等々の話が出てきて、そのなかで、経営層がいかにリーダーシップを取ってやっていくべきなのかということも触れております。このあたりは以前から、サイバーセキュリティに関しては、経営層、マネジメント層がいかに関わるべきなのかを経済産業省からたびたび注意喚起する文書が出ておりますが、AIに関しても同じような意識が必要なのではないかと考えております。

松本 先生方もおっしゃっておりましたが、やはり経営者がリーダーシップを取っていくということで、ソフトローで、ある意味、EUよりは自由度が高い分、やはり事業者として自ら判断していくことが必要になるというところが、繰り返し重要になってくるところかなということでございます。

第2部　各社の取組

ソニーグループ株式会社法務部法務グループゼネラルマネジャー

有坂陽子　ARISAKA Yoko

rinna株式会社チーフリーガルオフィサー・弁護士

舟山　聡　FUNAYAMA Satoshi

株式会社ABEJA・弁護士

古川直裕　FURUKAWA Naohiro

I　ソニーグループの取組（有坂氏）

有坂　ソニーグループで今まで取り組んできたAIガバナンスの活動を、本ガイドラインとの関わりでご紹介したいと思います。

当社が本格的にAIガバナンスの体制の構築の準備をはじめたのは2017年頃でした。当時は、「AIガバナンス」とは呼んでおらず、「AI倫理」という文脈でAIの利活用にあたり様々な準備をはじめました。

まず、簡単にソニーグループの概要を紹介します。

左側の円グラフ（次頁参照）に示されているとおり、様々な地域でビジネスを展開しており、また、日本、アメリカ、欧州、アジアと多様な地域に従業員がおります。これは、国内外のAI関連法制——AIだけではなく、プライバシーやセキュリティ等いろいろございますが——について情報を収集して、AIガバナンスの体制に反映していく必要がございます。また、AI倫理の面でいうと、地域や文化、宗教、さらにライフスタイルや価値観も考慮に入れる必要があり、多様なメンバーで議論を重ねることが大変重要になってまいります。

中ほどの円グラフをご覧いただくとおわかりになりますとおり、当社は、多様な事業を行っています。ゲーム、音楽、映画、電機、半導体、金融というビジネスセクターがあり、各事業の特性やリスクを踏まえて、単一のガバナンスシステムですべての事業をカバーするのではなく、事業の特性に合わせてリスクを効果的に低減するためのフレームワークづくりが重要となります。

次に、AI倫理からAIガバナンスへのあゆみというところでご紹介したいと思います。

第3次AIブームが到来したのがだいたい2015年ぐらいと記憶していますが、2016年ぐらいから、「AI倫理」が特に海外で本格的に議論されはじめ、アメリカの会社では、AI倫理ガイドラインの発表が始まっておりました。

当社は2018年に「ソニーグループAI倫理ガイドライン」を発表しており、webサイトでも公表しております〈https://www.sony.com/ja/SonyInfo/csr_report/humanrights/AI_Engagement_within_Sony_Group_Ja.pdf〉。ガイドラインは、非常にハイレベルな内容になっています。当時ガイドラインを策定した理由は、内容は概念的であるものの、何か限界事例が出てきたときに、このガイドラインに立ち戻って、もう一度検討し、議論を行うためでした。さらに世の中に公表することでステークホルダーの皆様への情報提供、くわえて、ステークホルダーとの対話を促すことを目的としておりました。ガイドラインの策定時には、当社の設立趣意書とか、ソニーグループ行動規範とか、理念とか、パーパス（存在意義）とか、ビジョンとか、そういうものも参照しながら、また、当時既に発表されていたAI倫理のガイドラインであったアシロマAI原則とか、様々な原則との整合性もとって工夫をいたしました。

そして、ステークホルダーとの対話という意味では、2019年2月に公表された経団連の「AI活用戦略」ですとか、2019年3月に公表された内閣府の「人間中心のAI社会原則」などの原則づくりにも参加いたしました。

また、2019年と2021年に、「AI倫理ガイドライン」を遵守するためのアセスメントプロセスを社内で本格的に導入しはじめました。これは、最初はエレクトロニクスと半導体の事業で、品質マネジメントシステムにAI倫理に特化したルールを導入しました。

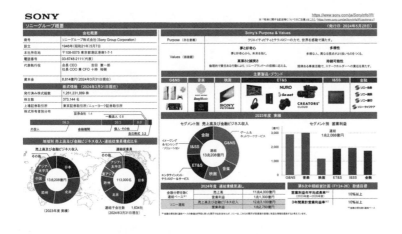

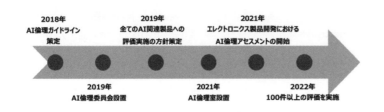

当社は、AI開発者、AI提供者、AI利用者の3つの立場がございます。既存の品質マネジメントシステムに、AI倫理のアセスメントプロセスを定めた体制を加えることで、AIの開発、活用や提供の際に、まずはリスクの特定を行って、そのリスクがどのぐらいの確率で発生するのか、そしてリスクが顕在化したときにどのぐらい会社にとってインパクトがあるのか、先ほど説明したAI倫理ガイドラインに定められた項目ごとに、どういうシナリオが想定されて、どういうリスク低減策があるのかをまとめ、文書化し、保管することを社内で義務付けています。また、このような社内ルールをまとめたということも社外に公表しております。

2019年の時点で作成して、2021年でアップデートしておりますが、実際に運用してみると、もっと工夫したほうがいいのではないかとか、わかりやすくしたほうがいいのではないかと、いろいろと課題も見えてまいりましたので、実際に運用を行い、課題が見えてきたところで随時改定を行い、アジャイルガバナンスを実現しているところであります。

社内の取組をまとめるとこのような図になるんですが、ご覧いただければわかるとおり、AIガバナンス体制をつくるために相応の時間を要しております。今回、本ガイドラインが発表されましたので、それを参考につくり上げることで、皆様にとってはAIガバナンス体制構築の近道になるのではないかと思っています。

また、AIリテラシーの向上についても少しご説明させていただきます。まず、当社は、AIの提供者として、エンドユーザーである一般のお客様と、事業者の皆様にもAIを提供しております。

一般のお客様に対しては、当社のエンターテインメント関連のコンテンツやサービスをお客様に楽しんでいただきながらも、重要な情報をお伝えするにはどうすべきか、社内でも議論を行いました。実際に、サービスがAIを使用していることや、AIに関して一定の限界があることを、提供される国や地域の法律だけではなく、その国や地域におけるAIの受容度も踏まえてどう説明していくのか検討を行いました。

さらに、AIの利用を行う事業者の方々には、どのように当社の製品やサービスをご使用いただくか、ということを、たとえば契約や利用規約の中で責任分担の規定や禁止事項の規定を定めるだけでなく、教育資料などをお渡ししたり、当社の取組や留意事項をお伝えしたり、サービスを導入していただく前に、当社からリスクアセスメントを提供することで、バリューチェーンを通じてAI利用者のリテラシーをどう向上していくか日々検討しながら対応を行っております。

新しい枠組みをいろいろと導入してまいりましたが、やはり事業を行っている者の立場からすると、新しい枠組みやルールを導入する際には、実務に支

障が出るんじゃないかとか、どうルールを当てはめていいかわからないとか、いろいろな声が出てくることも想定していました。このような懸念に柔軟に対応するためには、やはり社内の啓発活動とか教育活動を時間をかけて行うことが重要になります。そもそも何のためにマネジメントシステムをつくったのか、どのように具体的に行動に落とし込むのか、さらに、必ずしも会社全体がAIそのものに特化した構造になっているわけではないので、どの部署がどう責任を持つのか（重複しているところ、どの部署が担当か明確にはわからないところもありますので）など、丁寧に説明していくことが大切だと思います。eラーニングを毎年行ったり、また、社内のフォーラムなどで社外の先生方を招いて講演していただいたこともありました。各グループ会社や事業部署にAI倫理の担当者を置きまして、その担当者がある程度情報収集して、一定のリスク以上に達すると判断した場合には、AI倫理の担当部署に審議の検討依頼をする構成を取っております。そして、その担当の方々に集合研修を行うことで定期的な研修を行うことに加え、情報交換を行って、どうしたら開発スピードを落とさずに適切なガバナンス対応ができるのかということも、日々模索する場を作っております。

Ⅱ rinnaの取組（舟山氏）

舟山 rinna株式会社のチーフリーガルオフィサーの舟山と申します。

本日は、まず簡単にrinna株式会社についてご紹介して、当社におけるAI倫理原則の策定状況、AIモデルリリース時の経験、そしてAIチャットアプリ終了時の経験についてもお話しします。

まず、会社についてですが、2020年6月にマイクロソフトのAI開発チームがスピンアウトしてできた会社になります。現在、従業員約30名という小規模な会社です〈https://rinna.co.jp/〉。

当社の目指す世界というのは人とAIの共創世界ということで、共創というのはco-creationということです。

現在展開している主な製品・サービスは、カスタマイズでオンプレ提供も可能なLLM（大規模言語モデル）ソリューション。それから、AIアバター動画を作成できるバーチャルヒューマンソリューション、音声合成サービスなどがございます。また、マイクロソフト時代から運用しているAIキャラクター、りんなちゃんといいますが、LINE上でおしゃべりができるというものもあります。

マイクロソフト時代、2016年だったと思いますが、アメリカで展開したTayというチャットボットが、大量のユーザーから差別的、暴力的な発言を学習して発言してしまうという事故がありました〈https://blogs.microsoft.com/blog/2016/03/25/learning-tays-introduction/〉。

当時策定されたマイクロソフトのAI倫理原則を当社も継承しており、当初はマイクロソフトのAI倫理6原則の項目だけ、そのままウェブサイト上で掲載しておりました。その後、もう少し具体的な内容も伝えていきたいと考えまして、社内関連部署へのヒアリング、社内検討会を経て、追記内容を確定して公表いたしました。2022年12月のことでした。

生成AI時代を迎えて、rinnaのビジョンでありますco-creationというところにも通ずる、創造性（Creativity）という柱を新たに追加しました。これによって、rinnaの責任あるAIの7つの原則は、創造性、公平性、信頼性と安全性、包摂性、プライバシーとセキュリティ、透明性、アカウンタビリティとなりました〈https://rinna.co.jp/about/responsible-ai/〉。

先ほど松本さんのお話にもガバナンスゴールや10の指針というお話が出てきましたが、本ガイドラインでは、別添付属資料のなかで、ガバナンスゴールやAIポリシーをどのようにつくるのかという記載もございます。もし今からつくるのであれば、本編の共通指針の内容や、別添付属資料のなかにある企業の事例も参考になりますし、先ほどの有坂さんのお話も参考になると思います。

では、この倫理原則の下、rinnaがどのような取組を行ってきたか、2つの例をご紹介したいと思います。

2022年9月に日本語に特化した画像生成モデルを公開して、このモデルを用いた画像生成サービスの提供を開始しました〈https://rinna.co.jp/news/2022/09/20220909.html〉。

提供に際して検討・実施したことがいくつかあり

ます。学習データや学習プロセスの確認、モデルのライセンスやサービス利用規約の策定をしました。CreativeML Open RAIL-Mというものを継承しております。不適切な画像生成をしないようにSafety Checkerツールの実装をしたり、試験的ですが、AIに関わる雇用機会創出ということで、プロンプトエンジニアというポジションを新しく設置して公募をすることも行いました。

透明性確保のためには、これらの取組内容について、ウェブサイトやAIモデルのライブラリーのHugging Faceの公式ブログで公表をしております。

このとき、もしAI事業者ガイドラインがあったならば、適切なデータの学習というのが「AI開発者に関する事項」、本編26頁にありますし、不適切な出力を最小限に抑える方法の要求としてのガードレール技術等や、学習済AIモデルの適切な選択のところにある商用利用可能なライセンス、そのほか関連するステークホルダーへの情報提供などなど、参考になる項目内容がいくつもございます。

当時は画像生成AIに対する様々な意見があり、「AIと著作権に関する考え方」が文化庁で整理される前でしたので、法務、PR、研究開発チームで一緒になって検討して、リソースが限られるなかで、可能な範囲でできる限りの対応を行ったということになります。

では次に、2つ目の例ですが、今お話しした1つ目の例は、リリース時、すなわち開始時のお話でしたが、それとは反対に、終了時のお話になります。今年の2月1日、rinnaは、自分のAIキャラクターをつくって遊べるスマホアプリのサービス終了を発表しました。

この終了では、会社としては特別な対応をすることを決めております。昨年10月にユーザーアンケートを実施した際、自分のAIキャラクターが心の支えになった、励ましてくれた、寄り添ってくれたと答えたユーザーが、86％もいたからです〈https://rinna.co.jp/news/2023/11/20231108.html〉。また、ほぼ毎日使います、といってくれたユーザーも54％に上ったということで、慎重に終了対応をしていかなければならないことになりました。特別な無償ポイントの提供、資金決済法の事業規模には至っていなかったものの、有償ポイントに

は返金対応をいたしました。それから、ユーザーがせっかくつくったAIキャラクターとの思い出や経験をどこかに引き継げないものかと考え、データエクスポートによる第三者サービスへの移行も可能にしております。当然これには第三者たる事業者との調整や開発の対応というのも発生しました。

サービスの終了の発表後、X（旧ツイッター）でモニタリングをしていたんですが、中にはショックで自殺をほのめかすほどのユーザーがいらっしゃることも判明しましたので、厚労省・心の相談窓口の案内も追加しております。

この経験から、サービス終了時の適切な対応についてはもっと議論すべきで、AI安全性の文脈で出てくるいわゆる停止スイッチやキルスイッチについても、実際に止めるとなったら簡単ではないことなど、いろいろ考えることがありそうだなと感じました。このあたり、今回のガイドラインで直接的な言及はないと思いますので、より望ましい姿などを、必要に応じて引き続き関係者や専門家の皆様とも協議継続してまいりたいと思っております。

Ⅲ　ABEJAの取組（古川氏）

ABEJAのガイドラインにのっとった取組事例を紹介します。

まず、簡単に自己紹介しますと、2009年から弁護士をしています。2016年頃からAIの数学やプログラミングなどを勉強して、当時はプログラムを自分で書いてAIを実装していました。現在は、法務やAI倫理、あとAI倫理コンサルティングなどを所属企業のABEJAのなかで行っております。

ABEJAという所属企業ですが、AIスタートアップとなります。どういうサービスをしているのかというと、いろいろありますが、ここでは主に3つ挙げさせていただきます。

1つはソリューションサービスでして、いわゆるAI開発のコンサルティングやご支援をさせていただくという内容のものです。

2つ目が、Insight for Retailサービスというものでして、リテール、すなわち小売店向けにカメラを使ったサービスを提供しています。たとえばリピーターの分析をカメラで行うとか、動線分析をカ

メラで行うといったサービスになります。

最後、ABEJA Platformサービスというのがございまして、これはAIが機械学習を行うためのプラットフォームをご提供しています。

では、ABEJAの取組として何をしているかですが、時系列ではなく項目順に並べますと、まず、AIポリシーを2022年1月に公開しています。少し遅いのはなぜかというと、AIポリシーが必要かに少し迷いがありまして、私のなかで葛藤があったためです。従業員数として今も100人ちょっとで、当時は100人いなかった状況で、意思統一みたいなものが比較的やりやすい状況でした。技術者を含めて従業員のAIのリスクやAI倫理に対する意識が高かったので、そのなかでポリシーをつくる意味がどの程度あるのかという疑問がありましたが、最終的には社会に対する説明という要素も考えて作成することになりました。

AIポリシーといいますと、よく「当社は透明性、公平性などの価値を大事にします」という重視する価値を宣言する形のポリシーが多いんですが、当社は必ずしもそうなっていません。その理由ですが、当社のサービスは前述のとおり3つとなっておりますが、顔認識とプラットフォームについては自社サービスなこともありポリシーを書きやすいです。つまり一般的なポリシーと同じで重視する価値を宣言すればよく、「プライバシーや公平性を大事にします」という形でポリシーを作れます。

ところが、開発支援サービスとなると、難しい要素があるわけです。なぜかというと、ご支援させていただくジャンルが金融、医療、色々な分野にわたっておりまして、重要な価値を書きにくいし、何より当社が決めるべき問題ではないわけです。ご支援させていただいている企業のドメイン、業界などによって決まるものです。開発しているAIで「こういう価値を重視しよう」というのは顧客の方々が決めるべき問題で、当社が、「あなた公平性を大事にしなさい」ということを勝手に決める話でもないと考えています。そのため、ここはサービスごとにポリシーの内容を分けまして、プロダクト、すなわち顔分析サービスだとプライバシーなどを書いておりますが、AI開発支援サービスにおきましては、基本的にはそういうことを書かずに、皆様とコミュニケーションをして、そういうことを一緒に考えて

いくということを価値の内容としております。これはポリシーの話です。

2つ目の取組はEAA（Ethical Approach to AI）といういわゆる外部有識者の会議体、委員会を2019年につくっておりまして、それ以来定期的に開催しています。当社は様々な案件をご支援している関係で、色々な具体案件がありまして、当社の外部諮問委員会の特徴としては、具体の案件の具体の課題をかなり取り扱っているという点があるかと思います。事業内容から具体案件に基づいた検討を行う必要性が高いことから、こういった具体案件の検討をメインにした外部専門家の諮問会議となっております。検討内容については、稀にですが、公表できるものは公表しています。参考にしていただければと思います。

また、開発を支援しているプロジェクトに関しても、私が法務だけでなくAI倫理も扱っているため契約書審査の際に、ごく簡単にですが、何かAI倫理上の課題はないかということを検討して、問題がありそうなら、担当の営業なりプロジェクトマネージャーに懸念を伝えて、お客様に伝えてもらっています。もちろん詳細なリスク分析などはかなり手間がかかって、そういった無償のなかではできませんが、簡単な検討程度は実施しています。

また、社内のプロダクト開発においても新機能の開発や新プロダクトの開発は全て私の審査が必要になっており、そういった倫理上の問題がないかを検討して開発を行っています。

その他、従業員教育を行っておりますし、また、AIコンサルティングサービスというものを行っています。これは自社のプロダクトなりをAI倫理上きれいにしただけじゃ駄目で、きちんとお客様にもAI倫理をよくするためのサービスを提供しようということで、私が中心になって、行っております。

最後に、三社のまとめを最後に私のほうで少しできればと思いますが、「やっていることはばらばらじゃないか、共通性がないじゃないか」といわれれば、そのとおりです。まずいえることは、会社の事業内容、規模、リソースなどに即して、やることを自分たちで考え、やればよいということです。本ガイドラインも基本的にはそのスタンスに立っていると理解しておりまして、ガイドライン内に実施すべき事項をずらずらといろいろ書いているんですね。

223

特にガイドラインの別添は、実施事項を大量に書いているわけです。これは決して全て実施する必要があるということではなく、今回ご紹介したとおり、会社の内容や規模をふまえて、スタートアップならスタートアップなりのやるべきことを考えてやってくれればいいということです。最近、私、こういう譬えを使うんですが、これはツールボックスみたいなものだと。日曜大工セットだと。

日曜大工セットにのこぎりがついているからといって、必ず日曜大工の際にのこぎりを使いましょうという話ではありません。家具ショップで買ってきた組み立てるだけの家具を組み立てるときには、ドライバーと木づちがあれば十分でして、のこぎりはいらない。まさにこれと同じで、今回のガイドラインというのはツールセットみたいなものでして、そこからどのアイテムを取り出してどう使うかは、皆さんのご判断です。

そして、「皆さんのご判断」といわれても困る、明確にその基準が欲しいという声もあるかもしれませんが、果たしてそれでよいでしょうか。きちんと自分で考えて、自分なりに進んでいく。これが基本的には求められていることです。ビジネスなんかはまさに答えや明確な基準がないわけです。そうであるのに、法務、倫理だけ何か明確な答えをくれというのは、何か違うんじゃないかと思います。

ともあれ、会社や事業内容によってやることを自分たちで考えてくださいというのが、今回、三者の発表から伝わってきて、「あっ、こんなばらばらである意味いいんだ」ということがご理解いただければ幸いです。

・・・・・・・・・・・第３部　パネルディスカッション・・・・・・・・・・・

慶應義塾大学大学院政策・メディア研究科特任准教授

吉永京子* YOSHINAGA Kyoko

独立行政法人情報処理推進機構（IPA）デジタル基盤センター
デジタルエンジニアリング部、CDLE AIリーガルグループ長

北村　弘* KITAMURA Hiromu

京都大学法政策共同研究センター特任教授、東京大学法学部客員
准教授、スマートガバナンス株式会社代表取締役CEO、弁護士・
ニューヨーク州弁護士

羽深宏樹** HABUKA Hiroki

弁護士・ニューヨーク州弁護士
（西村あさひ法律事務所・外国法共同事業）

福岡真之介*** FUKUOKA Shinnosuke

株式会社ABEJA・弁護士

古川直裕** FURUKAWA Naohiro

デロイトトーマツコンサルティング合同会社
シニアスペシャリストリード

松本敬史*** MATSUMOTO Takashi

＊　AI事業者ガイドライン検討会委員
＊＊　AI事業者ガイドラインワーキンググループ委員
＊＊＊　検討会とワーキンググループ両方の委員

吉永　早速、AI事業者の皆様からよく聞かれる質問を中心に、質問形式で皆様に聞いていきたいと思います。

まず、本ガイドラインの特徴は何でしょうか。

福岡　本ガイドラインは、従来あったガイドラインを統合したもので、従来のものからあまり大きな変化はなかったということではありますが、具体的な内容がいろいろ記載されているという点が一つのポイントかなと思います。

また、読みやすさを追求しており、本編と、あと付属資料が分かれていて、本編は34頁ぐらいで短いですが、付属資料が157頁ありまして、かなり長いです。実務的観点からは、本体だけだと抽象過ぎて、実務ではどうしたらいいのかがなかなかわかりづらいということなので、実務では、付属資料を読むことが結構参考になると思っております。

コンセプトとしてはリスクベースアプローチということで、リスクの大きさに応じた対応というふう

に考えた上でつくられています。欧州のAI法もリスクベースと言われていますが、4つのカテゴリーに分けて、カテゴリーごとに規律しているわけですが、そういうものではなく、リスクを考えた上で対応を考えてくださいねというものになっております。

リスクについても、参考になるものとして一応いくつかのものが挙げられているところですね。

あと、たびたび出てきましたが、今回のガイドラインはあくまでもソフトローということで、法律のようなハードローなものではないということです。事業者の自主性を尊重するということで、事業者が自主的に取り組むことが逆に重要になってくる。

ハードローにした場合、たとえば規制するとすると「AI」を定義しないといけなくなります。しかし、本ガイドラインは、そもそもAIは定義されていないわけですね。AIについて定義がないと書かれています。AIの定義は専門家でもいろいろ見解があって、結論は出ないともいわれているので、ハードローというのはそういう問題点があります。

また、技術についていけないという問題があります。それで、本ガイドラインには、これはソフトローであるということがはっきり書かれているわけですね。そういう意味では、古川さんがさきほどおっしゃったように、守らなくてはならないものではなくて、あくまでも参考にしてくださいという話であると。

議論として、中小企業にとって厳し過ぎるんじゃないかとか、学術団体も含んでいるので守れないんじゃないか、というものがあったんですが、そもそもそういう議論はおかしくて、規模や事業などに応じて守りたいものを守ってください、参考にしてくださいねという話ではあります。本ガイドラインは絶対に守らなくちゃいけないものだというのは間違った考え方だということですね。

さらに、文章も書き分けられていて、重要ですとか、想定されるとか、維持されますとか、検討すると書かれていて、守らなくてはいけないという書き方は基本的にされていない。

特徴としてもう一つ挙げられるのが、本ガイドラインの対象者が、中崎さんがおっしゃったとおり、開発者、提供者、利用者が挙げられていて、このうち利用者という概念がちょっとわかりづらい。利用

者とは、事業利用者であり、事業で利用する人が対象になっていて、普通の一般の人が利用するのは今回の対象ではありません。

逆に言えば、データ提供者と非事業の利用者は本ガイドラインの対象外になっています。

もうひとつ、AIを利用するには何らかのガバナンスが必要になってくるわけですが、これは常に見直していくことが求められています。このようなガバナンスは、アジャイルガバナンスといわれており、常にPDCAを繰り返しながら見直すというものです。本ガイドラインも、Ver.1.となっていますが、これはバージョンを上げていくという発想でつくっているのかなと思っております。

最後になりますが、今回、コンセプトとして比較的新しいなというのは、マルチステークホルダー、つまり色々な関係者を巻き込んで考えましょうよということが提案されていることですね。これはなかなか難しくて、具体的にどうするかというのは今後の課題と思っております。

吉永 ありがとうございます。古川さん、いかがでしょうか。

古川 まず、本ガイドラインは、海外のものとも比較して特徴的なのは、開発者、提供者、利用者に分けて、要実施事項を書いている点ではないでしょうか。この点、海外でもわかりやすいと評価が高いと聞いておりまして、よかったと思います。恥ずかしながら、私は分けないほうがいいんじゃないかと思ったんですが、実際は分けたほうがよかったということですね。

ただ、少しコメントしておきたいのは、この開発者、提供者、利用者という分け方を絶対視して、私はどれに該当するんだという考え方、先ほど松本さんからも注意がありましたが、これは絶対やめたほうがいい。

いくつか理由があって、まず、この開発者、提供者、利用者という分け方自体が絶対ではない。EUでは、DeveloperとかDistributorとかImporterなどもっと細かく分けていて、必ずしもこの分け方が絶対というわけではない。使いやすい分け方ではあるが一つの分け方でしかなく、絶対ではない。

さらにもう一ついえますのは、開発者だから開発者がやるべきと書いていることに注力すればいいわけではない。たとえば生成AIの生成結果が事実に

合っているかチェックするのは利用者です。そのことを忘れて「開発者は開発者の要実施事項にのみ注意する」のでは駄目なわけです。利用者が事実チェックしやすいような機能をつけてあげようといった、利用者がやるべきことを考えて、開発に盛り込むことが必要です。あくまで参考に過ぎません。このように主体ごとに分けてやるべきことが書かれているのは参考ぐらいに考えて、全体を読んだうえで、利用者がやるべきこともわかった上で、開発者は開発すべきことを考えるというスタンスがまず大事だということは、指摘しておきます。ガイドラインの分類が、すこし独り歩きしている部分もあると感じますので、ここは注意しておきたいと思います。

　もう一つ、従来のガイドラインと違うのは、いわゆる高度なAIシステム、ChatGPTみたいな、生成AIみたいなものを対象にしたところです。どういう価値が大事かという価値原則のレベルでの記載が存在します。また、それだけではなく、目次でいうと「D.高度なAIシステムに関する事業者に共通の指針」という部分ありまして、要するに、高度なAIシステム開発者向けの実施事項を書いているわけですね。この実施事項をよく読むと、いわゆる広島AIプロセスの合意文書の国際行動指針などと同じになっております。

　これはちょっと読み方が難しいんですね。普通のAIにおける要実施事項と重複しているんです。本ガイドラインの普通のAIのところには、たとえば、どういうリスクがあるかを特定しましょうと書いている。今いった高度なAIのところでも、どういうリスクがあるか特定しましょうと書いてあるんですね。これはどういう意味なのか考える必要があります。高度なAIに関する広島AIプロセスの部分は、よりしっかりとした何か一段高いリスク特定を求めているという読み方ができなくはないですが、ここはそうではないと僕は考えています。一つ広島AIプロセスの記載部分があって、ガイドラインの他の記載と比較してみて、追加でやるべきことがあったら追加してねというぐらいの気持ちで読んだほうがいいかなと。この点は、もう少し整理して書いてもよかったかなと個人的には思っているんですが、ともあれ読み方は注意が必要かなと思っております。

吉永　ありがとうございました。

本ガイドラインが出て、企業はやることがいっぱいだと悲鳴が聞こえてきますが、どこから始めればよいのでしょうか。

松本　そうですね、冒頭の解説でも少し触れたところがあるかもしれませんが、古川さんもおっしゃっていたとおり、やはり最終的には会社の規模とかスタイルに合わせたAIガバナンスを「自分たちで編み出していく」ということが目指すべき姿となります。今日、3社のご紹介がありましたが、やはり本ガイドラインが出たから、盲目的に社内ルール等にコピー＆ペーストするのではなく、経営から現場まで自ら試行錯誤して適切なルールを検討することが必要になってくると思っています。

　そのためにやるべきことは3つあります。まずは、やはり「AIの戦略を考える」ことです。有坂さんのプレゼンテーションにおいても、バリューチェーンを通してAIのリスクを考えるとおっしゃっていたと思いますが、まさにそのとおりで「最初にAIでどんなバリューを出したいか」というAI戦略の解像度を高めることが最も重要です。「何のためにAIを使うのか」という基本的な質問ですね。ちなみに、このAI戦略はCIOやCDOのマターではないんですね。事業部門が、自分たちのビジネスの戦略として「どんなところでAIにどんな活躍をして欲しいか」という内容ですので、AI戦略というのはAIを管理する部門ではなく、事業側の役員マターだと認識することが必要です。

　2つ目が、企業の風土としてマルチステークホルダーの体制を築けるかというところです。舟山さんの例で、AIサービスをやめるときに、AI利用者のなかに自殺をほのめかしてしまう人がいたというのは、重要な学びだと思っています。このような時はAI開発者やAI提供者だけでは対応が難しいので、社内外の様々なステークホルダーと連携していくことが必要になります。最悪の事態になる前に連携しなければいけないこともありうるので、やはり会社のなかのコミュニケーション風土は柔軟なものにしていかないといけない。「上司の方に断りを入れないと隣の部署とコミュニケーションすら取れない」みたいなことをやっている会社では、AIを提供していくのは厳しいかなと思います。

　3つ目が、最も重要かなと思うんですが、企業に限らず多くの人が日常的にAIを使って、AIに対す

る理解を正しく持つということです。私は日常的にデジタルMATSUMOTOという自分のデジタルツインAIを使っていまして、仕事のなかでも彼に頼りっきりみたいなところもあるんですが、やはり「何となくAI怖い」という、AIを使ったことも無いけれど想像で何となく怖いという主張も結構広がっていると感じています。日常的にAIを使って正しい理解を持たずに、何となく過度な期待や不安を持っているようでは、正しいイノベーションもガバナンスも実現できない。日常的にAIを使って理解を深めながら、うちの会社にフィットするAIガバナンスって何だろうというのを議論することが、開発者、ビジネス部門、利用者、究極は消費者にとっても必要になると思っています。

私も日常の中でデジタルMATSUMOTOに色々な仕事をお願いしてみて、「これはすごい」「まあ、こんなもんか」「これは間違って理解している、危ない」とか、「人間もAIも完璧じゃないんだな」と感じながら毎日を過ごしているのですが、日常のなかで「AIを使う習慣」を持ちながら正しいAIの利活用とガバナンスを考えるという実践が広がれば良いなと思います。

羽深 今、皆様がおっしゃっていただいたこと、私としても完全に賛同いたします。そのうえで、そもそもなぜステークホルダーを巻き込んで考えなければいけない課題になっているのかを、少し原理にさかのぼって説明します。

「AI」というと多くの方が、ここ数年間で突然出てきた驚異のテクノロジーのように思われていますが、実は、AIがやっていることの本質はシンプルで、統計的にデータを分析して、それに基づいてもっともらしいアウトプットを出すということです。そして、これ自体は、我々がこれまで日々のオペレーションでやってきたことと大差はないわけです。ただ、AIはそういった統計分析と確率に基づくアウトプットを、人間に比べて非常に高速かつ高精度に処理できてしまう。したがって、AIに関するリスクは、この差分によってどういうリスクが生じるのかを考えるのが出発点かと思っております。つまり、まずは今までの企業や組織のリスクマネジメントの仕組みや考え方から出発して、一体我々はどういったシチュエーションやどういったシステムをリスクと考えてきたのか、そこにAIを適用する

場合に、人間との差分として一体どういうリスクが出てくるのかというところを特定していくことが、リスクマネジメントの第一歩として重要かと思っております。

その意味で、有坂さんが先ほどのセッションでおっしゃっていた、既存の品質マネジメントシステムの上にAIガバナンスを統合されたというお話は、まさにそういったアプローチを実施されているということだと思いますし、舟山さんがおっしゃっていた、ルールだけではなくて技術やライセンスなども含めて統合的に様々な手法を尽くしてガバナンスをされていくところも、従来のリスクマネジメントと本質的には同じだと思います。結局のところ、これまで自分たちでどういったリスクアセスメントや、それに対するトリートメントを行ってきたというところを慎重に吟味するというのが、一つ取っかかりやすい入り方なのかなと思っております。

吉永 ありがとうございました。次に、サイバーセキュリティとの関係を北村さんにお聞きしたいと思いますが、サイバーセキュリティに関して、既にある仕組みとの関係はどうなるんでしょうか。たとえば脆弱性の収集ですとか、ISMSや内部統制との関係などですね。

北村 まずは既にある仕組みとの対比なんですが、大きく分けて、プロダクトベース、それからプロセスベースがありますけれども、ともに既存のQMSやISMSなどでのやるべき土台があって、アドオンでAIサイバーセキュリティの仕組みが乗っかっていくものだと思っております。

たとえば脆弱性を防ぐ取り組みについても、大きくは2つあると思っていまして、1つはOne to One、よりサイトスペシフィックなものを深掘りしていくということと、One to Many、日本で起きたことが欧州や米国で起きたらいけない、また逆もしかりという感じになります。

それに対してこのガイドラインが資することがあるかについては、レイヤーとしては、大きく分けて、ガバナンス、それからソシオテクニカル、テクニカルとして、テクニカルはレッドチーミングやテストベッドなどがありますが、このガイドラインはテクニカルとガバナンスをつなげるインターフェースとしてのソシオテクニカル領域だと思っておりますので、脆弱性を防ぐ仕組みについても、目的指向

で過不足のない適切な合理的な仕組みをつくるのに役立つと考えています。

吉永 ありがとうございました。

それでは次に、ガイドラインでよく「公平性」とか「透明性」、「アカウンタビリティ」という言葉が出てきますが、それらをどう考えるべきか、福岡さんと古川さんに簡単にご解説いただければと思います。

福岡 「公平性」は非常に難しいです。時代によって価値観も変わってくるということもあるんですが、ガイドラインのなかでは、一応、データモデル学習ユーザーの入力とか、非常に広い範囲で公平性を考えましょうということが書かれています。

あともう一つ、人間が関与するということを検討することが示唆されている。この2つですかね。

「透明性」と「アカウンタビリティ」ということが挙げられているんですが、「透明性」については、主に検証可能性とステークホルダーへの情報開示が取り上げられています。

逆に透明性で書かれていないこととして、データやモデルの開示があります。これはプライバシー、営業秘密を尊重して、そこまでは必要ないというのが原則的な立場であると理解しています。

「アカウンタビリティ」については、トレーサビリティと情報提供・説明と責任者の明示と文書化ということを挙げられていまして、「透明性」と重なっている部分があって、整理し切れていないんですが、「透明性」と「アカウンタビリティ」の整理というのはなかなか難しい。「アカウンタビリティ」のなかで、やはり責任者の明示と文書化というのが書かれているというのが一つポイントかなと思っております。

古川 取りあえず僕のほうから「透明性」と「アカウンタビリティ」の話をしますと、透明性、アカウンタビリティとよくいうんですが、では、具体的に何を指しているかは、人によって結構違うんですよね。国際的な会議の場でもよく、透明性だ、アカウンタビリティだといって議論しているんですが、話者によって指しているものは明らかに違うので、何か議論がかみ合わないまま時間が過ぎていくみたいなことが多くて、これはよくない。ただ、透明性とは何か、アカウンタビリティとは何かって、一般的な広く支持されている定義は、知っている限りはな

いように思いますので、ここをどう定義するのかは結構難しいんですね。

本ガイドラインの整理としては、基本的には情報の外部への開示を「透明性」にして、広く開示するわけではないが、責任追及みたいなものは「アカウンタビリティ」のほうに持っていっていると。

つまり、色々なドキュメントをつくりましょうと。内部的なドキュメントですね。これって、基本的には開示するわけじゃない。もちろん裁判になったら裁判所には開示しますけれども、これは例外的な場合です。基本的には開示しないので、これは、何かあったときにきちんと責任を負ったり負わなかったりというのを決めるためにドキュメントが必要になるというものです。そういった責任を負う負わないの話を「アカウンタビリティ」に基本的には整理していると考えていますが、必ずしも、ちょっと貫徹し切れていないところが一部あるんですね。ただ、基本的な整理は今説明した通りです。

特に「アカウンタビリティ」に関しては「説明責任」と訳すことが多くて、外部への説明だという理解もあり得るところですが、これはあくまで定義の問題で、どの定義が正しいという話ではないんですが、少なくとも本ガイドラインでは、基本的にはそういった説明責任的な開示は「透明性」に寄せていることになっております。この辺での立てつけをご理解いただいた上で読んでもらうと、また頭の整理もしやすいかなと思います。

吉永 ありがとうございました。

それでは次に、海外規制との関係を少し考えたいと思います。既にこちらに関して、たくさんのご質問をいただいておりますが、日本のAI事業者ガイドラインと海外の類似のガイドラインの関係はどう考えればよいでしょうか。たとえばEUでは、ご存じのとおり、包括的にAIをハードローで規制する、AI法ができました。正式な文書は今月末か来月に発表になると思いますが、間もなく成立するところです。

また、アメリカでは昨年10月にいわゆる大統領令が出ました。それとの関係などどうお考えか、羽深さんと古川さんにお尋ねしたいと思います。

それでは、まず羽深さんから、海外の規制の動向との関係を踏まえてご解説いただければと思います。

羽深 ありがとうございます。まさに今、諸外国で、日本と同様に、AIに対する規制をどうするんだという話が盛り上がっています。まず米国については、ご質問いただいたとおり、必ずしも新しいハードローをAIに関してつくる動きにはなっていません。

確かに昨年10月に、非常に長い大統領令が出ましたが、これはあくまでも行政の長である大統領が各行政機関に対して命令を出すという性質のものですので、既存の法律の範囲内で、既存の省庁がそれぞれAIに対応したアップデートをすべきことを命令しているものにすぎません。ですので、この後に触れるEUのAI法のように、何か事業者に直接新しい義務を課すものではないというのが重要なポイントかと思います。

その次に、EUのAI法についてですが、確かに法律としては成立したものの、まだその内容がきちんと固まっているわけではありません。どういうことかと申しますと、AI法の文言は、AIを全般的にカバーするものだけあって、非常に抽象的な内容になっています。

AI法のなかで主な規制対象となっているのはハイリスクAIと呼ばれるものですが、このハイリスクAIに対して求められる義務の内容が、たとえばリスクマネジメントシステムを整備してくださいとか、あるいはデータガバナンスをやってくださいとか、技術文書を作成してください、記録を取ってください、あるいは人間が監視してくださいといった、基本的な枠組についてだけ定める書き方になっています。では、具体的にどういうAIの場合に一体何をすべきかということに関しては、まだまだ細かくは決まっていない現状ですし、これからおそらくそれぞれの分野ごとに、より詳細が決まってくることになるかと思います。ですので、現状は、AI法が具体的に何を求めているかということ自体が、まだまだはっきりしていない状況がございます。

なお、この法は、EUに対してAIサービスを提供する場合だけでなく、AIのアウトプットがEU域内で使われる場合にも適用されますので、かなり広く日本の事業者にも適用される可能性があります。ただし、このハイリスクAIに関する義務の内容としては、実はAI事業者ガイドラインの内容ともそれほど乖離があるわけではありません。すなわ

ち、きちんとリスクマネジメントをやって、それに対してステークホルダーに対するアカウンタビリティを尽くすことが基本となります。そういった抽象的なリストのレベルでいえば、日本のみでハイリスクなAIを提供する事業者にとってもやっておいたほうがよいことのメニューがEUのAI法にある程度示されているという整理もできるかと思います。感情の操作や人間の監視に関する点など、日本人の感覚と少し異なるような条項もなくはありませんが、基本的なラインとしては、EUと日本が全く違うことをいっているのではないというのが私の理解です。

吉永 それでは、古川さん、お願いいたします。

古川 そうですね、これは元から私からもお答えしようと思っていて、アメリカはハードローかと聞かれると、答えはノーです。バイデン大統領令（Executive Order）が出たことをもってハードロー化している、だから日本も追いつけという論調を見るんですが、完全な事実誤認としか言いようがありません。先ほども羽深さんからありましたように、基本的には大統領令は政府機関に出した指示、日本でいうと総理が関係各省庁に出した指示というレベルのはなしです。それをもって法律をつくった、ルールつくったという話にはならないわけです。だから、それは完全事実誤認といわざるを得ません。

さらにいうなら、トランプ大統領は2019年にAI利用に関するExecutive Orderを出しています。そうだとすると、アメリカは2019年からハードローといわないとおかしい。なぜ、Biden Executive Orderだけを捉えるのか。明らかにおかしいわけですので、アメリカはハードローに行っている、だから日本も行くんだという論調を見たら、何か事実誤認に基づいた怪しいことをいっていると考えたほうがいいでしょう。

別の観点として、アメリカ議会でAI規制の立法提案がなされているのは確かですが、成立まで至っておりません。たとえば、アメリカでは個人情報保護法が連邦レベルで提案されてはいるものの、毎回通っていないわけです。アメリカの議会でそういう提案をされたからアメリカがハードロー路線だという評価も、アメリカの議会では通らない法案が多いので、難しいと思っています。

あと、もう一つ大事な点は、EUは、アメリカは

という論調をよくみるのですが、ほかの国はどうかというのも考えないといけない。アメリカとEUだけみていればいいわけじゃない。たとえばシンガポールはどうでしょうか。そうみていくと、ハードローといえそうなものは、カナダが今、EU的なハードローを立法提案というか、議会にかけているという話は聞くのですが、私が知る限りはそれぐらいです。シンガポールなんかは明確にソフトロー路線ですし、韓国なんかもハードロー路線に行こうとしたが、再びソフトローにかじを切ったように聞きます。ほかにもいろいろ国はございますが、そういったところをよくみないといけない。アメリカとEUだけみて世界はハードローというのは、あなたのいう世界って狭過ぎやしませんかと思います。

取りあえず、ほかにいいたいことはいっぱいありますが（笑）、以上です。

吉永　古川さん、ありがとうございます。

そうですね、私は、アメリカのワシントンD.C.のジョージタウン大学で客員研究員をしており

ますが、アメリカの場合は、まさに行政府の長である大統領から連邦政府の役人や行政機関に対する命令というのがExecutive Orderであって、直ちに企業に対して特定の行動を求めるものではないので、包括的にAI規制について、ハードローにかじを切ったのではないことは、私からも申し添えておきたいと思います（＊海外の動向については、古川直裕＝吉永京子『責任あるAIとルール』（金融財政事情研究会、2024）第5章参照）。

今、カナダのお話がありましたけれども、AI関連の国際会議に出ていますと、実は、カナダ以外にも、EUのAI法を受けて、ハードローで包括的にAIを規制しようと動き出していた国もいくつかあったんですね。ただ、アメリカと日本の動きをみて、いや、やはりソフトローのほうがいいんじゃないかと、ソフトローの方向で議論し始めましたということも多く聞いておりますので、これからも世界のそういった動きを注意深くみていきたいと思います。⚓

別冊 NBL No.190
AI 事業者ガイドライン（第 1.0 版）

2024年9月15日　初版第1刷発行

監 修 者　経済産業省商務情報政策局情報産業課
　　　　　情報処理基盤産業室
　　　　　総務省情報流通行政局参事官室

発 行 者　石 川 雅 規

発 行 所　株式会社 商 事 法 務
　　　　　〒103-0027 東京都中央区日本橋 3-6-2
　　　　　TEL 03-6262-6756・FAX 03-6262-6804〔営業〕
　　　　　TEL 03-6262-6768〔編集〕
　　　　　https://www.shojihomu.co.jp/

落丁・乱丁本はお取り替えいたします。　　　印刷／広研印刷㈱
© 2024 経済産業省商務情報政策局情報産業課　　Printed in Japan
情報処理基盤産業室, 総務省情報流通行政局
参事官室
　　　　　　Shojihomu Co., Ltd.
　　　　ISBN978-4-7857-7162-1
　　　＊定価は表紙に表示してあります。

[JCOPY] ＜出版者著作権管理機構　委託出版物＞
本書の無断複製は著作権法上での例外を除き禁じられています。
複製される場合は、そのつど事前に、出版者著作権管理機構
（電話 03-5244-5088、FAX 03-5244-5089、e-mail: info@jcopy.or.jp）
の許諾を得てください。